규방의 미친 여자들

규방의 미친 여자들

여성 잔혹사에 맞선
우리 고전 속
여성 영웅 열전

전혜진 지음

한겨레출판

추천사

이 책은 남성 영웅 못지않은 여성 영웅에 대한 책이 아니다. 영웅 신화의 이야기 구조 자체가 남성 중심의 서사였다는 것을 밝히는 동시에 여성 영웅에게 맞는 새로운 서사 구조를 제안하는 책이다.

가족과 나라를 위해 외부의 적에 맞서 용감하게 나서는 것이 남성 영웅의 서사였다면 여성의 곤경은 여자로 태어나는 순간 가족 안에서 시작된다. 앞길을 가로막는 것은 가족과 국가 그 자체이며 이런 조건에서 여성은 영웅이 될 수 없었다. 이 책의 저자는 여성의 생존을 위한 분투 자체를 영웅적 서사로 재배치한다.

바리데기는 여자라는 이유로 태어나자마자 버림받았으나 스스로를 구원하고 자신을 버린 부모를 살린 뒤 스스로 신이 되었다. 이 이야기만큼 신화라는 이름에 걸맞은 서사를 들어본 적이 없다. 이 책은 이처럼 생존을 위한 분투를 통해 자신, 나아가 타자와 세계를 구하는 여성 영웅들의 이야기로 가득하다.

- **권김현영**(여성학자·《다시는 그전으로 돌아가지 않을 것이다》《여자들의 사회》저자)

왕후장상의 씨가 따로 있느냐던 옛사람의 말을 따라 묻는다, 영웅이 되는 데에 성별이 따로 있겠는가? 우리에게 친숙한 이야기의 겹겹을 되짚으며, 낯설고 새로운 고전의 핵심을 묘파하며 전혜진은 답한다. "여성 영웅이라 오히려 좋아!"

탄생과 소명의 부여, 역경과 고난에 이어 마침내 소명 달성에 이르는 영웅담 여정에서, 우리 고전 속 여성 영웅들은 성리학적 세계관이 놓은 수많은 함정까지 돌파해 낸다. 다양한 형식과 문법을 구사하며 독자들을 사로잡은 글꾼 전혜진은 장르를 횡행하는 힘센 상상력으로 이야기 속 영웅들을 이끌어 독자 앞에 세운다.

낡고 고루한 이야기라고만 여겼던 고전 속 여성 영웅들을 우리는 어떤 자세로 맞이해야 할까. 현대 여성 영웅 지침서로도 손색이 없는 이 책에서 답을 구할 수 있을 것이다.

- **박서련**(작가, 《체공녀 강주룡》《나, 나, 마들렌》 저자)

서문
진짜 '나'를 찾아 나선 또 다른 영웅들의 계보

지금은 초등학교 저학년 어린이용 그림책으로도 나와 있는 《홍계월전》이었지만, 나름 책 좀 읽는 어린이였던 내가 《홍계월전》을 처음 읽은 것은 국민학교 고학년 때였다. 이 이야기는 1980년대 당시 전집 외판원이 권하던 어린이용 전집의 대세였던 계몽사 전집에도, 200권에 달하는 목록을 자랑하는 전집으로 국민학교 학급문고로 흔히 볼 수 있었던 계림문고에도 실려 있지 않았다. 난세에 부모와 헤어진 소년이 장군이 되어 나라를 구하는 이야기는 《유충렬전》에도, 《장국진전》에도 나왔지만, 어린 소녀가 장군이 되어 나라를 구하는 이야기는 잔 다르크의 일대기를 담은 위인전 말고는 처음 읽었다. 나는 곧 이 이야기에 푹 빠졌지만, 곧 내 친구들 중에 이 이야기를 아는 친구가 거의 없으며, 심지어는 선생님도 잘 모르는 이야기였다는 것을 알고 실망했다.

《홍계월전》뿐만 아니라 국민학교 고학년 때 처음 읽은 《운영전》과 〈바리데기〉도 그때의 국민학생들은 잘 모르는 이야기들이었다. 물론 《춘향전》이나 《심청전》《박씨전》, 바보 온달을 영웅으로 만든 평강공주의 이야기처럼 그보다 어릴 때, 그림책으로 먼저 읽었던 이야기들도 있었다. 하지만 세상에 불만이 많은 어린 여자아이에게, 여성 주인공이 나오는 고전들은 읽으면 재미있으면서도 갑갑한 것이었다. 여성 주인공들의 이야기는 남성 주인공과는 달랐다. 이들이 세상으로 나가기 위해서는 우선 남장을 하고 성별을 감추어야 했다. 가족에게 학대를 당하거나, 부모를 돌보아야 한다는 책임과 의무에 꽁꽁 묶여 있기도 했다. 남성 영웅들이 수많은 여성들의 흠모를 받으며 영웅호색이라는 말을 문자 그대로 실천하고 다니는 동안, "사랑하면 파멸하리라"는 신탁을 받은 그리스 신화의 아탈란타처럼 단 한 번의 사랑에 대해서도 혹독한 책임을 감수해야만 했다. 성공한 뒤에도 여성임이 밝혀지자마자 그동안의 모든 영웅적인 업적이나 뛰어난 능력에도 불구하고 그가 여자라는 사실만이 문제가 돼 무시당하고, 혼인을 강요당했다. 마치 우리의 주인공이 그저 결혼을 잘하기 위해 그 모든 영웅적인 일들을 해내기라도 했던 것처럼. 고대로부터 영웅 서사에는 공통점이 있다며, 신화학자들이 정리한 이야기들을 읽으면서도 마음은 계속 답답했다. 여성 영웅들은, 혹은 나라를 구하지는 못한 여성 주인공들의 여정은, 그와 같은 남성들을 기준으로 한 영웅 서사와는 달랐다. 이들의 이야기는 영웅의 이야기가 될 수 없는 걸까. 남성 영웅들이 땅을 박차고 하늘을 지향할 때, 이들은 왜 사랑과 결혼, 임신과 출산에 발목을 잡힌 채 자꾸만 땅으로 추락하고 마는 것일까. 여성이라는 성별 자체가 영웅의 여정을 가로막는 커다란 족쇄에 불과한 걸까.

30년의 세월이 흘러 2020년 무렵, 나는 아이와 함께 《홍계월전》을 다시 읽었다. 언어영역 문제집에 《방한림전》이 실렸다는 이야기도 들렸다. 세상은 바뀌어, 고전 소설 속 여성 주인공들이 남장을 하고, 혹은 난세에 휘말리며 세상 밖으로 나아가고, 장원급제를 하고 높은 벼슬에 올라 나라를 구하는 영웅이 되는 이야기들은 예전처럼 낯설고 기이한 것이 아닌, 우리의 많은 고전들 중 하나로 자연스럽게 받아들여졌다. 어떤 사람들은 이들 '여성' 영웅들의 소설들을 전복적이라고 말하고, 어떤 사람들은 여성 '영웅'들의 소설은 여자가 사회에 진출한다는 점에서 균열을 내긴 했지만 기본적으로 기존 체제를 강화하는 보수적인 이야기라고 말하기도 했다. 하지만 읽는 사람인 내게 있어, 이들의 이야기는 여성의 이야기이자 나의 이야기였고, 당시의 조선 여성들이 담장 안에 갇혀서도 꿈꾸던 세계를 그려내고 있었다. 아니, 꼭 남장을 하고 나라를 구하는 영웅들뿐만이 아니다. 자신의 운명을 찾기 위해 먼 길을 떠나 갖은 고난을 겪는 이들, 신비한 힘으로 앉아 천 리를 내다보는 이들, 때로는 사랑으로 세상을 바꾸는 그 모든 여성 인물들이야말로, 시대의 한계를 넘어선 영웅[hero]들이었다.

이 책에서 우리는 《심청전》이나 《콩쥐팥쥐전》《장화홍련전》과 같은 익숙한 이야기 속 여성 인물들의 이야기부터, 《홍계월전》이나 《이학사전》《방한림전》과 같은 남장한 영웅들의 이야기, 천한 신분이지만 사랑을 통해 세상에 맞섰던 《운영전》《춘향전》의 주인공과 노비 출신인 안생의 아내 이야기, 그리고 바리데기나 거인 여신 마고할미, 당금애기와 같은 여신의 이야기들까지, 옛이야기 속 여성들의 이야기를 함께 읽어볼 것이다. 반드시 출사하여 벼슬에 오르고 나라를 구하며 입신양명을 하는 것만이 영웅의 길은 아닐 것이다. 당대의 사람들에게 한계를 넘어서는 자유를 꿈꾸게 했을, 신분과 성별을 비롯해 자신을 제약하는 모든 것들에 맞서고 시련을 견디며 자신의 진짜 모습들을 찾아가는 여성 인물들의 전통은, 어쩌면 읽고 쓰는 사람들의 눈과 손을 통해 계속 이어져, 지금의 여성 작가들과 여성 독자들이 쓰고 읽으며 만나는 여성 인물들의 이야기로 이어졌을지도 모른다. 어쩌면 그것은 또 다른 영웅들의 계보일지도 모른다고, 이 책에 언급한 옛이야기들을 다시 읽어나가다가 때때로 생각했다.

2023년 여름
전혜진

차례

1.

바리,
'여성 잔혹사'를
전복하다:
〈바리데기〉

    우리의 〈아기장수 설화〉들은 놀라운 힘과 능력을 지니고 태어났어도 나라와 가족에게 받아들여지지 못하고 살해당한 영웅들에 대한 이야기다. 여성 장수는 여기에 더해, 남보다 강한 힘과 뛰어난 능력을 지녔지만 어머니와 남성 형제의 결탁으로 좌절당한다. 공주라도, 하늘의 선녀가 지상에 현신한 존재라도, 우리 옛이야기 속 여성 주인공들의 삶은 가혹하다. 이들은 대개 부모에게 버림받았거나, 어머니를 잃었거나, 한미한 집안 출신이거나, 신분이 낮아 보호해줄 사람이 없는, 보호받지 못하는 존재들이다.

    우리 여성 신화는 바로 버림받고 소외되고 보호받지 못하며 가부장제에 의해 좌절당한 이들의, 선택지가 없는 숙명적인 고난에서 출발한다.

옛날 어느 가난하고 비천한 집에, 겨드랑이에 날개가 달린 아기장수가 태어났다. 그는 삼칠일[1]도 지나지 않았을 때부터 방 안을 날아다니고, 누가 가르치지 않았는데도 글자를 깨우치고, 파리를 잡아 군사 훈련을 시키며 천하 영웅이 될 기상을 보였다. 나라에서는 그가 역적이 될까 근심하고, 부모 역시 비범한 아이 때문에 역적으로 몰릴 것을 두려워한다. 그렇게 하늘이 낳은 아기장수는 뜻을 펴지 못한 채, 나라와 부모의 손에 날개가 잘리고 살해당한다. 때로는 3년 뒤에 되살아나려 했지만 그 3년을 채우지 못하고 부모가 아이를 해칠 방법을 실토하는 바람에 다시 목숨을 빼앗기기도 한다. 전국 각지에 퍼져 있는 〈아기장수 설화〉는 대체로 이와 같은 비극적인 이야기였다.

여성 장수의 이야기는, 〈아기장수 설화〉의 비극적인 속성에 더해 가정 내에서의 성차별까지 얽힌다. 대개 여성 장수의 경우 그 남자 형제 역시 장수로 태어난다. 주로 충청도 이남에서 전해지는 〈오누이 힘내기 설화〉에서는 장수로 태어난 아들과 딸이 한집에서 살 수 없다며, 지는 사람이 목숨을 내놓는 내기를 했다. 아들은 쇠나막신을 신고 서울까지 당일로 다녀오고, 딸은 치마로 돌을 날라 성을 쌓았는데, 딸이 이길 것 같자 어머니는 아들에게는 찰밥을 주고 딸에게

---

1   아이가 태어난 지 스무하루가 되는 동안, 또는 그날. 민간에서는 출산과 같이 중요한 일이 발생할 때 부정을 몰아내고 소원을 성취시키는 중요한 기간으로 삼칠일을 지켜왔다.

는 뜨거운 팥죽을 끓여 주었다. 딸은 팥죽을 훌훌 불며 먹다가 그만 시합에 져서 죽고 말았다. 〈힘센 전강동이와 누나〉에서는 힘이 센 아이를 낳으려고 소를 열 마리나 잡아먹었던 어머니가 딸을 낳자 소를 잡아먹은 것을 후회하고, 아홉 마리를 잡아먹고 아들을 낳자 더 먹지 않은 것을 후회한다. 아들인 전강동이는 힘은 세지만 교만하고 아무하고나 싸움을 하려 든다. 그의 교만함을 꺾고, 전강동이에게 싸움을 걸어오는 사람들을 손 하나 안 대고 꾀를 써서 쓰러뜨리는 것은 그의 누나다. 전강동이는 힘으로도 지혜로도 누나를 이길 수 없지만, 누나의 이름은 전하지 않는다. 이와 같은 이야기는 종종 부부, 청혼하는 남자와 수절하는 여자, 혹은 산신과 같은 존재들의 대결로 변주되지만, 그렇다고 상황이 나아지는 것은 아니다. 여성 장수들은 〈아기장수 설화〉의 리스크에 더하여, 여성으로서의 차별까지 겪게 된다. 이들은 함께 등장하는 남성 장수보다 더 뛰어난 힘과 지혜를 갖고 있으면서도 가부장제로 대표되는 가족에게 발목을 잡혀 패배하고, 살해당하거나 결혼을 강요당한다.

　게으른 총각이 새끼줄 한 가닥을 항아리 한 개로, 다시 쌀 한 자루로, 죽은 당나귀로, 산 당나귀로, 다시 죽은 처녀로, 아름다운 처녀로 바꾸어 돌아와 장가를 드는 〈새끼 한 가닥〉 이야기와 같은, 선량하고 행운이 따르는 바보의 이야기, 혹은 영리하지만 게으른 총각이 주인공인 이야기들을 떠올려보자. 힘과 지혜를 다 갖추고도 결정적인 순간에 발목을 잡히고 마는 여성 장수 이야기와는 달리, 이들은 행운에 의지하거나 잔꾀를 부리는 것만으로도 성공할 수 있고, 모험에 대한 보상으로 아름답거나 신분 높은 여성을 얻어 돌아온다. 마치 여성은, 부족하지만 행운이 뒤따라 성공을 거머쥔 남성의 트로피가 되는 것으로 충분하다는 듯이.

그렇다고 우리 이야기 속 여성 주인공이 전부, 남성 인물을 돋보이기 위한 장치나 모험에 대한 보상으로만 사용된 것은 아니다. 우리가 이미 알고 있는 수많은 옛날이야기 속의 주인공인 여성들은, 남자 못지않게 힘이 세거나, 머나먼 여행을 떠나지 않는다 해도 스스로의 운명과 어떤 방식으로든 싸워온 영웅들이다. 그리고 그 수많은 여성 영웅 이야기의 출발점에 우리의 여성 신화인 〈바리데기〉가 있다.

'타자화된 별종'을 넘어 운명의 주체로

여성 영웅에 대해 이야기하기에 앞서, 우선은 영웅이라는 말에 대해 먼저 생각해보자. 영웅英雄이란 보통 사람들이 해내기 어려운 위대하거나 용감한 일을 해내는 사람들을 뜻한다. 영어로 영웅을 뜻하는 히어로hero/heroine는 큰 용기를 지녔거나 투지를 품고 있는 사람, 이야기의 주인공을 의미한다. 이 단어의 어원을 거슬러 올라가면 초인간적인 힘이나 육체적 용기를 지닌 사람이라는 뜻의 고대 프랑스어

heroe나, 영웅, 반신, 저명한 사람을 뜻하는 라틴어 heros, 트로이 전쟁의 영웅이나 고대 그리스 신화 속의 인물들을 뜻하는 그리스어 hērōs^{ηρως} 등이 나온다.

서구 고전에서 이와 같은 영웅상의 대표적인 인물은 바로 그리스 신화의 영웅 헤라클레스다. 헤라클레스는 제우스 신의 혈통을 물려받아 인간을 초월한 힘과 용기를 지녔지만, 헤라가 정한 숙명을 거부하며 열두 가지 시련을 겪게 된다. 칼날을 벼리고 담금질하는 듯한 시련을 이겨내며 영웅이 되고, 수많은 모험담의 주인공으로 살아가던 헤라클레스는 인간으로서의 생을 다한 뒤 하늘의 별자리이자 신들의 일족으로 거듭난다. 그와 같은 영웅들의 이야기는 아르고 호의 선원들에 대한 전설이나, 트로이 전쟁을 다룬 서사시 《일리아스》, 영웅 오디세우스의 험난한 귀환을 다룬 《오디세이아》와 같은 서사시를 통해서도 전해지고 있다.

헤라클레스 이야기나 《일리아스》 이전에는 현존하는 가장 오래된 영웅 서사시인 〈길가메시 서사시〉가 있었다. 우루크의 왕인 길가메시 역시 신의 혈통을 타고났다. 그는 자신이 세상에서 가장 강하다는 생각으로 악행을 저지르다, 천신 아누가 그를 벌하기 위해 만든 엔키두와 만난다. 엔키두에게 패배한 길가메시는 그와 친구가 되고, 두 사람은 함께 수많은 모험담의 주인공이 된다. 길가메시가 이슈타르 여신의 사랑을 거부하고, 이슈타르가 내려보낸 하늘의 황소마저 엔키두가 물리치자 신들은 엔키두에게 죽음을 내린다. 엔키두의 죽음을 겪고 불사를 찾아 헤매던 길가메시는 마침내 죽음을 피하는 대신 죽음을 받아들이고 저승의 왕이 된다.

이들 이야기는 우리가 알고 있는 수많은 영웅 설화의 원형에 가깝다. 신화학자인 조지프 캠벨Joseph Campbell, 1904~1987은 《천의 얼굴을 가진 영웅》에서, 시대와 지역을 막론하고 전통적인 영웅 서사에는 일정한 패턴이 있다고 말한 바 있다. 크게는 출발Departure→입문Initiation→귀환Return으로 이어지는 이 양식은 "원질신화原質神話, monomyth", 또는 "영웅의 여정hero's journey"이라 불리는 원형적 구조의 핵심이다. 조지프 캠벨은 이와 같은 신화의 본질에 대해, "영웅은 일상적인 삶의 세계에서 초자연적인 경이의 세계로 떠나고 여기에서 엄청난 세력과 만나고, 결국은 결정적인 승리를 거두고, 영웅은 이 신비로운 모험에서, 동료들에게 이익을 줄 수 있는 힘을 얻어 현실세계로 돌아오는 것"이라고 설명했다. 아직 영웅이 아니었던 젊은이는 어떤 이유로 사랑하는 부모님 곁, 정든 고향을 떠나 고초를 겪고, 낯설고 새로운 세계와 만난다. 그 모험의 끝에서 젊은이는 자신의 숙명과 마주하고, 때로는 영광을, 혹은 사랑하는 사람을, 혹은 자신의 진짜 모습을 되찾는다. 때로는 죽음 앞에서 깨달음을 얻기도 한다. 즉 영웅의 이야기는 기본적으로 모험의 형태를 띠고 있으며, 전통적인 영웅 서사에는 공통적인 이야기의 패턴이 존재한다는 것이다.

그리고 현대의 우리들은 여전히, 영웅의 이야기라고 하면 신화 속의 영웅들이나 《삼국지》의 영웅호걸들, 할리우드 영화의 주인공들, 슈퍼맨과 배트맨, 캡틴 아메리카나 아이언맨처럼 강력한 힘과 지혜를 갖춘 이들이 힘겨운 모험에 나서거나 전쟁터에서 격돌하는, 테스토스테론 넘치는 이야기들을 떠올린다. 신화와 고전 속 기사나 군주, 영웅들에게서 찾아볼 수 있었던 미덕들을 지닌 채, 때로는 기적을 일으키고 때로는 하늘로 비상하며 시련을 이겨내고 승리하는 그 캐릭터들은 대개 강철 같은 근육으로 뒤덮인 이상화된 남성의 몸을 지니고 있다.

애초에 영웅의 웅雄이 우두머리를 뜻하는 말이자 수컷을 뜻하는 말이란 사실에서 알 수 있듯, 고전적인 영웅 이야기는 철저한 남성 중심의 서사로 아버지에서 아들로 이어지는 가부장적인 세계를 배경으로 펼쳐진다. 제우스의 혈통을 물려받은 헤라클레스, 역시 신의 혈통을 타고난 길가메시 등이 모두 그 대표적인 사례다.

동양문화권의 영웅도 크게 다르지 않다. 차이가 있다면 동양 영웅담은 충과 효가 기본이 되고, 과거 급제와 전쟁에서의 공훈을 통해 인정을 받는 입신 출세의 이야기라는 점이다. 특히 한국의 영웅 신화란 대개 고귀한 혈통을 타고난 주인공이 비정상적인 출생과정을 거쳐 버려지는 등 시련을 겪은 뒤 구출되었다가, 성장하여 위업을 이루는 이야기다. 이들은 높은 지위를 얻어 고향으로 개선하거나 자신의 진

정한 자리를 되찾고, 훗날 여러 자손을 두고 영화를 누리다
가 신비한 죽음을 맞이한다. 그 대표적인 예가 고구려 건국
신화인 〈주몽신화朱蒙神话〉다.

주몽신화

주몽은 천신 해모수와 하백의 딸 유화의 아들이다.
해모수는 유화와 통정한 뒤 떠나고, 크게 노한 하백
은 유화를 우발수로 추방하고, 동부여의 금와왕이
유화를 발견하여 별궁으로 데려갔다. 햇빛이 유화를
따라와 비춘 뒤 유화는 임신을 하여 큰 알을 낳았는
데, 사람들이 내다 버리려 했지만 짐승들과 새들이
그 알을 보호하였다. 이후 알에서 태어난 사내아이
는 금세 걷고 말을 하더니 활과 화살을 만들어주자
백발백중이었다.

주몽은 자라 금와왕의 일곱 아들의 질투를 사고 동
부여를 떠난다. 압록강 동북쪽 엄사수[2]에서 뒤쫓는
이들에게 붙잡힐 위기에 처했을 때, 주몽은 "나는
천제天帝의 아들이요, 하백河伯의 외손이라"라고 외
쳤고, 이에 물고기와 자라가 다리를 만들어 무사히
건널 수 있었다. 그는 졸본에 정착하여 나라를 세우
고, 비류왕 송양과의 대결에서 승리한다. 왕위에 오

---

2   淹㴱水, 문헌에 따라 엄체수淹滯水라고 기록하기도 한다.

르고 19년 만에 하늘에 올라가 돌아오지 않아, 태자
유리가 왕이 남긴 옥채찍을 용산에 묻고 장사를 지
냈다.

국문학자 김현룡에 따르면, 우리의 영웅 이야기에 나오는
영웅이란 보통 사람보다 탁월한 능력을 가졌지만, 개인의 이
익이나 행복과 같은 개인적 가치보다는 자신이 속한 씨족이
나 부족, 민족, 나라의 이익과 행복을 위해 위대한 일을 수
행해 성공하고, 그로 인해 집단의 추앙과 존경을 받는 인물
이다. 그것도 어지간한 성공이 아니라, 장원급제해 도원수
都元帥[3]가 되어 전쟁에서 승리하고 도탄에 빠진 백성과 나라
를 구해야 한다. 천자의 인정을 받아 제후가 되고, 그 가문
과 부모를 빛나게 해야 하며, 현숙한 부인도 두 명 이상 두
어 자손까지 번창해야 마땅하다.

영웅을 보는 그와 같은 관점에 여성 주인공이 들어갈 자
리는 없어 보인다. 설령 하늘의 별자리나 월궁의 선녀가 죄
를 지어 지상에 태어난 고귀한 존재라 해도, 남다른 재주를
지닌 이인異人이라 앉은 자리에서 천 리 밖을 내다본다고 해
도 마찬가지다. 하물며 평범한 여성이 자신을 둘러싼 세상
을 바꾸는 이야기라면 더욱 그러하다. 그 남성적인 논리대

---

3 전쟁이 났을 때 등 대규모로 군사를 동원할 때 특정 지역의 병권 전체
를 맡기기 위해 임시로 편제하는 총사령관. 군정 양쪽을 통솔하므로 문
관 중에서 임명되는 경우가 많았다. 조선 기준으로 정2품에 해당한다.

로라면 절개를 지킬 권리조차 없었던 천한 신분이지만 신분을 초월한 사랑을 위해 목숨을 걸었던 춘향의 이야기는 사랑이라는 개인적인 욕구를 위한 것이니 영웅의 이야기가 될 수 없다. 남장을 한 여성이 장원급제하여 입신출세한 뒤, 누명을 쓴 아버지를 구해내는 설소저의 이야기도 전쟁을 통해 나라를 구하는 이야기가 아니니 영웅담이 될 수 없다. 남장을 하고 장수가 되어 천자를 구해내는 홍계월 같은 인물은 뛰어난 영웅담의 주인공이지만, 그는 '영웅'이 아니라 '여성' 영웅으로 분류된다. 어린 시절 전쟁의 혼란 속에서 부모와 헤어지고, 학문과 무예를 닦아 장군이 된 뒤 나라를 위기에서 구해낸 영웅 홍계월은 자신이 여성임을 밝힌 뒤 친구이자 동료인 보국과 혼인하지만 그 결혼생활은 남성 영웅들과 달리 순탄하지 않다. 신화의 원형을 연구했던 조지프 캠벨조차도 "여성은 여행을 떠날 필요가 없다"고 말했던 것처럼, 아무리 뛰어난 영웅이라 해도 성별이 여성이라는 것 자체가 전통적인 영웅, 혹은 세상을 지키거나 바꾸는 이야기의 주인공으로는 이질적인 존재, 딱 들어맞지 않는 존재인 것처럼 보인다.

조지프 캠벨이 영웅 서사의 시작과 끝을 출발과 귀환으로 설명했듯이, 우리에게 익숙한 신화나 구전담, 혹은 고전 속 영웅의 이야기는 기본적으로 모험의 형태를 띠고 있다. 하지만 영웅의 이야기가 낯선 세계로 떠났다가 돌아오는 것이라면, 과거 집을 지키는 존재이자 함부로 집을 떠날 수 없는 존재였던 여성은 아무리 비범한 성공을 거두어도 영웅으로 불리기 어려웠다. 《여성 영웅의 탄생》의 저자 모린 머독이 여성 영웅의 여정에 대해 물었을 때 조지프 캠벨은 신화에서 여성은 전통적으로 그 자리에 있는 존재이며, 사람들이 도달하려고 하는 곳이 바로 자신임을 깨달아야 한다고, 그러니 유사 남성이 되겠다는 생각으로 자신을 망가뜨리지 말아야 한다고 말했다.[4] 그의 말은 여성 인물은 남성 영웅에게 용기와 영감을 주는 뮤즈, 찾아가 정복해야 하는 목표, 돌아가 쉴 안식처, 혹은 영웅적인 행동을 수행한 데 따르는 보상이니 굳이 영웅이 되려고 노력할 필요가 없다는 말과 크게 다르지 않다.

하지만 한편으로 조지프 캠벨은 영웅 신화가 인간의 삶의 본질과 통과의례를 어떻게 드러내는지 설명하기도 했다. 영웅의 이야기가 아주 특별한 사람의 이야기, 신과 같은 강인한 혈통을 지닌 사람의 이야기만이 아니라, 아주 평범한 사람도 이입할 수 있는 보편적인 이야기가 될 수 있는 것이 바로 이 지점이다. 영웅은 평범한 사람과 같은 통과의례를 거치며, 이 통과의례는 때로 영웅에게 가혹하게 다가오지만, 그 과정에서 영웅은 노력으로, 혹은 타인의 도움을 받아 기적을 이루어내고, 평범한 사람들이 동경하는 결과를 손에 넣는다. 즉 영웅은 사람들이 동경하는 이상적인 삶을

---

4   모린 머독, 고연수 옮김,《여성 영웅의 탄생》, 교양인, 2014, 14~15쪽.

이루어낸 인물인 것이다.

우리 옛이야기 속 여성 주인공들도 마찬가지다. 우리는 규중에서 수를 놓고, 때로는 사랑을 통해 세상을 바꾸려 하며, 때로는 신분제나 가부장제 같은 단단한 벽에 맞서는 여성들의 이야기를 알고 있다. 때로는 그 한계를 넘기 위해 남장을 하고 세상으로 나아가 영광된 자리에 오르고, 때로는 자매애로 다른 여성을 보호하고 연대하며, 때로는 남들의 시선을 넘어 자신의 욕망에 충실하게 살아간 여성 주인공들을. 이들은 종종 모진 고난을 겪지만 승리하고, 남장을 했을 때는 과거에 장원급제를 하고, 그렇지 않으면 자수나 길쌈, 혹은 여성의 부덕으로 인정받으며, 잃어버린 부모를 만나 사랑받거나, 운명에 따라 귀한 남편과 자식을 점지받아 정경부인[5]이 되기도 하고, 때로는 자신의 의지로 남편을 선택한다. 이들은 자주적인 영웅의 모습과 모두의 존경을 받는 귀부인의 모습이라는 이중성을 품고 있는데, 이는 당대의 여성들이 가정 안에서 사랑과 존경을 받고, 자손을 낳아 가문을 이어가는 것을 이상적인 삶으로 여긴 한편, 가정 밖의 세계, 남자들이 담당하던 공적 영역을 동경했기 때문이다. 다시 말해 우리 이야기 속 여성 영웅들은 어떤 식으로든 당대 여성들의 꿈을 형상화한 존재였다. 이 관점에서 여성 영웅이란 남성들을 중심으로 하는 영웅 서사의 아류가 아

---

5   문무 관료 중 정1품 및 종1품 관료의 부인이 받는 외명부 봉작.

니라, 당대 여성들이 겪었던 현실과 여성의 소망을 담는 개념이 된다.[6]

　한때는 버림받은 딸들이었고, 자라서도 수많은 시련을 겪으면서도 굴하지 않고, 작게는 가문 크게는 국가라는 이름의 가부장제가 지배하는 세계에서 때로는 나라를 구하고 때로는 스스로를 구하며, 때로는 다른 여성을 위험에서 구해내는 이들, 누군가를 사랑하는 자들이자 세계와 불화하는 자들이며 어머니이자 딸이고 자매들인 이들, 사회적 약자이자 타자이며 때로는 모험을 떠날 자유조차 주어지지 않았던 이들이 바로 옛이야기 속 여성 영웅들이었다. 우리는 이들의 모습에서 상처 입은 어린이나 버림받은 딸, 사회생활에서 눈에 보이지 않게 계속되는 차별을 겪으며 소외되었던 우리 자신의 모습들을 발견하는 한편, 이들의 영웅적인 여정에서 또 다른 용기를 얻는 것이다. 여성들이 주어진 운명에 휩쓸리는 것을 넘어 자기 운명의 주체가 되기 위해 걸음을 내딛을 용기를. 위기에 빠진 나라를 구하거나 세상의 끝을 향해 모험을 떠나지 않아도, 이들의 도전과 반란은 타자화된 별종들의 이야기가 아닌, 그 자체로 또 다른 영웅의 이야기이자 우리들의 이야기가 된다.

6　　모린 머독, 고연수 옮김, 《여성 영웅의 탄생》, 교양인, 2014, 275~278쪽.

지배자들도 숨기지 못한 여성 영웅의 원형

　길가메시는 신의 자손이었다. 헤라클레스도 제우스의 아들이었다. 오디세우스는 신의 아들은 아니었지만 이타카 섬의 지배자였고, 아테나 여신의 총애를 받는 영웅이었다. 그들은 운명에 따라 여행을 떠나고, 힘과 지혜로 수많은 난관을 극복한다. 그리고 마지막에는 여행을 마치고 자신이 원래 돌아가야 할 곳으로 떠난다. 길가메시는 죽음을 받아들이고 저승의 왕이 된다. 헤라클레스는 인간으로서는 죽지만 신들과 어깨를 나란히 하며 하늘의 별자리로 자리 잡는다. 오디세우스는 20년 동안의 방랑을 마치고 이타카로 돌아간다. 영웅들의 이야기는 저마다 다른 배경과 다른 인물로 다른 이야기를 하고 있지만, 그 핵심적인 구조는 서로 다른 이야기에서 변주되어 되풀이된다. 이와 같이 매혹적인 이미지와 상징을 만들어내는 힘이자, 태고의 역사나 종족의 기원까지 거슬러 올라가는 인류가 반복적으로 겪어온 경험에 기반해 집단무의식으로 자리한 보편적인 기억이 바로 원형이다. 조지프 캠벨이 말했던, 출발→입문→귀환으로 이어지는 영웅 서사의 패턴 역시 이와 같은 원형에 기반한다.

　그렇다면 우리 여성 서사의 원형은 어디에 있을까. 문자로 기록된 이야기 중 가장 오래된 여성의 이야기는 환웅과 혼인한 웅녀의 이야기일 것이다. 남성이 주체가 된 기록문화의 세계에서, 걸러지거나 잊히지 않고 기록된 최초의 여성들은 대부분 시조나 영웅의 아내, 혹은 어머니였다. 하백의 딸이자 주몽의 어머니인 유화부인, 주몽과 혼인했지만 두 아들을 데리고 남하한 소서노, 박혁거세의 왕비 알영부인, 아유타국의 공주이자 수로왕의 왕후인 허황옥 같은 이들이 이에 해당한다.

하지만 이들을 그저 영웅의 아내이자 어머니라고 단순하게만 이야기할 수 있을까?

하백의 세 딸 중 장녀인 유화는 천제의 아들인 북부여 왕해모수와 정을 통해 임신을 했고, 아버지에 의해 태백산 우발수로 쫓겨난 뒤 동부여의 금와왕을 따라 궁으로 들어갔다. 유화는 동부여의 왕비이자 고구려를 세운 영웅 주몽을 길러낸 어머니였다. 그뿐 아니라 유화는 농경의 여신이기도 했다. 고려시대의 문신 이규보는 〈동명왕편東明王篇〉에서, 주몽이 제 나라를 세우기 위해 남쪽으로 떠날 때 유화부인이 오곡의 종자를 들려 보냈으며, 이별의 슬픔 때문에 보리 종자를 빠뜨린 것을 뒤늦게 알고 사자인 비둘기를 시켜 주몽에게 보냈다고 기록했다. 훗날 유화부인이 세상을 떠나자 동부여에서는 태후의 예로 장례를 지냈으며, 고구려에서도 시조인 주몽의 모후인 유화에게 태후로서 제사를 지냈으니, 유화는 두 나라의 태후로서 사당에 모셔진 셈이다.

소서노는 졸본 부여왕, 혹은 연타발의 딸로, 주몽 이전에 북부여왕 해부루解扶婁의 서손庶孫인 우태優台와 혼인해 두 아들인 비류와 온조를 낳았다. 우태가 죽은 뒤 소서노는 남하한 주몽과 혼인해 그가 나라를 세우는 것을 도왔다. 《삼국사기》에는 이를 두고 "어머니께서 재산을 기울여 나라를 세우는 것을 도와 애쓰고 노력함이 많았다"고 기록하고 있다. 그러나 동부여의 유화부인이 세상을 떠나고, 주몽이 동부여에 두고 온 아들 유리가 아버지를 찾아 고구려로 오자 소서노는 두 아들과 함께 남쪽으로 떠난다. 이후 비류는 미추홀, 온조는 위례성에서 나라를 세웠다. 이후 온조가 세운 십제가 미추홀의 신하들과 백성들을 받아들이며 백제가 되었다. 단재 신채호의 《조선상고사》에서 "소서노는 조선 사상 유일한 여성 창업자일 뿐만 아니라, 곧 고구려와 백제 두 나라를 건설한 사람"이라는 표현을 빌리자면, 소서노는 고구려와 백제, 두 나라의 건국에 기여한 영웅이었다.

한편 《삼국사기》는 소서노의 죽음을 조금 특이하게 기록하고 있다. 온조왕 13년 봄 왕도에서 늙은 여자가 남자로 둔갑하고 다섯 호랑이가 성으로 들어왔으며 왕의 어머니가 61세로 세상을 떠났다는 기록이다. 남자로 둔갑한 늙은 여자를 무장한 소서노라고 생각해보자. 성으로 들어온 다섯 호랑이가 침략자라면 소서노는 무장을 하고 그들과 맞서다가 세상을 떠났을 것이다. 혹은 그 다섯 호랑이가 소서노의 세력이라면 소서노가 무장을 하고 아들과 맞서다가 목숨을 잃었다는 이야기가 된다. 둘 중 어느 쪽이라도, 태후가 된 노년의 소서노가 뒷방에서 공경받는 노부인이 아니라, 마지막까지 싸움을 거듭하다가 세상을 떠난 영웅이었을 가능성을 생각하게 한다.

알영부인은 이들보다는 다소 평이한 느낌도 든다. 《삼국유사》와 《삼국사기》의 기록에 따르면 사로국[7] 6부의 촌장들이 임금을 정하기 위해 의논할 때 하늘에서 내려온 백마가 자줏빛 알을 낳았고 그 알에서 혁거세가 태어났으며, 알영부인은 알영 우물에 내려온 용의 겨드랑이, 혹은 갈비뼈에서 태어났다. 하지만 겨드랑이, 혹은 옆구리에서 성인이 태어났다는 이야기는 붓다가 어머니인 마야 부인의 옆구리에서 태어났다는 탄생 설화의 영향을 받아 윤색되었을 가능성이 있다. 사실 알영부인의 이야기에서 더 흥미로운 부분은, 《삼국유사》에 기록된 이들의 또 다른 탄생 설화 쪽이다. 이 설화에서 혁거세와 알영을 낳은 이는 선도산의 성모인 사소부인이다. 선도성모의 이야기는 《삼국유사》와 〈성모사 유허비〉에 전한다.[8] 그는 중국 제실帝室의 딸로, 신선이되어 해동으로 왔다가 진한 사로국의 선도산에 자리를 잡았으며, 이곳에서 혁거세와 알영을 낳았는데 이들이 동국 최초의 왕이 되었다는 것이다. 기록 자체는 짧고 부족하지만, 먼 나라에서 온 고귀한 여성이 신선이 되어 이 땅에 자리 잡고 왕을 낳았다는 이야기에서 우리는 또 다른 여성 영

---

7   초기국가시대 진한辰韓 12국 중 하나로, 훗날 나머지 진한 소국들을 통합해 신라로 발전했다.

8   김성호, 《씨성으로 본 한일민족의 기원》, 푸른숲, 2000, 239쪽.

웅, 혹은 여신의 이야기를 짐작할 수 있다.

허황옥의 이야기는 《삼국유사》에 인용된 역사서 《가락
국기》가 전하고 있다. 그는 아유타국의 공주로, 가락국 수
로왕과 혼인하기 위해 배를 타고 건너왔다. 그는 가락국, 즉
금관가야의 왕비이자, 김해허씨의 시조가 되었으며, 여기
에서 양천허씨, 태인허씨, 하양허씨, 인천이씨가 갈라져 나
왔다. 그는 제 나라를 떠나 먼바다를 건너는 모험을 한 여성
이자, 가락국의 왕비이고 허씨들의 시조가 되었다. 이처럼
이들은 스스로 나라를 세우거나 가문의 시조가 되었고, 먼
여행 끝에 이 땅에 도착한 여성 영웅이었지만, 기록과 윤색
을 거치며 이들의 주체성은 많은 부분 지워지고 지배층의
정통성을 세워주기 위한 부분만이 남았다.

하물며 이런 기록에서, 왕의 어머니도 왕비도 될 수 없었
던 여성들의 이야기는 더욱 축소되었다. 《삼국유사》부터
조선시대의 필기[9]·야담[10]에 이르기까지, 남성들이 기록한
이야기 속 여성들은 대부분 지배 이데올로기의 필요에 부
합하는 인물이었다. 열녀전에나 나올 법한 열녀들이 존경
받았고, 억울한 죽음을 당한 여성 귀신들의 이야기는 뛰어

9   보고 들은 일화를 기록한 서사적 기록 양식으로 당대의 사회현실을
    엿볼 수 있다.
10 민간전승된 이야기 중 조선 후기에 한문으로 기록된 짤막한 길이의
    이야기. 후대로 가며 서사 문학으로 발전했으며 일부는 단순히 줄거
    리를 기록하는 것에서 나아가 여러 야담을 결합하거나 기록자의 창
    의성을 더해 소설에 가까운 한문단편漢文短篇의 형태로 발전했다.

난 판결을 내리는 유능한 남성 사대부를 부각시키기 위한 장치로 소비되었다. 큰 공을 세운 여성은 질투에 찬 사대부의 기록 속에서 부당하고 근거 없는 비난을 받기도 했다. 제주의 거상이었던 김만덕은 갑인년(1794년) 흉년으로 굶어 죽게 된 제주도민들을 사재를 털어 구휼해 당시의 국왕인 정조에게까지 그 공을 인정받고 명예 관직을 받은 인물이었다. 하지만 당대의 사대부인 심노숭은 김만덕에 대해 "원래 기녀였는데 품성이 음흉하고 인색해 육지에서 온 상인들을 패가망신시키고 돈이 떨어지면 내쫓았는데 마지막에는 입던 바지저고리까지 빼앗아 늘어놓았다"고 다분히 악의를 담아 기록했다.[11] 남성 지식인들의 기록 속에서, 어떤 식으로든 주체성을 발휘하는 여성들은 종종 세상을 어지럽히는 요녀, 혹은 품행이 나쁜 인물이라고 매도당하기 일쑤였다.

하지만 다른 한편에, 여성들을 통해 이어진 이야기들이 있었다. 방각본[12]이나 필사를 통하거나 전기수[13]의 입담을 통해 전하던 소설들, 그리고 그 이전에 입에서 입으로 전하던 옛날이야기들이 그것이다. 그중에서도 여성 서사의 원

---

11   한새해, 〈제주 기생 김만덕에 대한 심노숭의 또 다른 시선〉, 《韓國古典硏究》 47, 2019, 259~288쪽.

12   坊刻本, 영리를 목적으로 민간에서 목판에 새겨 간행한 책. 《천자문》 《동몽선습》 《명심보감》 등 수요가 높은 아동용 교재나 사서삼경과 같은 유학서부터 후대에는 서민들이 찾는 실용서와 소설에 이르기까지 다양하게 발간되며 독서 인구의 확대에 크게 기여했다.

13   傳奇叟, 조선 후기 소설을 전문적으로 읽어주던 낭독가.

형이라 할 만한 것은, 여성들의 문화였던 무속에서 전해진 여신들의 이야기다. 무조신[14]이 된 바리데기와 삼신할미가 된 당금애기의 일대기가 담긴 서사무가를 비롯해, 농경신인 자청비, 길흉화복을 주관하는 운명의 여신 감은장아기, 터주신이 된 막막부인과 같은 이들 여신은, 여성들에 의해 모셔지고 여성이 주체가 되어 입에서 입으로 지금까지 전해왔다. 이들 여신은 과거 이 땅의 여성들이 겪었던 고난, 그리고 지금도 여성들이 현재진행형으로 겪고 있는 고난을 맨몸으로 관통하며 근원으로 돌아가 마침내 신이 되었다. 그리고 여성으로서의 고난을 겪으며 삶의 본질과 통과의례를 온몸으로 맞닥뜨린 그들은 버림받은 어린 딸에서 여신이자 어머니로 거듭난다. 자식을 낳는 고통을 감내하는 여성들을 보호하고, 여성으로서 고난을 겪으며 살다가 죽어가는 모든 이를 애틋이 여기던 이들 여신의 모습은, 우리의 입에서 입으로 전해 내려온 이야기 속 여성 주인공들 속에서 여전히 남아 있다.

그중에서도 공주로 태어났지만 버림받은 아기이고, 모진 시련 끝에 모험을 마치고 돌아와 죽은 아버지를 살려내고 신으로 정좌한 바리데기의 이야기는 이제부터 우리가 살펴보려는 우리 이야기 속 여러 여성 주인공들의 보편적인 이

---

14   巫祖神, 무당의 조상이나 시조에 해당하는 무속신격. 바리공주, 처용, 당금애기와 아들 삼형제, 지리산 성모천왕과 법우화상의 여덟 딸 등이 이에 해당한다.

야기를 엿볼 수 있는 토대와도 같다. 그러니 다른 여성 영웅들을 만나기에 앞서, 우리가 가장 먼저 살펴보아야 할 것은 무조신 바리데기의 이야기가 될 것이다.

바리데기 이야기

불라국 오구대왕이 길대부인과 혼인하여 여섯 공주를 낳았다. 오구대왕과 길대부인은 일곱째 아이는 아들이기를 바랐지만, 태어난 아이는 딸이었다.

"내가 전생에 죄가 많아 딸만 일곱을 두었으니, 이 나라를 누구에게 물려주랴. 일곱째 딸이라니, 보기도 싫다. 함에 넣어 열두 바다에 띄워 버려라."

오구대왕이 아이를 버리라고 명하자 길대부인은 통곡하다가, 일곱째 공주의 배냇저고리에 바리라는 이름과 생년월일을 적어 옥함에 담아 바다에 띄워 보냈다. 서쪽 바닷가에 사는 비리공덕할아비와 비리공덕할미가 옥함을 건져 바리를 키웠다.

세월이 흘러 오구대왕은 어떤 명의도 치료할 수 없는 죽을병에 걸렸다. 어떤 고승이 길대부인에게 이 병은 일곱째 공주를 버린 천벌이며, 서천서역 너머 저승 깊은 곳, 동대산의 약수를 마셔야만 나으리라고 말했다. 길대부인은 바로 만조백관과 여섯 공주를 모아놓고 저승에 다녀올 사람이 있는지 물었지만 아무도 나서지 않았다. 길대부인은 슬퍼하며 일곱째 공주를 생각하다가 꿈을 꾸었다. 서쪽 바닷가에 예전 그 옥함이 놓인 꿈이었다.

잠에서 깬 길대부인은 서쪽 바닷가에 찾아가서 바리와 재회했다. 길대부인이 아버지인 오구대왕을 살리려면 저승 동대산에 다녀와야 한다고 말하자, 바리는 자신을 길러준 비리공덕할아비와 비리공덕할미와 이별하고 남자 옷을 입은 채 저승으로 향한다. 사람이 없는 황야와 가도가도 끝이 없는 산을 지나며, 바리는 밭 가는 노인의 밭을 대신 갈아주고 길을 물어보고, 빨래를 하던 할미의 빨래를 대신 해주고, 할미의 옷에 기어 다니는 이를 잡아준 뒤 또다시 길을 물어보았다. 이 할미는 자신이 바리를 시험하러 나와 앉은 천태산 마고할미라며, 어려운 일이 생기면 쓰라고 삼색 꽃이 핀 가지와 금방울 하나를 건네주었다.

바리는 마고할미가 알려준 대로 죽은 사람들이 가득한 열두 고개를 건넜다. 고개 끝에는 산 사람은 건널 수 없는 황천이 흐르고 있었지만, 군졸들은 마고할미가 준 꽃가지를 보고 길을 비켜주었다. 황천 너머는 죄지은 혼백들이 고통스럽게 울부짖는 저승이었다. 그 길을 지나자 세 갈래 약수가 흐르는 물길이 보였다. 바리가 마고할미의 금방울을 던지자, 물 위에 오색 무지개가 피어오르며 동대산으로 이어졌다.

바리는 동대산 입구를 지키고 있던 무장승에게 간곡하게 말했다.

"저는 오구대왕의 일곱째 아들입니다. 아버지의 목숨을 구하기 위해 부디 약수 한 병만 뜨게 해주십시오."

"세상일에 공짜는 없으니, 길값으로 나무 해오기 3년, 삼값으로 불 때기 3년, 물값으로 물 긷기 3년, 도합 아홉 해를 이곳에서 일하면 약수를 드리겠습니다."

바리가 9년 동안 무장승의 집에서 일하자, 무장승은 다시 말했다.

"그대는 오구대왕의 아들이 아니라 딸이지 않습니까. 그러니 나와 혼인하여 일곱 아들을 낳아주십시오."

바리는 그 말대로 했다. 마침내 일곱 아들을 낳고, 이제는 아버지에게 돌아가야 한다고 말하자 무장승은 일곱 아들들과 함께 바리를 따라나서며 말했다.

"그동안 그대가 길어 온 물이 약수이니, 아버지 입에 흘려 넣으면 됩니다. 계속 베어오던 풀이 개안초이니 눈에 넣어드리면 눈을 뜰 것이고, 뒷동산 후원의 꽃이 숨살이, 살살이, 뼈살이 꽃이니 품에 넣어드리십시오."

오구대왕이 죽고 3년 동안, 길대부인은 바리를 기다리며 장례를 치르지 못했다. 마침내 돌아온 바리가 관뚜껑을 열었을 때, 오구대왕은 뼈만 남아 있었다. 바리가 숨살이, 살살이, 뼈살이 꽃을 오구대왕의 몸에 얹자 죽은 몸이 살아나기 시작했고, 동대산 약수를 입에 흘려 넣자 숨을 쉬더니, 개안초를 눈에 넣자 마침내 오구대왕은 잠에서 깨어난 듯 일어났다.

"여섯 딸들이 못 해낸 일을 네가 해냈으니, 이 나라의 반을 네게 떼어주랴? 사대문에 들어오는 재물의 반을 주랴? 원하는 것을 말해보거라."

"저는 부모의 허락 없이 남편을 만나 일곱 아들을 낳은 죄인입니다. 죄인이 어찌 감히 원하는 것이 있겠습니까."

"그런 말 말거라. 일곱 손자라니 듣던 중 반가운 소리가 아니냐. 친손봉사는 못 하더라도 외손봉사는 못 하겠느냐."

오구대왕은 바리공주에게 나라를 물려주고, 바리의 일곱 아들들을 후사로 삼겠다 말하지만 바리는 사양하며 말했다.

"저는 저승에 다녀오는 동안 가엾고 불쌍한 오갈 데 없는 혼들을, 지옥에 떨어진 사람들의 고통을 보았습니다. 저는 만신의 왕이 되어 그 불쌍한 혼들을 인도하는 신이 되려고 합니다."

그렇게 바리는 무조신이 되어 언월도와 삼지창, 방울과 부채를 들고 죽은 이들의 영혼을 인도하게 되었다. 바리를 주워 키운 비리공덕할아비와 비리공덕할미는 영혼의 길 안내를 맡는 신이 되어 저승 노

잣돈을 길삯으로 받으며 살게 되었다. 바리의 아들
들은 저승 시왕이 되었고, 남편인 무장승도 신이 되
었다.

　바리데기의 이야기는 그 자체로 여성 잔혹사다. 바리는
아들을 간절히 기대하던 가정의 막내딸로 태어나 아들이
아니라는 이유로 버려졌다. 아버지인 오구대왕은 갓난아기
를 내버리면 죽게 되리라는 것을 뻔히 알면서도 내다 버리
는 횡포를 부리고, 길대부인은 가부장인 남편에게 거역하
지 못한 채 딸을 내다 버리면서도 그저 눈물만 짓는 나약한
어머니였다. 다행히 양부모인 비리공덕 노부부에게 사랑받
으며 자랐지만, 그 평화를 다시 박살 내는 것은 친부모였다.
　바리의 이야기는 바로 여기에서부터 시작된다.

바리의 모험과 영웅의 여정

　옛날이야기나 민담에서는 어린아이가 여행을 떠나 어른
이 되어 돌아온다는 이야기를 쉽게 발견할 수 있다. 이는 평
범하게 살아가던 주인공이 모험을 거쳐 영웅으로 돌아온다
는, 대부분의 신화와도 일맥상통한다. 민속학에서는 '어린
아이가 어른이 되는', 즉 주인공이 성장해 돌아오는 의식을
'통과의례'라고 하는데, 이는 전 세계에서 가장 흔하게 발견

되는 이야기 구조이다.

마르셀 모스Marcel Mauss, 1872~1950 등과 함께 사회인류학의 기초를 확립했다고 평가받는 민속학자 헤네프Arnold van Gennep, 1873~1957는 통과의례가 분리-이행-재통합의 3단계로 이루어져 있다고 보았다. 여기서 분리란 주인공이 일상에서 비일상으로 넘어가는 것, 이행이란 비일상에서 겪는 모험, 재통합이란 비일상에서 일상으로 돌아오는 귀환을 뜻하며, 주인공은 이행, 즉 낯선 세계에서의 모험을 통해 성장한다고 해석했다. 이때 '이행' 과정에서는 일시적으로 주인공을 어른이나 다른 모습으로 만들어주는 존재나 도구가 등장하며, 주인공은 다른 존재로 불리며 성장한 뒤 돌아온다. 이는 조지프 캠벨이 말했던 '원질신화'의 핵심, '출발-입문-귀환' 구조와도 일맥상통한다.

조지프 캠벨은 영웅의 여행, 즉 단 하나의 원질신화에서 동서고금의 모든 신화가 파생되었다는 '단일신화론'을 주장했다. 조지프 캠벨은 《천의 얼굴을 가진 영웅》을 통해 신화와 전설에서 보편적으로 등장하는 패턴과 유형을 분류하고, 어떤 단계를 거쳐 영웅이 탄생하는지 설명하며 세상의 모든 신화란 하나의 원질신화가 천 개의 가면을 쓰고 있는 것과도 같다는 이론을 내놓았다. 조지 루카스는 영화 〈스타워즈〉 시리즈에 이 이론을 적용했고, 스토리 컨설턴트인 크리스토퍼 보글러도 이 이론을 기반으로 "취약한 플롯 라인의 문제점을 진단하고 수정함으로써 스토리를 가장 훌륭한 상태로 바꾸어놓을 수 있"[15]는 도구, 총 12단계로 이뤄진 "작가의 여행"으로 재구성하는 등, 조지프 캠벨의 영웅의 여행은 할리우드 영화 산업계, 나아가 스토리 산업 전반에서 신화의 구조를 차용하는 데 지극한 영향을 끼쳤다고 할 수 있다.

그렇다면 바리의 여행은 어떨까. 불라국의 공주이자 오구대왕과 길대부인의 딸로 태어났지만 버림받아, 선량한 비리공덕 노부부에게 구조되어 자란 것은 그에게는 범속한 나날에 지나지 않는다. 그의 운명이 움직이기 시작하는 것은 그의 어머니 길대부인이 바리를 찾아오면서부터다.

친부모를 찾자마자 바리에게 주어진 [모험에의 소명]은 바로, 죽을병에 걸린 아버지를 살리기 위해 저승에 가서 동대산의 약수를 길어 오는 것이다. 산 사람더러 저승에 다녀오라니, 죽으라는 말이나 다름없다. 여섯 언니들이 이 소명을 거부한 것도 당연하다. 하지만 바리는 이 소명을 거부하지 않는다. 길대부인을 따라 궁으로 가서 죽어가는 아버지를 보고, 그는 길을 떠난다. 하지만 이 이야기를 듣는 우리는, 자신을 버리라 명한 아버지를 위해 죽을 길을 가야 하는 바리의 모습에 슬픔과 부당함을 느낀다. 우리의 이야기 속 여성 주인공들은 대부분 소명을 직접적으로 거부하지 못하고, 다만 자신의 처지를 슬퍼한다. 그리고 그 거부감은 이야기를 듣는 우리가 느끼게 된다. [소명의 거부]는 이렇게 간접적으로 이루어진다.

15   크리스토퍼 보글러, 함춘성 옮김,《신화, 영웅, 그리고 시나리오 쓰기》, 비즈앤비즈, 2013, 41쪽.

통과의례		천의 얼굴을 가진 영웅	작가의 여행
헤네프		조셉 캠벨	크리스토퍼 보글러
분리	출발	(범속한 나날의 세계)	일상 세계
		모험에의 소명	모험에의 소명
		소명의 거부	소명의 거부
		초자연적인 조력	정신적 스승과의 만남
		첫 관문의 통과	첫 관문의 통과
		고래의 배	
이행	입문	시련	시험, 협력자, 적대자
		여신과의 만남	심연으로의 진입
		유혹	
		아버지와의 화해	시련
		신격화	
		궁극의 은혜	보상
재통합	귀환	귀환의 거부	귀환의 길
		불가사의한 탈출	
		외부로부터의 구조	
		관문의 통과	
		귀환	
		두 세계의 스승	부활
		삶의 자유	영약을 가지고 귀환

표 1 영웅의 여정 단계

그러나 바리는 저승으로 떠난다. '여성' 영웅들의 이야기에서 주인공들이 자신의 의지로, 혹은 어쩔 수 없는 상황에서 남장을 하게 되는 것처럼, 기나긴 모험을 위해 바리는 남장을 한다. 이행을 위해 다른 모습으로 변하는 것이다. 그리고 본인의 능력과 성실한 노동을 통해 저승으로 가는 길을 찾아 나간다. 그가 이 여정에서 만나는 이들과 노동을 통해 돕는 이들이 병든 자와 고통받는 자, 혹은 할머니, 할아버지와 같은 노인들이라는 것은, 왕자 싯다르타가 성 밖에서 만났던 삶의 고통과 무척 닮아 있다. 이는 이제 신이 되는 여정에 나선 공주 바리가 앞으로 누구를 위해 무엇을 할 것인가에 대한 질문이기도 하다. 그리고 약자를 돕기 위해 나서는 영웅에게, 현명한 노인, 혹은 신인神人들은 길을 찾기 위한 지혜를 빌려주는 법이다.

이때 [초자연적인 조력]이자 정신적 스승으로서, 바리는 천태산 마고할미를 만난다. 그리고 [첫 관문의 통과]로서 그는 죽은 사람이 가득한 열두 고개를 넘고, [고래의 배]로서 산 사람은 건널 수 없는 황천을 건넌다. 그리고 세 갈래 물에 마고할미가 준 금방울을 던져 넣고 동대산으로 이어지는 무지개 다리를 건넌다. 그의 분리는 이렇게, 산 자의 세계에서 저승으로 가는 여정과 겹친다.

바리는 남장을 한 채로 동대산에 도착했고, 그에게는 협력자이자 적대자인 무장승을 만난다. 무장승은 바리에게 길값, 삼값, 물값으로 나무 해오기 3년, 불 때주기 3년, 물 길어 오기 3년, 도합 아홉 해 동안 일하라는 [시련]을 부여한다. 그리고 그 시련을 통과한 바리 앞에 나타나는 것은 남성 영웅의 앞에 나타나는 유혹하는 여신이 아닌 무장승이다. [신격]인 무장승은 바리가 남장을 한 여자인 것을 처음부터 알고 있었다고 말하며, 바리에게 자신과 혼인해 일곱 아들을 낳아달라 [유혹]한다.[16] 바리가 낳은 일곱 아들은 아버지 오구대왕이 아들을 원했지만 얻지 못하고 낳은 일곱 딸에 해당한다. 이는 오구대왕의 입장에서는, 자신의 아들의 아들로서 이어지는 대를 잇지 못함을 슬퍼하고(정) 딸을 내친(반) 그가, 딸과 외손자를 통해 대를 이어도 무방하다는 깨달음을 얻는(합) 변증법적인 화해를 이루는 단초가 된다. 하지만 이런 식으로 이루어지는 [아버지와의 화해]가 바리에게는 시련이었음을 잊지 않아야 할 것이다.

한편 3은 삼신을 뜻하는 수이자 완전한 수이고, 석삼년 아홉 해 동안의 노동은 바리가 신으로서 깨달음을 얻기 위한 통과의례이자 수행이다. 즉 이 고된 세월은 바리가 신적인 존재로 거듭나는 [신격화]의 과정이었다. 그리고 그 수행의 끝에 바리가 무장승의 입을 빌려 말하는 깨달음, 즉 [궁극의 은혜]는, 자신이 긷던 물이 찾던 약수요, 베어오던 풀이 개안초며, 뒷동산 후원의 꽃이 죽은 이를 살리는 꽃이라는, 삶의 본질은 우리 가장 가까운 곳에 있다는 지혜였다.

신이 된 바리의 귀환은 짧게 묘사된다. 바리는 무장승과 일곱 아들들과 함께 불라국으로 돌아간다. 하지만 오구대

---

16 인간의 수명장수와 복을 관장하는 신인 칠성의 수. 전승에 따라서는 세 아들로 나오는 경우도 있는데, 이때는 삼신 또는 삼불제석을 의미한다.

왕은 이미 3년 전에 세상을 떠난 상태였고, 언니들은 자신을 믿지 못한다. 그 최후의 불신을 넘어 바리는 아버지를 살려내는 기적([관문의 통과])을 통해 마침내 자신의 아버지, 오구대왕으로부터 딸로 인정받는다([귀환]).

바리는 저승의 신이지만, 오구대왕은 이제 바리를 자신의 딸로, 바리의 아들들을 후계자로 받아들이려 한다. 두 세계 모두의 삶을 인정받고 [두 세계의 스승]이 되는 순간이다.

하지만 바리는 부모에게 인정받고 싶다는 욕구에 매몰되지 않는다. 나라의 반을 주겠다는 오구대왕의 제안을 거절하고 신으로 좌정하기를 택하는 것은, 그가 성장을 완료하고 부모의 자식이 아닌 자기 자신으로서 살아가리라는, [삶의 자유]를 택했음을 보여준다. 신이 되기 위한 여정이 누구를 위해, 무엇을 할 것인지에 대한 고민이었다면, 신으로서의 능력을 얻은 바리는 바로 가엾고 불쌍한 오갈 데 없는 혼들과 지옥에 떨어진 이들을 인도하는 만신의 왕, 무조신이 되기를 택한다. 바리가 겪은 고된 관문들이 그가 처음에 부여받은 소명이 아닌 마지막에 스스로 선택하는 길과 연결되는 장면이다. 그와 함께 저승의 신이 된 이들은 바리의 친부모, 친자매가 아닌, 비리공덕 노부부와 무장승, 그리고 일곱 아들이다. 원가족이 아니라 자신을 길러준 부모와 새로 만든 가족, 자신과 인간으로서의 삶을 함께했던 이들이다.

바리데기의 이야기는 앞서 이야기한 조지프 캠벨의 영웅의 여정에 잘 들어맞는다. 특히 〈바리데기〉나 〈당금애기 설화〉 등에서 여성이 신이 되기 위한 여정은 현실의 여성이 겪는 고난을 반영하며, 보편적인 여성의 고난과 통과의례를 보여주고 있다. 그렇다면 우리 옛이야기 속 여성 주인공들은 어떨까? 이들은 많은 경우 바리와 같이 소외된 존재다. 부모에게 버림받았거나, 어머니를 잃었거나, 한미한 집안 출신이거나 신분이 낮아 보호해줄 사람이 없기도 하고, 때로는 얼굴이 못생겼거나 인간이 아닌 금방울의 형태로 태어나기도 한다. 이 소외된 주인공들이 부모를 구하기 위해, 부모와 재회하기 위해, 억울함을 풀기 위해, 혹은 사랑을 성취하기 위해, 나아가 세상에 인정받기 위해 모험을 떠나는 것이 여성 영웅 이야기의 뼈대다. 이들에게 다른 선택의 여지는 없기에, 소명의 거부는 일어나지 않는 경우가 많다.

초자연적인 조력자로서 여성 주인공이 죽음에 준하는 고난을 겪거나 자살을 기도할 때 그 앞에 나타나는 인물은 죽은 어머니, 여신 어머니, 혹은 선녀나 신선과 같은 신령한 스승이다. 이들은 주인공에게 나아갈 길을 알려주고, 주인공은 첫 번째 고난을 통과한다. 그리고 주인공은 다른 존재가 된다. 남장을 하기도 하고, 다른 세계로 넘어가기도 하며, 때로는 억울함을 풀기 위해 여성 원귀로 변모하기도 한다.

주인공은 시련을 겪으며 성장하고, 자신의 인연을 만난

다. 그 인연은 사랑하는 사람이기도 하고, 전생의 연인이기도 하다. 하지만 현실에서 주인공과 인연 사이에는 종종 혼사장애가 발생한다. 친부모가 누군지 알 수 없다거나, 신분이 미천하다거나, 혹은 얼굴이 못생겼다는 이유로 거부당하기도 한다. 그러나 주인공의 성실함이나 뛰어난 능력이나 성품, 혹은 친부모의 문벌이 밝혀지며 시부모에게도 인정을 받고, 그의 배우자 역시 과거에 합격하거나 사회적으로 성취를 이루며 주인공은 한 집안의 부인으로서 자리를 잡는다. 나아가 그동안의 고난을 인정받아 천자에게 작호를 받기도 하고, 친부모를 만나 재회하기도 한다.

하지만 부모와 세상에 인정받으며 처음에 소명받았던 모든 것을 이룬 듯한 여성 주인공과 그 배우자 앞에 새로운 시련이 내려온다. 작게는 남성 배우자에게 또 다른 부인을 맞으라는 명령이고, 크게는 전쟁이 일어나거나, 혹은 황제나 황태후를 살릴 영약을 구해 오라는 명령이다. 이 새로운 모험은 주인공이 직접 수행하고 그 위엄을 사해에 떨치기도 하지만, 높은 관직에 오른 주인공의 배우자가 수행하는 경우도 있다. 배우자가 대신 모험을 떠날 때에도, 주인공의 그동안의 인연과 선업이 이 모험을 완수하는 데 결정적인 도움을 준다. 이 과정에서 주인공과 배우자는 전생의 인연이나 숨겨진 비밀 등을 알게 되고, 자신들의 진짜 모습을 되찾는다.

이후 귀환해 더 큰 명예를 얻은 주인공 또는 배우자는, 이

《천의 얼굴을 가진 영웅》 조지프 캠벨		바리데기의 모험	우리 이야기 속 여성 주인공
출발	(범속한 나날의 세계)	부모에게 버림받은 공주	소외된 여자아이
	모험에의 소명	아버지를 살리기 위해	세상에 인정받기 위해
	소명의 거부	언니들의 거부로 대체됨	간접적이거나 생략됨
	초자연적인 조력	천태산 마고할미	고난을 겪거나 자살을 기도할 때 신령한 스승과 만남
	첫 관문의 통과	망자가 넘는 열두 고개	
	고래의 배	황천	
입문	시련	무장승의 조건	시련과 고난
	여신과의 만남	무장승과 혼인해 일곱 아들을 낳음	인연을 만나나 혼사장애가 발생
	유혹		
	아버지와의 화해		시부모에게 인정받음 배우자의 사회적 성공
	신격화		
	궁극의 은혜	약수와 약초를 구함 (인정받을 조건을 갖춤)	부모와 재회, 혹은 부모와 세상에 인정받음
귀환	귀환의 거부	무장승과 아들들과 함께 귀환하나 오구대왕은 이미 사망	새로운 모험을 명령받아 성공적으로 수행하고, 이 과정에서 자신의 진짜 모습을 되찾음
	불가사의한 탈출		
	외부로부터의 구조		
	관문의 통과	오구대왕을 살려 냄	
	귀환	저승의 신이자 오구대왕의 딸로 인정받음	귀환해 복록이 드높아짐
	두 세계의 스승		꼬인 인연을 풀어 받아들임
	삶의 자유	무조신으로 좌정함	부귀영화와 무병장수 자식들이 지켜보는 가운데 승천 또는 평온한 죽음

표 2 바리의 모험과 여성 주인공들의 모험

제 꼬여 있던 인연과 비밀을 풀어 받아들인다. 때때로 주인 남성 배우자가 황제의 명을 받아 황실의 공주와 같은 고귀한 출신의 두 번째 부인을 맞기도 한다. 두 부인을 맞이하는 것은 그 배우자가 제후의 반열에 들었음을 뜻하며, 이 설정을 납득시키기 위해 처음부터 그 두 번째 부인과도 전생이나 선계에서의 인연이 이어져 있다는 설명이 뒤따르기도 한다.

하지만 역시 현대인들의 기준에 이와 같은 '두 번째 부인 맞이하기'는 껄끄럽다. 자신이 이입한 주인공이 자신의 인연을 만나 서로 사랑하며 살아가기를 바라지, 배우자가 두 번째 부인을 맞아 경쟁하기를 바랄 사람은 없을 것이다.

현대의 독자들이 받아들이기 껄끄러운 이 '두 번째 부인 맞이하기' 대목에서는 종종 '아황娥皇과 여영女英'의 고사가 인용되곤 한다. 그렇다면 아황과 여영은 누구일까? 나란히 한 남자와 혼인한 자매라는 식으로 흔히 인용되는 이들은, 사실은 자신의 지혜로 다른 사람을 돕고, 남편을 성공시키고, 죽은 뒤에는 신이 된 여성들이다.

아황과 여영

아황과 여영은 요堯 임금의 딸이다. 요 임금은 순舜이 효성이 지극하며 덕이 높다는 이야기를 듣고, 그가 왕이 될 만한 재목인지 살피기 위해 자신의 두 딸인 아황과 여영을 나란히 순과 혼인시켰다. 두 공주는 순의 시골집에서 부지런하고 검소하게 집안을 돌보았다.

순의 아버지와 계모, 이복동생 상은 순을 질투하여 죽이려 했지만 순은 부모를 공경하고 동생을 감쌌다. 아황과 여영도 이들이 순을 죽이려 할 때마다 지혜를 발휘하여 순을 구했다. 순의 명성이 점점 더 높아지자 요 임금 역시 여러 방식으로 순을 시험했고, 순은 두 부인과 상의하여 옳은 선택을 해냈다. 마침내 순이 왕위에 오르자 아황은 왕후가, 여영은 왕비가 되었고, 이들 자매는 이비二妃로 불렸다. 순 임금이 창오에서 죽었을 때, 아황과 여영은 동정산까지 순을 찾아갔으나 끝내 만나지 못하고 소상강에서 피눈물을 흘리며 슬피 울다가 세상을 떠났다. 이후 두 사람은 상수湘水의 신이 되었으며, 순과 다시 만나 상군湘君과 상부인湘婦人으로 불리게 되었다. 또한 아황과 여영이 흘린 눈물이 대나무에 붉은 얼룩을 남긴 것을 사람들은 소상반죽瀟湘斑竹이라 불렀다.

과거 전통적인 사회구조에서 여성들은 사회 진출이 제한되고, 자신의 의지와 능력을 적극적으로 펼칠 수 없었다. 공주로 태어난 아황과 여영조차도 아버지의 명을 받아 순이 어떤 인물인지 살펴보는 도구로서 결혼하게 된다. 하지만 이들은 순의 집에서 인간의 집요한 악의와 맞서고, 덕이 높음에도 소외되고 고난을 겪고 있는 순을 도우며 자신들에게 주어진 삶을 적극적으로 돌파한다. 당시 여성들이 보편적으로 겪었던 시집살이부터 왕의 시험까지, 다양한 삶의 고난과 역경을 이들 자매는 힘과 지혜를 합쳐 이겨내고, 마침내 남편인 순을 임금으로 만든다. 한편 그들은 전란으로 순이 죽은 뒤 그 피눈물이 대나무에 얼룩져 무늬를 남길 정도로 슬퍼했는데, 이들의 깊은 슬픔은 여성들이 겪는 고통과 비애를 형상화한다. 《심청전》이나 《사씨남정기》에서 고난을 겪는 여성 주인공의 대목에 소상반죽瀟湘斑竹의 일화가 언급되는 것은, 그들의 슬픔을 이들 아황과 여영은 이해하리라는 공감과 위로를 뜻한다.[17]

다시 말해 이와 같은 대목에서 아황과 여영의 이야기가 언급되는 것은, 주인공이 그동안 겪은 고난을 넘어 자신의 의지로 살아온 인물이자, 독자의 슬픔을 공감하고 이해할 수 있는 인물이라는 뜻이다. 또한 앞서 3이라는 숫자가 삼신을 뜻하는 수이자 완전한 수였던 것처럼, 주인공의 결혼 생활이 완전함을 이루었음을 보여주기 위한 장치이자, 주인공이 아황과 여영, 혹은 두 번째 부인으로 맞아들이는 공주와 동격으로 고귀한 인물이 되었음을 뜻하는 것이기도 하다.

이렇게 모든 모험을 마친 주인공은 부귀영화를 누리며

---

17   하경숙, 〈여성 신화에 나타난 인물의 형상과 의미−아황·여영을 중심으로〉, 《온지논총》 64, 2020.

화목하고 완전한 가정을 이룩한다. 이들은 아름답고 재주가 많아 사회적으로도 부와 명예를 누리는 자식들을 여럿 두고, 하늘이 정한 수명을 꽉 채워 산 뒤 자식들이 지켜보는 앞에서 나란히 숨을 거두거나, 혹은 하늘로 승천한다. 이들은 바리데기처럼 신이 되지는 않았지만, 자신의 소명을 찾아 모험을 수행하고, 돌아와서는 높은 지위에 오르며 여성이 꿈꿀 수 있었던 일생 안에서 완전함을 찾았다.

한편 구조뿐 아니라 세부적인 부분에서도 〈바리데기〉 설화는 우리나라의 여러 이야기 중 여성이 주인공인 이야기에 자주 등장하는 요소를 두루 갖추고 있다. 그리고 이제부터 우리는, 이 요소들이 우리나라의 옛이야기 속 여성 인물에 어떻게 드러나고 변주되는지, 이런 요소들을 통해 각 여성 인물들이 어떻게 연관지어질 수 있는지 살펴볼 것이다.

2.

'버림받은 딸'을
영웅으로 만드는
세 어머니:
《숙향전》

바리데기는 버림받은 공주가 먼 여정을 거쳐 여신으로 좌정하는 이야기이다. 그리고 그 여정에, 세 사람의 어머니가 있다. 가부장에게 거역하지 못하고 딸을 내다 버린 나약한 친어머니 길대부인, 버려진 아기를 친자식처럼 기르는 수양어머니 비리공덕할미, 그리고 불가능한 모험을 수행하는 바리에게 지혜를 전해준 여신 어머니 마고할미는 모두 바리의 어머니들이다.

그렇다면 다른 여성 영웅의 이야기에서는 어떨까.

예나 지금이나 유행하는 드라마의 전형적인 인기 요소는 시련과 역경을 딛고 마침내 행복을 성취하는 스토리다. 어려운 처지에 놓인 주인공은 반복되는 고난을 극복하며 자신이 원래 누렸어야 할 운명을 찾아간다. 그 운명이란 하늘이 정한 완벽한 연인, 모든 사람에게 인정과 존경을 받는 삶, 화려하고 부귀영화를 누리며 온갖 복락이 보장된 미래를 말하지만, 여기까지 가는 데는 많은 시련이 도사리고 있다. 출생의 비밀이 있거나 어린 시절 부모와 헤어져 고아가 되기도 하고, 겨우 정착해 안정을 찾자마자 질투와 모함의 대상이 되거나, 모든 것을 잃고 쫓겨나기도 한다. 천신만고 끝에 운명의 연인을 만났다 해도 그에게는 이미 지체 높고 완벽한 약혼자나 구혼자가 있고, 연인의 부모는 아직 자신의 운명을 되찾지 못한 주인공을 탐탁지 않게 여겨 결혼을 반대한다. 주인공이 오해를 사거나 모함을 받는 등의 고난을 겪는 것이 답답하다고 싫어하는 사람들도 있지만, 고난을 겪는 동안의 갑갑함에 비례해 문제가 해결되었을 때의 속 시원한 카타르시스도 커지는 법이다. 가슴이 답답해지는 '고구마'를 잔뜩 먹었을 때야말로 속이 뻥 뚫리는 '사이다'의 효과가 극대화되니 말이다. 사람들은 주인공의 발목을 잡는 뻔한 악당들을 욕하고 손가락질하며, 주인공이 고난을 겪을 때는 함께 걱정하고, 마침내 자신의 운명을 되찾았을 때는 함께 기뻐한다. 주인공의 고난이야말로, 현실에서 크고 작은 고난과 맞서는 사람들에게는 공감과 이입을 불러일으키는 것이다.

조선 후기의 베스트셀러였던 《숙향전》 역시 그렇다. 1754년(영조 30) 유진한柳振漢이 판소리 〈춘향가〉를 직접 듣고 칠언장시七言長詩 2800자로 기록한 〈만화본춘향가晚華本春香歌〉에서 《숙향전》을 언급하는 것만 보아도, 당시 사람들에게 이 이야기가 얼마나 친숙했는지를 알 수 있다. 영조~헌종 시대 하층민들의 모습과 당대의 사회현실을 묘사한 작품을 여러 편 남긴 역관 출신 여항시인[18] 조수삼趙秀三, 1762~1849도 〈추재기이秋齋紀異〉에서 전기수의 모습을 기록하며 그가 낭독한 작품 중 제일 처음으로 《숙향전》을 꼽았을 정도다. 현재까지도 한문본과 국문본은 물론, 목판본, 필사본, 활자본 등 다양한 형태로 전하는 이 이야기는, 아마도 영조 대, 혹은 그 이전부터 사람들에게 널리 알려지고 사랑받았을 것이다.

그도 그럴 것이, 《숙향전》은 〈바리데기〉와 같은 전형적인 영웅 서사를 따르면서도, 매 화마다 긴장의 연속인 드라마처럼 숙향의 위기가 계속 이어져 사람들의 흥미를 유발하는 구조로 진행된다. 월궁의 선녀 소아와 태을진군이 서로 사랑에 빠지고 죄를 지어 인간으로 환생해 재회한다는 운명적인 사랑이 예비되어 있지만, 그러기 위해서 숙향은 후토부인이 말한 다섯 번의 죽을 고비를 비롯해 갖은 고난을 이

---

18   여항(閭巷) 문학 또는 위항(委巷) 문학은 조선 선조 이후에 중인·서얼·서리·평민과 같은 일반 백성 출신 문인들이 이룬 문학을 말한다.

겨내야 한다. 여성 주인공이 어떤 고난과 역경 속에서도 자신의 인연을 포기하지 않는다는 설정은 조선 후기, 주인공이 애정을 성취하는 여러 소설이 나오는 데 영향을 끼쳤다. 또한 용왕의 딸이나 후토부인, 화덕진군, 마고할미와 같은 숙향을 돕는 기이하고 초월적인 인연들은, 현실의 고난을 넘어 초월적인 세계를 꿈꾸는 여성들의 희망을 반영하고 있다.

숙향전

송나라 때 가난하지만 명문가의 후예인 선비 김전이 어부들에게 잡혀 죽게 된 거북을 살려주었다. 거북은 물에 빠져 죽을 뻔한 김전을 구해주고 새알만 한 구슬 두 알을 주었는데, 김전은 그 구슬을 예물로 삼아 장씨와 혼인하고 의좋게 살았다.

결혼하고도 오랫동안 자식을 얻지 못했던 김전 부부는 신령한 꿈을 꾼 뒤 딸인 숙향을 낳았는데, 선녀들이 내려와 순산을 도왔다. 관상가는 숙향을 보고 "다섯 살에 부모와 이별하고 사방으로 유랑하다가 스무 살에 다시 만나 부귀영화를 누리고 아들 둘에 딸 하나를 낳고 살다가 일흔 살에 하늘로 돌아갈 것"이라 말했는데, 그 말대로 숙향이 다섯 살이 되던 해에 전란이 일어났다. 도적 떼에게 쫓기던 김전은 숙향을 버리고 장씨와 함께 도망쳤고, 어린 숙향은 생년월일시를 금실로 수놓은 비단 주머니와 거북의 구슬로 만든 가락지 한 짝만을 간직한 채 부모와 헤어지고 말았다.

숙향은 명사계冥司界에서 후토부인을 만나 다섯 번의 액운을 겪어 전생의 죄를 속죄한 뒤에 행복해지리라는 말을 들었다. 후토부인은 숙향을 사슴에 태워 숙향과 전생에 인연이 있었던 장 승상 댁으로 보내고, 장 승상 부인은 어린 숙향을 양녀로 삼았다. 총명한 숙향은 열다섯 살이 될 무렵 이미 집 안팎의 가사를 다 맡게 되었지만, 그를 시샘한 시비 사향의 농간으로 도둑 누명을 쓴 채 장 승상 댁을 떠나고 말았다. 표진강에 빠져 죽으려던 숙향은 과거 김전이 구해주었던 거북이었던 동해 용왕의 셋째 딸에게 구원받고, 자신이 전생에 월궁의 선녀 소아로 사랑하는 태을진군에게 월영단을 훔쳐서 준 죄 때문에 지상에서 시련을 겪고 있음을 알게 되었다. 이제 두 번의 액이 더 남은 숙향은 위공의 자제 이선으로 태어난 태을진군을 만나기 위해 다시 연엽주를 타고 떠난다.

화덕진군의 도움으로 화재를 피하고, 천태산 마고할미를 만나 이화정에서 살게 된 숙향은 어느 날 천상계의 꿈을 꾸었다. 자신은 두 아들과 왕후가 될 딸을 점지받고, 자신이 떨어뜨린 구슬 가락지를 태을진군이 주워 주는 꿈이었다. 숙향이 마고할미의 권유로 그 꿈을 자수로 놓았는데, 화가인 조적을 통해 그 자수를 보게 된 이선은 자수 속 풍경이 자신이 꿈에서 보았던 천상의 풍경임을 깨닫는다.

이선은 자식이 없던 위공 이 상서 부부가 하늘의 점지를 받아 낳은 아들로, 가문과 재주가 뛰어나 많은 구혼을 받았지만, 본인은 월궁 소아가 아니면 혼인하지 않겠다고 말하고 있었다. 한편 이선이 태어날 무렵 낙양성에 태을성이 떨어졌고, 산실에 찾아온 선녀가 이 상서 부인에게 이 아이의 배필은 김 상서의 딸 숙향이라 일러주었다. 이선은 자수를 팔았다는 마고할미를 찾아가고, 마고할미의 말을 따라 형주의 김전과 남군의 장 승상 댁을 찾아가 숙향에 대해 묻는다. 숙향의 기박한 운명을 알게 된 선은 청의동자의 도움을 받아 표진강을 건너 갈대밭에 도달하고, 이곳에서 화덕진군을 만나 마고할미 댁에 숙향이 있으니 가보라는 말을 듣는다.

마침내 마고할미 댁으로 돌아온 선은 숙향이 꿈속에서 잃어버렸던 구슬 가락지를 돌려주고 청혼한다. 두 사람은 선의 고모인 이 부인의 주관으로 혼인하여 부부가 되었다. 하지만 이 상서는 귀한 아들인 선이 멋대로 혼인했다는 말을 듣고, 낙양 태수에게 숙향을 잡아다 죽이라 명했다. 낙양 태수가 된 김전은 딸인 줄도 모르고 숙향을 문초하지만, 장씨 부인이 꿈에 딸인 숙향을 보고 나와 남편을 말린다. 이 상서

는 김전이 숙향을 죽이는 것을 주저하자 그를 좌천
시켰다. 이때 이 부인이 찾아와 숙향을 구하고, 이
상서는 숙향을 풀어주는 대신 낙양에 머무르지 못하
게 쫓아내고, 선을 태학에 집어넣었다.

그렇게 숙향이 다섯 번의 죽을 고비를 다 넘기자 마
고할미는 천태산으로 돌아가고, 숙향은 마고할미가
남긴 청삽살개와 의지하며 살아간다. 불량배들이 젊
은 여자 혼자 남은 이화정을 노리자, 숙향은 마고할
미의 옷을 묻은 허묘로 도망쳐 자신의 기박한 운명에
통곡한다. 마침 완월루에서 달구경을 하던 상서 부인
이 숙향을 데려오게 한다. 이 상서 부부는 숙향의 아
버지가 상서 김전이라는 것을 알고, 숙향이 명문의
후예이자 선이 태어났을 때 선녀가 알려준 배필임을
깨닫고 며느리로 인정한다. 숙향이 지은 이 상서의
관복을 본 황제가 그 재주를 칭찬하여 비단을 하사
하니 상서 부부는 숙향을 애지중지한다. 선은 과거에
장원급제하고 한림학사[19]가 되어 숙향과 재회한다.

형주에 가뭄이 들어 민심이 흉흉해지자 황제는 선을
형주자사로 삼는다. 그가 형주로 가고 한 달 만에 형

19 한림원翰林院은 실록을 기록하고 법제를 정비하며 유학을 연구하고
국정에 대해 논의하던 당대 최고의 지식인 집단이자 관원들의 정예
로, 한림학사는 국왕의 측근이 될 수 있어 장래의 재상 후보로 여겨
졌다. 실제로 고려시대 한림학사를 역임한 사람 중 7할 정도가 재신
과 추밀에 임명되었다.

주가 평화로워지니, 이 상서는 숙향을 선에게 보낸다. 그 여정에서 숙향은 갈대밭에서 화덕진군에게, 표진강에서는 용왕부인에게 제사를 지내고, 장 승상 댁과 양양 태수가 된 김전 부부를 찾아가 자신이 살아 있음을 알린다. 이 기이한 사실이 알려지며 선은 초공이, 숙향은 정렬부인이 되고, 정렬부인 숙향은 장 승상과 김 상서의 집을 이웃에 지어 세 집의 부모를 한결같이 섬기며 효를 다한다.

한편 선을 사위로 삼으려던 양왕은 선이 거절하자 앙심을 품고, 그에게 중병에 걸린 황태후를 구할 선계와 용궁의 영약들을 구해 오라 이른다. 선은 숙향의 구슬 가락지와 천태산 마고할미에게 보내는 편지를 받아 품에 지닌 채 선계로 떠난다. 선은 선계에서 이태백과 두보를 만나 자신과 숙향, 그리고 양왕의 딸인 매향공주의 전생에 대해 알게 되고, 천태산에서는 마고할미를 만나 숙향의 안부를 전한다. 선계와 용궁에서 영약을 얻고, 숙향의 가락지에 박힌 구슬이 죽은 사람을 살려내는 보배임을 알게 된 이선은 돌아와 황태후를 살려내고 초왕에 봉해진다. 숙향이 전생의 인연인 매향과의 혼인을 권하여, 초왕 선과 정렬왕비 숙향, 정숙왕비 매향은 부부가 된다. 이들은 귀한 자식들을 낳고 부귀를 누리다가, 70세가 되던 7월 보름날에 세 사람이 나란히 하늘로 돌아갔다.

전형적인 영웅이라 할 수 있는 주인공 숙향은 고귀한 혈통으로 태어나 어려서 부모를 잃고, 운명적으로 주어지는 위기를 극복하며 성장해 마침내 자신의 뿌리를 되찾고 행복하고 존경받는 삶을 손에 넣는다. 그러나 숙향이 마침내 손에 넣은 삶은 운명의 연인과 혼인해 그 부모에게 인정받고, 친부모와 수양부모를 모두 만나고, 부부가 화락하며 자손을 낳는 것이며, 숙향이 자신의 재능을 드러내는 방법 역시 길쌈과 자수이고, 숙향이 맞닥뜨린 위기와 고난은 여성의 수난사 그 자체다. 즉 《숙향전》은 영웅의 일생을 통해 여성의 고난과 꿈을 보여주는 작품이다.

그리고 숙향이 겪는 고난의 시작은 바로, 부모에게서 버림받는 순간이다.

가부장제에 굴복한 친어머니

〈바리데기〉는 버림받은 딸의 이야기였다. 그는 전제적이고 폭압적인 가부장인 아버지, 오구대왕의 명령으로 버려졌다. 그가 인물과 재주가 출중하고, 길대부인을 무척이나 사랑했다고 묘사되지만, 그것은 모든 일이 그의 뜻대로 돌아가는 동안의 일일 뿐이다. 그는 결혼생활 내내 아이를 내리 일곱을 낳는 동안 길대부인에게 아들을 낳을 것을 종용해왔다. 그리고 일곱 번째 아이가 자신의 기대와 어긋나게 딸로 태어나자, 그는 내다 버리면 죽을 게 틀림없을 갓난아기를, 그 어미의 손으로 내다 버리는 잔인한 명령을 내린다.

바리의 친어머니인 길대부인은 가부장에게 감히 거역하지 못하는 나약하고 무기력한 어머니로 보인다. 하지만 이것은 길대부인 혼자의 문제였을까. 가부장이 가족 구성원을 지배하고, 나아가 생사여탈권까지 쥐고 있던 시대였다. 특히 돌봄이 없이는 살아남을 수 없는 갓난아이의 인권이란 없다시피 했다. 현실에서도 입을 줄인다며, 혹은 쓸모도 없는 딸이라며 갓 태어난 어린 딸을 방치해 죽게 만들고 호적에도 올리지 않거나, 산모에게는 죽었다고 거짓말을 하고 내다 버리는 일들은 불과 몇십 년 전에도 있었다. 그렇게 내다 버린 어린 딸이 해외에 입양되어 40년 만에 친부모를 찾아왔다는 이야기는 미담이 아니라 서글픈 여성 잔혹사이자 차별의 역사였다.

게다가 길대부인에게는 지켜야 할 여섯 딸이 있었다. 가부장제가 지배하던 시대, 가정에서 어머니는 가부장제의 폭력이나 집안의 여러 분란으로부터 어린 딸을 지키는 보호막이었다. 어머니는 어린 딸을 양육하고 보호하며, 여성에게 필요한 모든 것을 가르친다. 나이가 차면 좋은 혼처를 구해 혼인하게 하는 것도 어머니의 일이다. 다시 말해 가정 내에서 어머니를 여읜 딸들이란, 그런 보호막을 잃은 약자였다. 게다가 계모가 들어오면, 대를 이을 존재로 아버지의 슬하에서 자라는 아들과 달리 딸은 계모의 영역인 안채에서 자라게 된다. 제대로 관심을 받지 못하거나, 학대와 폭력에 노출되기 쉬운 상황이 된다. 그를 방증하듯,《장화홍련전》이나《콩쥐팥쥐전》같은 우리의 여성 원귀 이야기에서, 성폭력의 피해자가 되거나 살해당하거나 누명을 쓰고 자살하는 이들은 대부분 여종이나 신분이 낮은 처녀, 비구니, 어린 여성, 그리고 계모 슬하의 전처 소생 딸이었다. 이들은 가족 안에서 가장 무력한 존재들이자 폭력 앞에 노출된 약자들, 가정 내의 희생자였다.

당시 여성들은 출가외인이라 결혼하면 남편 집안사람이라 했고, 또 삼종지도라 하여 어려서는 아버지를, 결혼해서는 남편을 따르라 했지만 실제로 여성이 의지할 곳은 아버지도, 남편도 아니었다. 여성이 의지할 곳은 친정어머니와 피를 나눈 형제들, 그리고 자신이 낳은 아이들과 며느리로 이루어진 자궁가족[20]이었다. 남편을 잃고 과부가 되거나 이혼을 당한 여성은 친정으로 돌아갈 수라도 있었지만, 만약 잔혹한 가부장의 명

20   uterine family, 어머니를 구심점으로 하는 가정 내 세력, 여성 중심의 가족. 갓 결혼한 여성은 새로운 가정에서 며느리로서 낮은 지위와 미약한 권력만을 갖지만, 자신의 자식, 특히 아들들을 낳고 키우면서 집안 내에서의 권력이 커진다. 장차 아들이 장성하고 며느리를 맞아 시어머니가 되면 이 여성은 자신이 낳아 만들어낸 사적인 가족, 아들들과 며느리들, 딸들, 손자들로 이루어진 가족의 정점에 서며 집안의 주도권을 잡는다.

을 거역했다가 길대부인이 쫓겨나고 계모가 들어오면, 여섯 딸들에게는 의지할 곳이 없어진다. 길대부인은 여섯 딸을 지키기 위해 눈물을 머금고 옥함에 바리를 담아 바다에 띄워 보냈지만, 바리에게 이름을 지어주고, 언젠가 딸을 다시 찾기 위한 단서처럼 배냇저고리에 그 이름과 생년월일을 적어준다.

《숙향전》에서 숙향의 아버지 김전은 오구대왕과 같은 잔인하고 폭력적인 가부장에 비할 바는 아니다. 그는 죽을 뻔한 거북을 구해준 어진 사람이고, 부인 장씨를 무척 사랑했으며, 빙부모의 장례와 제사도 극진히 받들었다. 딸이 단명할까 걱정해 관상가를 모셔 오고, 관상가의 말을 듣고 혹시 숙향을 잃어버릴까 근심해 생년월일시를 새긴 비단 주머니를 채우게 했으니 딸을 귀여워한 것은 사실일 것이다. 그가 선행의 보답으로 거북에게서 받은 구슬 덕분에 숙향은 선과 만나고, 마지막에는 황태후도 구할 수 있었으며, 이 상서댁에서도 숙향의 아버지가 명망 높은 운수선생의 아들인 김전이라면 문벌은 더 볼 것도 없다고 말하며 숙향을 받아들였으니, 그가 오구대왕처럼 아무짝에도 쓸모없는 아버지인 것도 아니었다.

하지만 김전이 딸을 사랑하는 헌신적인 아버지였다고 말하기는 어렵다. 평화로운 시대에야 딸을 사랑하는 아버지로 행세할 수 있었지만, 목숨이 위태로운 상황에서 김전에게 딸보다 더 중요한 것은 가부장제를 수호하는 것이었다.

도적에게 쫓기며 숙향을 등에 업고 아내와 함께 도망치던 김전은 기진맥진하여 아내를 설득한다.

"우리가 요행히 살아나면 자식은 다시 만나보려니와, 만일에 우리가 도적에게 잡혀서 죽어버리면 죽은 몸은 누가 거두며, 조상 제사는 누가 받들겠소."[21]

물론 장씨 부인은 여기 순순히 동의하지 않는다.

"나는 숙향이와 함께 죽을 결심이니, 당신이나 어서 빨리 피신하여 천금귀체를 보존한 뒤에 우리 모녀의 죽은 몸이나 찾아서 거둬주시오."[22]

장씨는 내 딸을 여기 혼자 두고 가지 않겠다고 선언한다. 그러나 그 장씨 역시, 남편인 김전이, 그러면 자신도 가지 않겠다고 버티자 가부장제의 완고한 벽 앞에 무릎을 꿇고 만다. 장씨가 가지 않으면 김전도 여기 남겠다고 하니, 여기서 더 고집을 부리다가 일가족이 다 함께 죽으면, 장씨는 당시의 가치관으로 '아녀자의 좁은 소견으로 남편을 죽게 만든 부덕한 여자'가 되어버린다. 그뿐만이 아니다. 장씨는 외동딸로, 사위인 김전이 장씨의 부모의 장례와 제사까지 도맡았

21   《숙향전》, 우리 고전 다시 읽기 17, 신원문화사, 2003, 19쪽.
22   같은 책, 19쪽.

다. 김전이라도 살아 있다면 제사를 모시고, 훗날 양자를 들여 집안을 이어가겠으나 김전과 장씨가 여기서 둘 다 죽으면 양가 부모의 제사를 모실 사람도 남지 않는다. 마침내 장씨는 눈물을 머금고 김전에게 끌려간다. 표주박에 밥을 담아 숙향에게 주고, 옷고름에 정표로 가락지 한 짝을 매달아준 채로.

아버지는 버리고, 나약한 어머니는 가부장제에 굴복해 그 말을 따른다. 혹시라도 다시 만날 수 있을까, 그 신분을 증명할 정표를 남겨준 채로. 배냇저고리에 이름과 생년월일을 적어 보낸 길대부인과, 생년월일이 적힌 비단 주머니와 구슬 가락지를 남겨준 장씨 부인은, 그렇게 딸을 버린 것을 내내 후회하고 슬퍼하고 그리워한다. 길대부인은 잃어버린 일곱째 공주를 생각하다가 꿈을 꾸고, 꿈에서 보았던 서쪽 바닷가로 찾아가 바리와 재회한다. 장씨는 꿈에 잃어버린 딸을 보고 감옥에 갇힌 숙향을 구하려 하며, 형주 자사 부인이 숙향과 나이가 같다는 것을 알고 통곡한다.

하지만 숙향이 어머니와 헤어지지 않았다면, 숙향은 모험을 시작할 수도, 자신의 천상인연을 만날 수도 없었을 것이다. 모험을 떠난다는 것은 이전의 범속한 삶과는 다른 무언가가 된다는 것을 의미한다. 아버지로 대표되는 가부장제 질서에 굴복하는 나약한 어머니는 바로 이 낡은 질서에 얽매인 범속한 삶을, 많은 딸들이 '엄마처럼 살지 않겠다'고 말하는 바로 그런 삶을 의미한다. 영웅의 과업이 기존의 질서를 해체하고 새로운 사회를 만드는 것이라면, 낡은 세계의 상징인 어머니와의 이별은 그 첫걸음이다.

하지만 딸과 헤어질 수밖에 없었던 어머니 역시 가부장제의 피해자였다는 것을 우리는 알고 있다. 마침내 모험을 마친 숙향이 어머니와 재회하는 것은 이제 어른이 된 숙향이 어머니의 상처 입은 여성성을 받아들이고 화해할 수 있을 만큼 성장했음을 의미한다. 하지만 어머니와의 관계가 좀 더 심한 애증으로 얽힌 경우, 어머니와의 이별을 거쳐 화해하는 대신 그 미움을 다른 여성에게 투사하는 경우가 있다. 대표적인 경우가 계모와 관련된 이야기들이다. 그에 대해서는 뒤에서 다시 이야기할 것이다.

보호하고 기르는 수양어머니

성서의 〈출애굽기〉에서 이집트의 왕은 히브리인의 숫자가 자꾸 늘어나자, 전쟁이 일어났을 때 그들이 적과 손잡고 이집트를 공격할지도 모른다고 걱정한다. 그는 마침내 히브리 여성이 낳은 아이가 여자아이면 살려두지만, 남자아이라면 강물에 빠뜨려 죽이라는 잔혹한 명령을 내린다. 이때 히브리의 레위 가문의 한 부부가 사내아이를 낳았는데, 석 달 동안 숨겨 기르다가 더는 숨겨둘 수 없게 되었다. 이들 부부는 왕골상자에 역청과 송진을 바르고 아기를 뉘어 강가 갈대숲 속에 놓아두었다.

마침 파라오의 딸이 목욕하러 강으로 나왔다. 시녀
들은 강가를 거닐고 있었다. 공주가 갈대숲 속에 있
는 상자를 보고 시녀 하나를 보내어 건져다가 열어
보니, 사내아이가 울고 있었다. 공주는 불쌍한 생각
이 들어 "이 아기는 틀림없이 히브리인의 아기다"
하고 중얼거렸다.[23]

　권력의 폭압으로, 전쟁에 휘말려서, 혹은 가부장제에 희
생당해 부모와 생이별을 한 어린 영웅은 아직 어려 혼자서
살아갈 수 없기에, 성장할 때까지 그를 보호하고 기를 다른
보호자가 필요하다. 파라오의 딸은 히브리인의 아들을 물
에서 건져내 자신의 아들로 삼아 모세라 부르고, 아이의 친
모를 유모로 데려와 젖을 먹이게 한다. 바리공주를 담은 채
열두 바다를 건너간 옥함을 건져낸 이는 바로 서쪽 바다의
비리공덕할아비와 비리공덕할미였다. 그들은 갓난 바리를
물에서 건져내어 거두고 장성할 때까지 고이고이 기르며,
그의 진짜 신분을 드러내줄 배냇저고리와 옥함을 소중히
간직했다가 바리에게 보여준다.
　옛이야기에서 물은 종종 삶과 죽음의 경계를 뜻했다. 이
승과 저승의 경계에는 강이 흐르고, '물을 건너간다'는 말은
죽음을 의미했다.

23　〈출애굽기〉 2:5~6,《공동번역성서》가톨릭용 개정판, 대한성서공회,
　　2015.

公無渡河(님이여, 그 강을 건너지 마오)

公竟渡河(님은 그만 강을 건너가시네)

墮河而死(강에 빠져 돌아가시니)

當奈公何(이제 그 님을 어이할까)

고조선 시대에 창작되었다는 우리의 옛 시가 〈공무도하가
公無渡河歌〉에서도, 백수광부의 아내는 끝내 물을 건너가려다
죽고 마는 남편을 향해 "그 강을(물을) 건너지 마오" 하고 외
친다. 문자 그대로 해석하면 술 취한 남편이 물에 빠져 죽은
이야기이지만, 백수광부가 고조선의 제사장인 무부, 혹은 술
의 신이라는 해석도 있으니, 그가 건너간 물이란 만신[24]이 타
는 작두나, 굿판에서 가르는 베와 같은 이승과 저승의 경계이
다. 경계에 놓여 있다는 것은, 그곳이 꿈과 현실, 혹은 환상계
와 현실계처럼 서로 다른 두 세계를 연결하는 지점이라는 뜻
이다.

물을 건너가 다시 돌아오지 못하는 것은 죽음이다. 그러
나 물에 빠졌다가 다시 돌아오는 것은 죽음에서 되살아나
는 것, 다시 태어나는 것, 다른 존재로의 변모를 뜻한다. 우
리 신화와 고전 소설 속의 여성 영웅들에게도 물에 빠졌다
가 돌아오는 일은 곧 새로운 존재로 거듭남을 의미한다. 살
해당한 언니의 억울함을 말하지 못하던 홍련은 물에 빠져

---

24   무당, 특히 여성 무당을 높여서 부르는 말.

죽음으로써 원귀가 되어 억울함을 말할 수 있게 되었다. 특히 생과 사의 경계에서 누군가에게 구조받는 것은 그가 자신을 고통스럽게 하던 과거의 현실 대신 진정한 자신을 만나고 이제부터 예전과 다른 새로운 생을 살아갈 것임을 뜻하기도 한다. 인당수에 뛰어든 심청은 용궁에서, 자신을 낳자마자 세상을 떠난 어머니 곽씨 부인과 재회한다. 곽씨 부인은 하늘의 선녀 옥진부인이요, 자신은 서왕모[25]의 딸이라는 이야기를 들은 뒤, 심청은 다시 연꽃을 타고 바다 위로 나간다. 그곳에는 이제 왕비가 되어 부귀영화를 누린다는 새로운 운명이 기다리고 있다. 우리 옛이야기에서 버려진 아이들, 혹은 자살을 시도한 여성들은 대부분 누군가의 도움을 받아 되살아난다. 많은 경우 용이나 거북, 용왕의 딸, 선녀나 신선과 같은 환상계의 인물이나 신수의 도움을 받아 살아나고, 건져낸 사람이 수양부모가 되어주기도 하며, 잃어버린 친부모를 찾기도 한다. 멀리 떨어져 있던 정

25 서왕모는 중국 신화에 나오는 여신으로 곤륜산에 산다고 한다. 중국의 대표적인 신화집 《산해경》은 "서왕모는 그 형상이 사람 같지만 표범의 꼬리에 호랑이 이빨을 하고 휘파람을 잘 불며 더부룩한 머리에 머리꾸미개를 꽂고 있다. 그녀는 하늘의 재앙과 형벌을 주관하고 있다"며 반인반수의 형상을 한 무시무시한 죽음의 신으로 묘사했다. 하지만 후대에는 불사의 여신으로 변모해 인간이 먹으면 1만 8000년을 산다고 하는 복숭아를 주나라 목왕에게 선물하고, 그와의 이별을 가슴 아파하는 아름다운 여신이 되었다. 이러한 서왕모 신앙은 한국에도 전파되어 고구려 고분벽화에 서왕모가 등장하고, 조선시대에는 여러 문인이 서왕모를 찬미하는 시를 쓰기도 했다.

혼자의 도움을 받거나, 자신을 건져낸 사람이나 그 아들과 혼인을 하기도 한다.[26] 이때 환상세계의 인물들이 개입하는 것은, 이 아이들이나 여성들이 본래 신령한 존재로 하늘에 죄를 지어 지상에 내려왔음을 의미하기도 하고, 선악의 도덕관념에 의해 운영되는 윤리적 자연관이 투영된 결과로[27] 이 여성들이 결백한 인물임을 보여주는 장치이기도 하다.

어느 쪽이든, 모세도 바리도 전란 중에 어머니와 헤어지고 물에 빠져 떠내려가던 어린 홍계월도, 어린 영웅이 세상으로 나아갈 때가 될 때까지 자신을 보호하고 길러주는 수양부모를 만난다. 숙향 역시 마찬가지다. 숙향은 물에 빠지지는 않았지만, 대신 숙향은 명사계[28]에서 여신 후토부인을 만났다.

후토는 본래 땅의 신, 토지의 신, 나아가 저승의 신으로, 땅 밑의 어두운 세계인 유도幽都를 다스렸다. 고대 사람들은 죽은 사람이 묻히는 무덤은 산 사람의 집과 같다고 생각해

---

26 최기숙에 의하면 우리 고전 소설에서는 자살을 시도한 여성 인물 중 약 71퍼센트가 구원을 받아 소생한다. 이들 대부분은 용이나 용왕의 딸, 선녀와 같은 천상계의 인물이거나, 친족이나 수양부모, 혹은 정혼자다. 죽었다고 하더라도 되살아나거나 원귀가 되어 돌아오는 경우가 자살했다가 죽은 인물의 35퍼센트(자살을 시도한 여성인물 전체의 10퍼센트)에 달한다. (최기숙, 〈'여성 원귀'의 환상적 서사화 방식을 통해 본 사위 주체의 타자화 과정과 문화적 위치-고전 소설에 나타난 '자살'과 '원귀' 서사의 통계 문석을 바탕으로〉, 《고소설연구》 22, 2006, 335~336쪽)

27 같은 글, 336쪽.

28 冥司界, 명부, 즉 시왕이 머무르는 저승.

후토의 신하인 태산부군이나 토백에게 무덤 자리를 사들였다는 매지권買地券이라는 계약서를 남겼다. 백제 무령왕릉에서도 왕비의 지석 뒷면에서 "돈 1만 매, 이상 일건 을사년 (525년) 8월 12일 영동대장군 백제 사마왕은 상기의 금액으로 토왕, 토백, 토부모, 토하중관 이천석의 여러 관리에게 문의하여 남서방향의 토지를 매입하여 능묘를 만들었기에 문서를 작성하여 증명을 삼으니, 율령에 구애받지 않는다"[29]라는 매지권이 발견되었다.[30]

그러나 시간이 흐르며 염라대왕이 저승을 다스리는 신으로서 좌정하고, 후토는 여신인 후토부인이 되었으며, 무속신앙에서는 액운과 잡귀를 물리치는 장군신인 삼토신령[31]의 부인으로 알려졌다. 그리고 우리의 옛이야기 속에서 후토

29   錢一萬文右一件乙巳年八月十二日寧東大將軍百濟斯麻王以前件錢訟土王土伯土父母上下衆官二千石買申地爲墓故立券爲明不從律令. 번역은 국립공주박물관 무령왕릉 지석 소개문 인용. (https://www.emuseum.go.kr/m/detail?relicId=PS0100100400100062000000)

30   정재서, 〈지옥 혹은 죽은 자들의 세계〉,《한국일보》, 2003년 1월 22일.

31   황해도굿에서 만신이 작두를 탈 때 호국장군, 성수장군과 함께 모시는 장군신. 투구를 쓰고 갑옷을 입었으며 파랗게 날이 선 칼을 들고 흑마를 탄 모습으로 묘사된다. 만신 만신 김금화(1931~2019, 무속인, 중요무형문화재 제82-나 호로 서해안풍어제 배연신굿 및 대동굿 기·예능 보유자)는《김금화의 무가집》에서 삼토신령은 싸움터에서 조화를 잘 부려 승리를 이끄는 세 분의 신으로, 창검을 무당이 춤추듯 잘 썼기 때문에 모시는 신령이라고 한다. 또한 무당에게 영검靈을 주는 신으로 모신다고 한다. (《한국민속대백과사전》, 삼토신령 (김은희), https://folkency.nfm.go.kr/kr/topic/detail/2313)

부인은 지옥을 다스리는 염라대왕을 돕는 신이자, 저승계에서도 명사계冥司界를 다스리는 신이 되었다. 후토부인은 고난을 겪는 인물들을 이곳 명사계로 불러들여 휴식을 취하게 하고, 지혜를 주어 다시 현실계로 돌려보내게 한다.[32] 숙향이 부모에게 버림받은 뒤 명사계에서 후토부인을 만났다는 것은, 물에 빠진다는 것이 죽음의 메타포라는 또 다른 방증이자, 이제 어린 숙향이 진정한 자신의 운명을 듣고, 예전과 다른 새로운 생을 시작해야 한다는 의미이다. 후토부인은 숙향을 사슴에 태워 원래 그가 있어야 할 인간계로, 그를 보호해줄 장 승상 댁으로 보낸다. 그리고 숙향을 발견한 장 승상 부부는 숙향을 수양딸로 삼는다.

어린이들은 부모에게 실망하거나 화가 났을 때, 혹은 학대를 받거나 현실이 괴로울 때, 자신이 원래는 공주라거나, 어딘가에 자신의 진짜 부모가 있어 자신을 찾고 있을 것이라는 상상을 한다. 《폭풍의 언덕》의 캐서린은 히스클리프에게 "너의 아버지는 중국의 황제이고 너의 어머니는 인도의 여왕"인데 고약한 뱃사람들에게 납치되어 영국으로 온 거라고 위로한다. 《소공녀》의 세라 크루는 아버지를 잃은 뒤 민친 교장이 자신을 학대할 때마다 자신은 공주라고 생각하며 긍지를 잃지 않으려 애쓴다. 《나의 라임 오렌지나무》의 제제 역시, 가난하고 자신을 학대하는 친아버지가 아

32   조재현,〈古典小說에 나타나는 저승계 研究- 閻羅大王의 地獄과 后土夫
      人의 冥司界를 중심으로〉,《어문연구》35(2), 2007, 167~194쪽.

니라 뽀르뚜가가 자신의 진짜 아버지이기를 바란다. 뽀르뚜가가 사고로 세상을 떠나고, 친아버지가 다시 직업을 구한 뒤 제제를 무릎에 앉히자 제제는 '이 사람은 내 아버지도 아닌데 왜 날 무릎에 앉혔을까. 내 아버지는 망가라치바가 치어 죽었는데…' 하고 생각하기도 한다. 정신분석학에서는 이와 같이 자신을 억압하는 부모에게서 자유로워지려는 대신, 왕족과 같은 높은 사회적 지위를 가진 사람이 진짜 부모가 되어 주는 것을 공상하는 것을 가족 로망스라고 부른다. 이는 현실에서의 부모를 거부하고, 상상 속에서 자신의 지위를 상승시키며 부모에게 복수하고 싶은 마음을 보여주는 것이자, 어린 시절 이상적인 모습으로 인식했던 부모의 상을 회복하기 위한 무의식적인 시도다.

장 승상 부인은, 이렇듯 '어딘가에 나를 사랑해줄 진짜 부모가 있을 것이라는 환상'에 부합하는 인물이다. 그는 부유하고 덕망이 높지만 자식이 없어 아이 얻기를 소원하다가, 어리고 영리한 숙향을 수양딸로 삼아 친딸처럼 소중히 기른다. 그는 어딘가에 나의 진짜 어머니가 있어 만약 다시 만난다면 나를 무엇보다도 소중히 여기고 사랑해주며 완벽한 보물처럼 길러주리라는, 지금까지와는 완벽히 다른 새로운 인생이 있을 것이라는 상상을 그대로 구현한 것 같은 이상적인 어머니상이다.

한편 숙향이 후토부인의 구조를 받아 장 승상 부인의 수양딸이 되는 일련의 과정은 평범한 사람이 신을 받고 한 사람의 만신으로 거듭나는 과정과도 비슷하다. 신병이라는 시련을 앓기 전까지 강신무의 후보자는 신들의 세계에 대해 알지 못하는 존재였다. 이들은 신을 받는 과정을 통해 천상이나 용궁과 같은 다른 세상에 접해 신과 만나고, 만신으로서의 사명을 받아 이승으로 돌아온다. 이제 새로운 만신이 된 그의 곁에는 그가 한 사람의 만신으로 제 몫을 다할 때까지 신어머니가 함께한다. 우리의 주인공들도 마찬가지다. 물에 빠지는(=죽음을 체험하는) 경험을 하기 전까지 이들은 어리고 무지한 존재였지만, 죽음을 체험하고 때로는 다른 세계와 조우하며 자신의 운명과 맞닥뜨린다. 그리고 이들은 본격적인 모험을 시작할 때까지, 자신을 건져내고 길러주는 또 다른 어머니인 이들 수양어머니의 손에서 보호받는 한편, 세상을 살아가는 법을 배운다.

또한 이들 수양어머니는 어린 영웅을 낳았지만 여러 현실적인 벽을 넘지 못하고 작별하고 만 친어머니와 달리, 이들의 세계를 태생적으로 이해하는 이, 환상의 세계를 이해하는 이인 경우가 많다. 강신무의 신어머니들이 이미 또 다른 만신인 것처럼, 이들 역시 환상계에 인연이 닿아 있다. 장 승상 부인은 전생에 선녀 규성으로 숙향과 인연이 있었고, 비리공덕 노부부는 영혼의 길 안내를 맡는 신이 되어 무조신이 된 바리를 돕는다.

이끌어주는 여신 어머니

태아는 어머니의 자궁에서 아홉 달 반을 보호받으며 성장한 뒤 세상으로 나온다. 우리의 주인공을 보호하고 성장시키는 수양어머니의 집은, 또 다른 자궁과도 같다. 그러나 안락한 공간에서 언제까지나 보호받고 사는 것은 불가능하다. 병아리는 때가 되면 알에서 나오고, 태아는 때가 되면 태어난다. 그리고 수양어머니의 슬하에서 성장한 영웅은, 때가 되면 자신의 모험을 떠나야 한다.

물론 모두의 배웅을 받으며 행복한 여행을 떠날 수 있다면 더할 나위 없겠지만, 대개 출산이란 산모에게도, 또 태어나는 아이에게도 신체적, 정신적으로 큰 충격을 주는 고통스러운 분리의 과정이다. 집을 떠나 어른이 되는 것이 당연한 남성과 달리, 결혼하기 전까지 집을 떠나지 않는 게 당연했던 옛 시대의 여성에게, 이 분리는 때로는 폭력적일 만큼 가혹하다.

바리는 친어머니인 길대부인과 재회했지만, 그 길대부인은 권력을 쥔 왕비다. 게다가 오구대왕은 지금 죽음을 앞둔 상황이다. 바리는 자신을 버린 친아버지를 구하기 위해 동대산의 약수를 구하러 서천서역으로 가야만 한다. 비리공덕 노부부는 노년에 정성을 다해 기른 수양딸을 갑작스럽게 권력자에게 빼앗기고, 그 딸이 권력자의 명령에 의해 죽음의 세계로 떠났다는 소식을 들어야 했을 것이다.

숙향은 장 승상 부인의 양녀가 되어 열다섯 살이 될 무렵에는 승상 댁 집 안팎의 가사를 맡으며 훌륭하게 성장한다. 여기서 승상 댁의 가사를 맡았다는 것은 여종들처럼 물을 긷고 방아를 찧거나 직접 음식을 만들며 일했다는 뜻이 아니다. 한 집안의 가사를 맡은 가장의 부인이자 안주인인 주부는 이 가정의 최고경영자였다. 주부는 곳간 열쇠로 상징되는 가정 내의 권력을 쥐고, 집안의 모든 일을 지휘했다. 찬모와 여종이 찬거리를 준비하는 것을 살피고, 부족한 것이 없는지 확인하고, 절기가 되면 장이나 술, 김치와 같은 보존식을 만들었다. 가족들의 의복을 짓거나 수선하고 길쌈을 하여 옷감을 짜는 등, 가족들의 읯생활을 관리하는 것도 주부의 몫이었다. 특히 조선시대에 남자들의 군역을 대신하기 위해 군포를 세금으로 냈으므로, 길쌈은 신분에 관계없이 거의 모든 여성이 하는 일이었다. 또 바느질 솜씨는 여성이 얼마나 살림을 잘하는가, 손재주가 있고 총명하며 뛰어난가를 평가하는 중요한 기준이어서, 재상 댁이라도 관복 바느질만은 부인이나 며느리가 손수 맡기도 했다.[33] 즉 숙향이 장 승상 부인을 대신해 가사를 돌보았다는 것은, 그가 고작 열다섯 살의 나이에 일국의 승상 댁 살림을 도맡아 지휘할 만큼 총명하고 경영 능력이 뛰어났음을 말

---

33 이기영·김성희·이현아, 〈조선시대 양반가의 남녀간 가내노동 분담: 보완적 역할 수행에 관한 연구〉,《가족자원경영과 정책》11(4), 2007, 115~135쪽.

해준다. 만약 누명을 쓰고 집에서 쫓겨나지만 않았더라면 숙향은 장 승상 댁 양녀로서 좋은 집안의 남자와 결혼해 가장의 부인이자 주부로서 집안을 다스렸을 것이다.

하지만 숙향은 승상 댁 친딸도 아닌 숙향이 집안의 주부 노릇을 하는 것을 시샘한 시비 사향 때문에 누명을 쓰며 고통스러운 분리를 겪게 된다. 시비 사향은 승상의 장도와 승상 부인의 금봉채를 훔쳐 숙향의 방에 몰래 숨기는데, 도둑질을 하거나 음행을 저질렀다는 누명을 쓰는 것은 고전 소설 속 여성 주인공이 종종 겪는 시련이다. 특히 계모형 소설에서 주인공인 전처 딸에게 이와 같은 누명을 씌우는 행위는, 단순히 전처 자식에 대한 미움 때문이라기보다는 종종 집안의 재산 분할과 관련이 있다.

사향이 숙향에게 누명을 씌우는 이유도 자세히 살펴보면 단순한 시샘이 아닌 재산 문제였다. 승상 부인의 눈을 피해 승상 댁 재물을 빼돌려 축재하던 사향은, 숙향이 살림을 맡으며 재산을 빼돌릴 수 없게 되자 원한을 품은 것이다. 숙향이 쫓겨난 뒤 승상 댁에 찾아온 선사가 진실을 밝히자, 사향은 벼락을 맞아 죽는다. 그리고 승상 부부는 숙향에게 죄가 없다는 것을 알고 괴로워한다.

그렇게 고통스럽고 때로는 폭력적인 분리 과정을 거쳐, 어린 영웅은 길을 떠난다. 바리는 오구대왕을 살릴 동대산의 약수를 구하기 위해, 숙향은 다섯 번의 액운을 마저 다넘기고 부모와 재회하기 위해. 그 과정에서 이들이 만나는 인물이 바로 마고할미다.

마고는 중국과 우리나라에 전해오는 여신인데, 한문 문헌에 기록되어 전승되는 마고는 대부분 젊고 아름다우며 네 치나 되는 긴 손톱을 지닌 마고선녀[34]다. 마고선녀는 조비曺조, 187~226, 위 고조 문황제가 집필한 위진남북조 시대 최초의 지괴소설[35]집인 《열이전列異傳》에 처음으로 등장하며, 진나라 때 갈홍葛洪이 쓴 《신선전》과 북송 송태종 때 이방李昉 등이 기록한 《태평광기》에서 마고선녀에 대한 이야기가 구체적으로 전한다. 그는 새 발톱 같은 긴 손톱에, 쌀알을 진주로 바꾸는 능력이 있고, 동해가 세 번이나 뽕나무밭으로 변하도록창해상전滄海桑田 여전히 젊고 아름다운 여신으로 매년 서왕모의 생일에 장수를 기원하는 춤을 추었다고 한다. 조선 중기의 사대부들은 엄격한 성리학과는 다른 도교 사상에 매료되었고, 《태평광기》와 《신선전》을 읽으며 신선을 동경했으며, 속세의 근심과 병에서 벗어나 오래오래 자유롭게 살아가고 싶은 소망을 마고선녀의 고사를 인용하며 넌지시 드러냈다. 즉 옛 선비들이 남긴 문헌 속의 마고는 중국의 마고선녀에게서 영향을 받았다고 볼 수 있다.

반면 우리 구비문학 속 마고할미는 거인 여신으로, 몸집

---

34   종종 서왕모와 동일시된다.

35   志怪小說, 초현실적이고 괴이한 일화를 기록한 것으로 신선 사상과 방술의 흥설, 불교의 전파 등과 맞물려 위진남북조 시대에 유행했으며, 훗날 소설의 원형이 되었다.

이 커다랗고 걸어서 바다를 건넜으며 이 세상의 온갖 자연
물과 지형을 창조해낸 창세신이었다. 외모나 성격만 보아
도 중국의 마고선녀와는 다른 신이다. 마고할미로 대표되
는 거인 여신이 세상을 열고 산과 강을 만들었다는 전설은
경기 지역의 노고할미, 서해안의 개양할미, 강원도 서구할
미, 제주의 설문대할망 등 이름과 지역을 달리하여 우리나
라 여기저기에 남아 있다. 영조 47년(1771년) 장한철이 쓴
《표해록》에는 "아득한 옛날 선마고誅麻姑[36]가 걸어서 서해를
건너와서 한라산에서 놀았다는 전설이 있다"고 기록했으
니, 설문대할망이 곧 마고할미의 다른 이름이었다. 신화학
자 고혜경의 표현에 따르면 "태초에 할망이 있었다"는 이야
기다.

마고할미

마고할미는 걸어서 바다를 건널 만큼 거대한 여신이
었다. 어찌나 거대한지 삼베 9만 필로 옷을 지어도
몸을 다 가리지 못했고, 마고할미가 치마폭에 싸서
나르던 흙이 바다 위에 툭툭 떨어지면 섬이 될 정도
였다. 마고할미가 한번 소변을 보면 하천이 생겨났

---

36 《표해록》에는 표류하던 일행이 한라산을 보자 백록선자와 선마선파
誅麻仙婆에게 살려달라고 빌었다는 내용도 나온다. 선마선파의 선파仙婆
도 선마고의 고姑도 할머니를 뜻하는 말이니, 이는 '선마할미', 즉 제
주도의 설문대할망을 의미하는 말이다.

고, 대변을 보면 커다란 산이 생겨났다. 마고할미는 완도 일대 바다에서 바닷가 선바위에 발을 딛고, 오십이고개에 손을 짚고 추자도 용듬벙의 물을 마셨으며, 양주의 노고산과 불국산에 두 다리를 걸치고 소변을 보자 문학재 고개에 있던 큰 바위가 깨어져 나갔다.

마고할미로 대표되는 우리의 거인 여신들은 여러 아이들을 낳은 어머니 여신들이기도 했다. 설문대할망은 아들 500명을 낳았는데, 할망이 아들들에게 먹일 죽을 끓이다 그만 죽솥에 빠져 죽자 아들들은 슬피 울다가 영실기암의 오백나한이라 불리는 바위가 되었다고 한다. 개양할미는 딸 여덟 명을 낳았는데, 일곱 딸은 변산반도 앞 칠산바다의 일곱 곳에서 바다의 신이 되고, 할미는 막내딸과 함께 수성당에 좌정했다.

지리산 성모천왕 역시 여덟 딸을 둔 어머니 여신이었다. 마야고라는 이름으로도 불렸던 지리산 성모는 키가 36척에 다리가 15척이나 되는 거대한 여신으로, 법우화상, 또는 반야 대사와의 사이에서 딸 여덟 명을 낳았다. 지리산 성모의 딸들은 팔도 무업巫業의 시조가 되어 방울과 부채를 쥐고 춤을 추며 신을 부르게 되었다. 그래서 세상의 만신들은 큰 기도를 할 때 지리산으로 가며, 최초의 여덟 만신의 아비가 불교의 승려였기에 만신들은 신을 부를 때 부처를 함께 부르게 되었다고 한다.

옛사람들은 종종 자식을 얻기를, 병에 걸린 아이가 빨리 낫기를, 집안이 무사하기를 명산이나 큰 바위로 대유되는 거대한 존재, 산신들에게 기원했다. 처음에는 거대한 자연물과 지형을 만들었던 거인 창세신이었던 여성 산신들은, 시간이 흐르며 홍역이나 천연두를 막고 아이를 점지하고 보호하는 어머니 여신으로 여성들에게 숭배되었다.

여기서 다시 〈바리데기〉와 《숙향전》을 살펴보자. 〈바리데기〉의 마고할미는 길에서 빨래를 하고 있다가 바리를 시험한다. 바리는 할미의 빨래를 대신 해주고, 이를 잡아준다. 그러자 할미는 자신이 천태산 마고할미라며, 삼색 꽃이 핀 가지와 금방울을 건네준다. 《숙향전》의 마고할미는 평범한 할머니의 모습으로 내려와 위기에 처한 숙향을 구해주고 숙향의 인연인 이선이 숙향의 배필이 될 만한 남자인지 시험한다. 그리고 숙향이 이선과 결혼하고 마지막 죽을 고비를 넘기는 것을 본 뒤 천태산으로 돌아간다는 말과 함께 사라진다. 이쪽은 확실히 젊고 아름다운 선녀보다는 우리가 상상할 수 있는 할머니 여신, 여성 산신의 모습에 가깝다. 평범한 할머니의 모습으로 내려와 관군을 도왔던 죽령 산신 다자구 할머니처럼.

하지만 이들 이야기에서 마고할미가 살고 있다는 천태산은 도교의 영향을 받은 것이다. 중국 절강성浙江省 천태현天台縣에 자리한 천태산天台山은 도교와 불교 천태종, 양쪽의 성지로, 예로부터 많은 이들이 찾아와 수행한 곳이며,《신선전》을 썼던 갈홍이 이곳에서 단약을 만들었다는 전설이 남아 있다. 창조의 여신이자 인간의 삶을 살피는 거대한 어머니 여신으로 구전되던 마고할미의 이야기가 기록되는 과정에서 식자층에 의해 도교의 영향이 덧붙고, 다시 도교의 색채가 짙은《숙향전》등에서 '천태산 마고할미'로 다시 불리며 사람들 사이에서 우리 고유의 마고할미에 중국의 마고선녀의 이미지가 덧씌워졌을 것이다.

바리와 숙향의 앞에 나타난 마고할미는 전승 과정에서 도교의 영향을 받았지만, 기본적으로 위대한 창조신이자 여성들에게 숭배받는 우리의 어머니 여신으로, 상처 입고 길을 잃은 여성 영웅을 보호하고 길을 알려주었다. 이들은 조지프 캠벨의 원질신화나 보글러의 영웅의 여정에 나오는 초자연적인 조력자이자, 정신적 스승이다. 이들은 어머니로 인해 상처받은 '버림받은 딸'을 다독이고, 다시 앞으로 나아갈 힘을 주는 존재다.

수많은 영웅담에서 남성 영웅은 아버지, 혹은 아버지에 준하는 존재를 넘어서며 어른이 된다. 위대한 아버지를 넘어서는 업적을 세우기도 하고, 잘못된 길을 간 아버지와 맞서 싸우기도 한다.

하지만 여성 영웅의 경우, 아테나 여신처럼 어머니가 삭제된 '아버지의 딸'이 아닌 이상, 여성 영웅에게 더 중요한 이들은 어머니, 또는 어머니에 준하는 이다. 딸의 시련은 어머니의 상실에서 시작되고, 어머니에 준하는 존재들의 보호를 받아 성장하며, 어머니 여신의 인도를 받아 모험을 떠난다. 그리고 여신 어머니의 사랑과 가르침을 통해 성장해 모험을 마치고 돌아온 딸은, 한때 자신이 '엄마처럼 살지 않겠다'고 생각했던 그 어머니와 화해하고, 그 상처를 감싸준다. 상처받은 어린 딸은 이 과정을 통해 부모로부터 독립하고, 성장한 개인으로서, 온전히 자기 자신으로서 살아가는 [삶의 자유]를 손에 넣는 것이다.

3.

아버지라는
숙명적
비극

　바리데기의 아버지 오구대왕은 아들을 기대하지만 계속 딸
만 태어나자, 일곱 번째 공주를 내다 버리라 명령한다. 숙향의
아버지 김전은 피란 중에 다섯 살밖에 안 된 딸을 두고 도망친
다. 동화책에서는 흔히 생략되지만, 계모에게 구박받던 콩쥐
에게도, 계모와 이복동생 때문에 목숨을 잃은 장화와 홍련에
게도 아버지는 있었다. 남성 영웅의 아버지가 스승이자 지향
점, 혹은 넘어서야 할 벽이나 맞서야 할 최대의 적이라면, 우
리 이야기 속에서 여성 영웅의 아버지는 어떤 형태로 나타나
는지 살펴보자.

여성 영웅의 아버지에 대해 이야기하기 전에, 먼저 남성 영웅에게 아버지로 대표되는 남성 조상들이란 어떤 사람들이었는지 잠시 생각해보자. 주몽의 아버지인 해모수는 유화를 지상에 두고 하늘로 돌아갔지만, 햇빛으로 상징되는 이적으로 유화와 주몽을 지켜보았다. 외조부인 하백은 유화를 쫓아냈지만, 남쪽으로 도망치던 주몽은 하백의 권위를 빌려 엄사수에 명하고 무사히 물을 건너갔다. 그의 아들인 유리는 어려서부터 아버지를 닮아 활을 잘 쏘았고, 아들이라는 증표를 찾아 아버지를 찾아가 왕이 되었다.

유리왕 신화

주몽이 부여에 있을 때 예씨부인과 혼인했는데, 남쪽으로 떠나기 전 훗날 자식과 다시 만날 증표를 "일곱 모난 돌 위의 소나무 밑"에 숨겨두었다. 주몽이 떠난 뒤 태어난 유리는 아버지를 닮아 어릴 때부터 활을 잘 쏘았는데, 실수로 남의 물동이를 깨뜨리고 "아비가 없어 어리석은 짓을 한다"는 말을 듣는다. 유리가 아버지에 대해 묻자 예씨는 네 아버지는 천제의 아들이자 하백의 외손인데, 지금은 남쪽에서 왕위에 올랐다 하며 주몽의 말을 전해주었다. 유리는 증표를 찾아 온 산을 헤매다가, 집안의 주춧돌이 일곱 모가 났으며 그 위의 기둥이 소나무로 된 것임을 알고 기둥 밑에서 부러진 칼을 찾아낸다. 이후 유

리가 졸본으로 가서 칼날을 보이니, 주몽이 부러진 단
검을 가져와 칼날을 맞추자 부러진 자리가 딱 맞았다.
주몽이 진짜 내 아들이라면 신이한 능력이 있을 것이
라 하자, 유리는 뛰어올라 창에서 새어드는 햇빛을 탔
다. 주몽은 크게 기뻐하며 유리를 태자로 삼았다.

남성 영웅에게 아버지는 왕관과 광휘를 물려주는 사람
이다. 아들들은 아버지의 뛰어난 능력을 물려받았으며, 모
험을 통해 자신을 증명하고 영웅이 된다. 아버지들은 신이
나 왕, 명문가의 후손, 영웅, 뛰어난 능력을 가진 이들이고,
아들의 곁에 있어주지는 않더라도 신이한 능력으로 아들을
지켜보거나, 혹은 징표를 들고 기나긴 모험 끝에 찾아온 아
들을 후계자로 인정한다. 물론 그렇게 찾아온 아들들이 전
부 영웅이 되는 것은 아니다. 그리스 신화에서 헬리오스의 아
들 파에톤은 험난한 모험 끝에 아버지를 찾아왔으나, 무슨 소
원이라도 들어주겠다는 아버지의 말에 태양신의 마차를 몰
아보겠다고 만용을 부린 끝에 태양을 제어하지 못해 지상을
태워버리고 자신도 목숨을 잃었다. 하지만 대개의 경우 남성
영웅의 아버지들은 아들에게 힘과 지혜, 비범함을 물려주고,
시련을 이겨내고 돌아온 아들을 후계자로 삼는다. 때로는 경
쟁자로 여기거나 미워하고, 가장 힘겨운 시련을 안겨주기도
하지만, 그들의 투쟁은 결국 화해로 봉합되고, 아들은 아버지
를 뛰어넘은 영웅이 되어 가문의 이름을 드높인다.

하지만 여성 영웅의 아버지들은 다르다. 이들은 대개 '대를 잇지 못하는' 딸들에게 큰 관심이 없고, 그 무관심으로 말미암아 딸을 포기하고 그에게 시련을 안겨준다. 바리는 딸이라는 이유로 태어나자마자 아버지로부터 버림을 받았다. 숙향은 전쟁 중에 아이까지 데려가다가 우리 모두 죽으면 제사를 모실 수 없다는 이유로 아버지에게 버림받고 어머니와 이별했다. 심지어는 딸이 태어나고 이레 만에 아내가 세상을 떠난 뒤, 마을 아낙들에게 젖동냥을 해 갓난 딸을 키웠더라는 저 심학규도 그렇다. 그는 공양미 300석을 약조한 순간, 딸을 포기한 것이나 다름없는 인물이다.

'자식 사랑'으로 포장된 무능: 《심청전》

《심청전》은 아버지를 위해 공양미 300석에 팔려가 인당수에 뛰어들었다는, 하늘이 낸 효녀 심청의 이야기다. 이 이야기는 먼저 설화로 전해졌고, 판소리로 불리다가 소설로 정착되었는데, 설화가 소설의 형태로 기록된 것이 경판본, 판소리가 소설의 형태로 기록된 것이 완판본이다. 이 역시 국문 목판본, 필사본, 활자본 등으로 다양하게 전했고, 1912년에는 완판본의 내용을 바탕으로 이해조가 개작한 신소설 《강상련江上蓮》으로도 출간되는 등, 널리 사랑을 받았다. 1925년 이후 다섯 번 이상 영화로 만들어졌으며, 현재까지도 유아와 어린이를 위한 전래동화 레퍼토리에 빠지지 않고 있다. 그러다 보니 《심청전》을 모르는 한국인은 거의 없다고 해도 과언이 아니다.

하지만 우리는 심청에 대해, 그리고 그의 눈먼 아버지인 심학규에 대해 얼마나 알고 있을까. 《심청전》에 대해 잠시 살펴보고, 심학규로 대표되는 의존적인 아버지상에 대해 이야기해보자.

심청전

황주 도화동에 젊은 나이에 눈이 먼 양반 심학규가 있었다. 그는 가난한 데다 벼슬도 할 수 없었지만, 아내인 곽씨 부인이 삯바느질과 품팔이로 돈을 벌고 남편을 보살폈다. 마흔 살이 넘도록 자식을 두지 못한 심학규가 슬하에 자식이 없음을 슬퍼하자, 곽씨는 지성으로 기원한 끝에 서왕모의 딸이 품에 안기는 꿈을 꾸고 잉태하여 딸을 낳았다. 하지만 곽씨는 아이를 낳고도 몸을 돌볼 겨를 없이 일하다가 이레 만에 산후병이 들어 세상을 떠났다. 곽씨는 숨을 거두며 어린 딸에게 청이라는 이름을 지어주고, 심학규에게 딸을 잘 길러 장차 나이가 들면 자신의 묘에 찾아오게 해달라 당부했다.

심학규는 갓난아이를 업고 다니며 동냥젖을 얻어 먹이고, 먹을 것을 구걸하여 근근이 생계를 이어간다.

예닐곱 살이 된 청은 자신이 대신 동냥을 다니고, 더 자란 뒤에는 삯바느질을 하여 아버지를 봉양하고 어머니 제사를 지냈다. 그렇게 열다섯 살이 된 청은 아름답고 성품이 훌륭하며 특히 효성이 지극하다고 알려졌다. 일찍이 남편을 여의고 아들 3형제는 벼슬하느라 고향을 떠나 적적했던 장 승상 부인은 가난하지만 품성이 훌륭한 청을 수양딸로 들이려 하지만 청은 혼자 남을 아버지를 걱정하여 거절한다. 승상 부인은 비단과 양식을 주며 자신이 청을 딸처럼 생각하고 있으니 언제든 어려운 일이 있으면 말하라고 당부한다.

바로 그날, 날이 저물도록 청이 돌아오지 않자 배가 고파진 심학규는 청을 찾아 나서다가 그만 개천에 빠지고 만다. 심학규는 자신을 구해준 몽운사 화주승에게 "공양미 300석을 부처님께 시주하고 불공을 드리면 눈을 뜰 수 있다"는 말을 듣고 쌀 300석을 시주하기로 약속한다. 그 사실을 알게 된 청은 고민하다가, 공양미 300석을 마련하기 위해 남경으로 가는 상인들이 바다에 바칠 제물이 되기로 한다. 아버지에게는 장 승상 댁 수양딸로 가게 되었다고 거짓말을 했던 청은, 마침내 떠나는 날 아침에야 자신이 인당수 제물로 팔려 간다는 사실을 고하고 만다. 소식을 듣고 달려온 장 승상 부인이 쌀 300석을 내어주며 청의 목숨을 구하려 하나, 청은 이제 와서 약조를 무르면 뱃사람들이 곤란해질 것이라며 승상 부인께 이별시를 지어 올린다. 뱃사람들은 청의 갸륵한 마음과 눈먼 아버지의 딱한 사정을 보고, 공양미 외에도 심학규가 먹고살 수 있도록 얼마간의 양식과 재물을 마련해주었다.

심청이 용왕에게 바치는 산 제물로 인당수에 뛰어들자, 옥황상제의 명으로 내려온 선녀들이 청을 가마에 태워 남해 용궁의 수정궁으로 인도한다. 청은 용궁에서 천상의 광한전의 선녀 옥진 부인과 만나는데, 옥진 부인은 바로 청의 어머니인 곽씨 부인이었다. 어머니와 재회한 청은 때가 되자 두 시녀와 함께 연꽃에 실려 다시 인간 세상으로 돌아간다. 남경에 갔다가 돌아오던 뱃사공들은 인당수에 떠 있는 커다란 연꽃을 발견하고 가져와 임금께 바쳤다. 이후 꽃에서 심청과 두 시녀들이 나와 그간의 사정을 아뢰니, 왕후가 세상을 떠나고 홀로되었던 임금은 하늘이 내린 인연이라며 청을 왕후로 삼는다.

한편 뱃사람들이 마련해준 재산으로 심학규의 형편이 나아지자, 뺑덕어미가 심학규의 첩으로 들어왔다. 뺑덕어미는 상인들이 심학규의 생계를 위해 마련해준 전곡을 거덜 낼 기세로 먹어 치우고, 심학규가 그 일을 타박하자 임신한 척 거짓말을 한다. 심학규는 자식 얻을 욕심에 뺑덕어미가 하는 대로 내버려두지만, 곧 재산은 거덜이 나고, 심학규는 부끄러운 마음에 고향을 떠났다. 이 무렵 왕후가 된 청은 황주에 사람을 보내 아버지를 모셔 오게 했으나, 심학규는 이미 마을을 떠난 뒤였다.

"이 땅의 백성들 중 가엾은 이들이 홀아비, 과부, 고아, 자식 없는 늙은이입니다. 그중에서도 병든 이가 불쌍하고, 병든 사람 중에서도 눈멀어 보지 못하는 이들이 불쌍하옵니다. 그러니 온 나라 눈먼 이들을 모아 잔치를 베풀어, 천지와 일월을 보지 못하고 제 부모처자를 볼 수 없는 한을 풀어주십시오."

심 왕후의 간청에, 임금은 맹인 잔치를 베풀기로 하고 온 나라에 그 소식을 알렸다. 심학규는 맹인 잔치에 가려고 했으나, 뺑덕어미가 형편이 넉넉한 황 봉사를 만나 도망치고 만다. 심학규는 홀로 길을 떠나며 우여곡절을 겪다가 올해 스물다섯 살로 맹인 점쟁이인 안씨를 만나 부부가 된다.

심학규는 마침내 맹인 잔치 마지막 날, 불길한 꿈을 꾸고 일어나 잔치에 참석한다. 심 왕후가 자신이 인당수에 빠져 죽었던 청이라고 정체를 밝히자 심학규는 깜짝 놀라 눈을 뜨고, 그 자리에 모였던 모든 맹인들이 앞을 보게 된다. 임금은 심학규를 부원군으로, 안씨를 정렬부인으로 봉한 뒤 장 승상 부인과 도화동 사람들에게도 큰 상을 내렸다. 이후 심 왕후와 안씨는 같은 해 같은 달에 나란히 아이를 가져 아들을 낳았고, 동갑내기 세자와 외숙은 좌의정, 영의정의 딸을 맞아 같은 날에 나란히 혼례를 올렸다. 이후 심학규의 아들 태동은 학식이 높고 임금의 총애를 받아 높은 벼슬에 이르니, 심학규의 말년의 기쁨과 영화는 이루 말할 수 없었다.

《심청전》의 배경이 되는 시대에는 지금처럼 평균수명이 길지 않았다. 사람들은 대개 스무 살이 되기 전에 혼인을 했다. 심청의 어머니 곽씨 부인도 아마 그랬으리라. 스무 살 전에 심학규와 결혼한 곽씨는 마흔 살이 넘도록, 20년 이상 고된 노동과 가사를 도맡으며 심학규를 먹여 살리고, 적으나마 재산도 모았다. 그런 곽씨에게 심학규는 조종향화祖宗香火와 사후흠향死後歆饗[37]을 할 자식을 요구한다. 그동안 모은 재산을 헐어 정성을 다해 자식 얻기를 기원한 끝에 곽씨는 딸인 심청을 낳았지만, 아이를 낳고도 몸을 돌볼 겨를도 없이 남편의 수발을 들다가 산후병으로 목숨을 잃었다. 만약 곽씨가 임신 기간 동안, 그리고 출산 후 한동안 몸을 돌볼 수 있었다면, 집에 다소나마 재물이 있어 다른 사람의 도

---

37 조종향화는 조상과 종묘에 향불을 올린다는 뜻, 사후흠향은 죽은 뒤 신명이 제물을 받는다는 뜻으로, 심학규가 대를 잇고 제사를 지내줄 자식을 원했다는 뜻이다.

움을 받을 수 있었거나, 혹은 심학규가 제 앞가림만이라도 할 수 있었다면, 곽씨는 어린 자식을 남겨두고 애처롭게 세상을 떠나지는 않았을 것이다.

그렇다면 심학규는 정말로 아내를 돌볼 능력이 없었을까. 그는 양반 출신이지만 한미했고, 스무 살 무렵 눈이 멀며 벼슬길에 나아갈 가능성을 영영 잃었다. 재산도 친척도 벼슬도 없는 그는 20년 이상 곽씨의 노동에 의지해 살아갔다. 하지만 곽씨가 세상을 떠나자, 그는 어린 딸을 품에 안고 젖동냥을 다니는 한편, 마을 사람들에게 동냥해 얻은 쌀과 돈으로 먹고살며 아내의 제사를 지냈다. 그가 마음만 먹었다면, 적어도 곽씨가 몸을 회복할 동안만이라도 제 한 몸 건사는 할 수 있었음을 짐작할 수 있다. 하지만 그는 그렇게 하지 않았고, 곽씨는 세상을 떠났다.

그래도 어린 딸을 안고 다니며 젖동냥을 해 키웠다는 이유로 심학규를 부성애가 강한 인물이라 해석하기도 하지만, 그 부성애가 강한 인물은 딸이 예닐곱 살이 되자마자 어린 딸의 노동에 의지해 살았다. 지금으로 치면 겨우 유치원이나 다닐 나이일 어린 심청이 고사를 인용하며 자신이 밥을 빌어 아버지를 봉양하고 어머니 제사를 올리며 효도를 해 부모 은덕을 갚겠다 나서는 것은, 청이 하늘이 낸 효녀라는 뜻이기도 하지만, 동시에 심학규가 어린 딸에게 무엇을 기대하고 무엇을 은연중 강요했는지를 보여준다. 설마 심학규가, 노년에 자신을 수발들 사람이 필요해서 동냥까지 해가며 어린 딸을 키웠다고까지 해석하고 싶지는 않지만, 그날 이후 심학규는 "딸의 덕에 몇 해를 가만히 앉아 먹어노니 도량출입出入이 서툴"[38]다는 말이 나올 만큼 집안일에 손 하나 까딱하지 않는다. 그는 청을 딱하게 여기기는 하나, 청의 생각을 알려 하지 않고, 딸이 더 장성하면 혼인을 해 자신의 곁을 떠날 수도 있다는 것을 염두에도 두지 않는다. 그는 안정적인 부양자를 찾아낸 것에 만족하고, 따뜻한 밥을 먹고 구멍 나지 않은 옷을 입는 것에 만족할 뿐, 그 모든 노동을 제공하는 청의 심정이나 딸의 앞날에 대해서는 더 깊이 고민하지 않는다.

그런 청에게 새로운 가능성을 말해주는 이가 바로 장 승상 부인이다. 그는 청이 기억하지 못하는 인자하고 너그러운 어머니의 모습으로 다가와, 청에게 승상 댁 수양딸이 되고, 교육을 받고, 장차 좋은 사람을 만나 혼인을 한다는, 청이 생각해보지 못한 가능성에 대해 이야기한다. 청은 아버지를 모실 사람이 없다는 이유로 승상 댁 수양딸이 되는 것을 거절하지만, 고된 노동으로 아버지를 부양하는 것으로만 꽉 채워져 있던 청의 세계에는 균열이 발생한다.

한편 청이 장 승상 댁에 간 바로 그날, 심학규는 청의 귀가가 늦어지자 "배는 고파 등에 붙고, 방은 추워 한기寒氣 들제"[39] 돌아오지 않는 딸을 기다리며 쩔쩔매다가, 집 밖으로

---

38 인간문화재 5호 보유자인 성창순 심청가 채록.

39 인간문화재 5호 보유자인 성창순 심청가 채록.

몇 걸음 나가지도 못하고 개천에 빠지고 만다. 물에 빠진 자신을 건져준 화주승에게 무책임하게도 공양미 300석을 약조해버린 심학규는 자신이 저지른 감당 못 할 일을 딸에게 떠넘기고, 그 결과로 딸을 영영 잃게 된다.

사실 심학규와 같은 무능하고 의존적인 아버지, 또는 부모가 각종 문제를 일으키며 주인공의 앞길을 가로막는 이야기는 현대의 창작물에서도 종종 찾아볼 수 있다. 일본에서는 1990년대의 순정만화에서 자주 볼 수 있었는데, 대표적인 예가 한국에서도 드라마로 만들어져 큰 인기를 누렸던 가미오 요코神尾葉子의 《꽃보다 남자》다. 《꽃보다 남자》에서 주인공 츠쿠시는 넉넉하지 않은 환경에도 불구하고 바르고 올곧게 자란 고등학생이지만, 그의 무능한 부모는 얼마 안 되는 월급을 경마로 날리거나, 마구 돈을 쓰다가 빚을 지고 도망치며, 똑똑한 딸이 부유한 학생들이 다니는 명문 에토쿠 학교에서 집단 따돌림을 당하는 것에는 개의치 않고, 츠쿠시가 부유한 남자를 만나거나 졸업한 뒤 출세해 자신들을 먹여 살릴 것을 기대한다. 이들은 츠쿠시가 도묘지 재벌가의 아들인 츠카사와 연인이 되자 내 딸이 재벌가의 아들과 사귀고 있다고 대책 없이 허풍을 떨며 츠쿠시에게 뒷수습을 떠맡긴다.

한국의 경우 IMF 외환위기 이후로 이와 같은 무능한 아버지, 또는 부모 캐릭터가 종종 등장한다. 대부분은 무능하지만 자식을 사랑하고 자식을 위해서는 무엇이라도 하려고 하는, 그러나 능력이 부족하거나 세상 물정을 몰라 또다시 실패하는 모습으로 등장한다. 박소희의 만화 《궁》에서 주인공 신채경의 부모는 세상 물정에 어둡고 왕실의 예의를 알지 못해 주인공 신채경을 곤혹스럽게 하지만 딸을 사랑하고 걱정한다. 하지만 이를 원작으로 방영된 MBC 드라마 〈궁〉에서 신채경의 부모는 사업에 실패하고 보증을 잘못 서며, 황태자비가 된 채경에게 의지해 먹고 사는 등 무능하고 이기적인 모습을 보인다. 2012년 인기를 모았던 KBS 주말드라마 〈내 딸 서영이〉의 아버지 캐릭터는, 무능한 부모 캐릭터의 한 전형을 보여줬다. 그는 IMF 외환위기 전까지 평범한 회사원이었지만, 회사가 부도나면서 몰락하고, 이후 재기하기 위해 노력한다는 것이 사채를 쓰거나 딸인 서영의 등록금으로 도박을 하는 등 가족을, 특히 서영의 앞길을 더욱 수렁으로 몰아넣는 결과를 낳았다. 그 과정에서 서영의 어머니마저 충격을 받아 쓰러졌다가 사망하기까지 했다.

1990년대 초반 일본은 버블 경제가 무너지며 '잃어버린 10년'이라 불리던 침체기를 겪었다. 우리나라의 IMF 외환위기 시대 역시, 경제 위기가 닥치면서 일자리가 흔들리고 가정을 책임지는 가장이던 가부장들이 몰락하고, 수많은 가정이 파탄의 위기를 맞았다. 이런 위기 속에서 아버지들을 가정의 지주라며 위로하고 추켜세우는 이야기와 함께, 무능하고 세상 물정 모르는 아버지들이 자식의 앞길을 가로막는 이야기도 나오기 시작했다.

물론 이전에도, 현실에서는 무능하고 이기적인 부모들이 자식, 특히 딸에게 자신들의 실패를 책임지게 하거나, 빚이나 돌봄노동을 전가하는 일들이 벌어졌다. 하지만 효 이데올로기가 여전히 큰 위력을 발휘하는 동아시아에서 부모의 무능을 지적하는 이야기가 본격적으로 나온 것은 경제 위기로 가장들의 권위가 무너지기 시작한 뒤의 이야기였다. 물론 가족들이 함께 보는 TV 드라마에서는 '무능할 뿐, 그럼에도 자식을 사랑하고 있다'는 당의정이 입혀졌지만, 개인이 혼자 보는 만화나 소설에서는 이와 같은 무능과 이기심이 더욱 적나라하게 드러나곤 한다. 부모 자식 간은 끊을 수 없는 천륜이요, 설령 부모가 무능하다고 해서 자식이 버릴 수 없다는 효 이데올로기의 압력이 남아 있고, 현실적으로도 부모가 학대하거나 범죄를 저지르더라도 처벌하거나 법적으로 남남이 되기 매우 어려운 상황에서, 비현실적이고 무능하며 온갖 사고를 치고 수습은 아직 젊어 자기 앞가림도 하기 어려운 나이의 주인공에게 떠넘기는 무책임한 부모란, 주인공의 인생과 떼어놓을 수 없고, 죽음으로밖에는 벗어날 수 없을 것 같은 천형이자 숙명적인 비극 그 자체였다. 익숙한 시대를 배경으로 하는 현실적인 이야기에서는 더욱 그렇다.

전쟁과 혼란의 시대를 거쳐 양반의 권위가 무너지던 시대, 사람의 목숨을 돈으로 사고팔고, 간절한 믿음마저도 공양미의 숫자로 계산할 수 있었던 시대, 허울만 좋은 양반이자, 자신을 돌보고 부양한 아내와 딸에게 전적으로 의지하면서도 더없이 이기적이었던 심학규는, 어떤 면에서 이 숙명적인 비극과도 같다. 심학규는 자신의 힘으로 이룰 수 없는 것들을 무책임하게 소망하고 주변에 요구한다. 하지만 그 어리석은 소망이 성취되는 순간, 심학규는 반드시 대가를 치르듯 소중한 것을 잃게 된다.[40] 심학규가 자신이 책임질 수 없는 자식을 바랐을 때 그는 곽씨 부인을 잃었고, 그가 눈을 뜨고 싶다는 욕망으로 무책임하게 공양미 300석을 약조했을 때는 청을 잃었다. 늦은 나이에 자식 욕심을 내다가 곽씨 부인이 세상을 떠난 것은 잊어버린 채 다시 자식 얻기를 바라며 뺑덕어멈에게 끌려다니다 청의 목숨값과 같던 재물을 전부 잃었다. 그는 무책임하고, 제 욕망을 채우는 일에만 골몰하며, 그로 인해 어리석은 선택을 반복할 뿐 아니라, 곽씨 부인과 청이 그의 곁을 떠난 뒤로는 양반으로서의 염치나 품위라는 것조차 찾아볼 수 없게 되었다. 심학규는 냇가에서 멱을 감다가 옷과 봇짐을 잃자 고을 태수의 앞에서 통곡하며 원래 잃었던 것보다 더 좋은 것들을 받아내고, 맹인 잔치에 가는 길에는 방아 찧는 아낙들과 질펀한 농

---

40 이승수·김용선,〈《심청전》의 부녀관계와 서사구조〉,《동아시아문화연구》 79, 2019, 199~225쪽. "그런데《심청전》에서 심학규의 욕망은 교환의 방식으로 성취된다는 사실을 주목해야 한다. 성취의 대가로 소중한 것을 잃는 것이다."(203쪽)

담을 주고받으며 낄낄거린다. 3년 전에 죽은 딸도, 그 딸을 낳다 죽은 아내도 이제 그에게는 의미가 없는 듯 보인다. 그에게서는 영웅의 아버지다운 풍모보다는, 후술할 무관심한 아버지들, 《콩쥐팥쥐전》의 최만춘이나 《장화홍련전》의 배좌수 같은 용렬하고 이기적인 모습만이 엿보인다.

그렇다면 심청의 경우는 어떨까. 그는 태어난 지 이레 만에 친어머니인 곽씨 부인을 잃었지만, 그 이전에 이미 천상계의 어머니인 서왕모에게서 쫓겨나 지상으로 내려온 몸이다. 청에게 이상적인 어머니의 모습을 떠올리게 하는 장 승상 부인이 수양어머니가 되고자 했으나 온전히 수양어머니의 인연으로 맺어질 수 없었던 것은, 이 곽씨 부인이 바로 청의 두 번째 어머니, 다른 세상에서 되살아난 뒤 만나는 어머니이자 여신 어머니이기 때문이다.

비록 곽씨 부인은 가까이에서 심청을 돌보고 기르지는 못했지만, 세상을 떠나기 전 아이가 자라면 어머니 무덤을 찾아와달라 하고, 청이라는 이름을 지어주었으며, 청에게 손수 자수를 놓은 굴레와 옥가락지와 함께 "수복강녕 태평안락"이 새겨진 별전을 달아 장식한 괴불줌치 노리개를 물려주었다. 이는 이승에서 죽었다고 해도 어머니와 딸의 인연이 계속 이어질 것이며, 그가 청에게 옥가락지로 어머니라는 존재를, 손수 만든 굴레로 자식에 대한 사랑을, 복을 비는 말이 새겨진 돈(별전)으로 세상을 살아가는 힘을 물려주었음을 뜻한다. 그리고 심청이 마침내 인당수에 뛰어들었을 때, 곽씨 부인은 진정한 모습인 광한전 옥진 부인의 모습으로 용궁에 나타나 가장 큰 상징인 이름을 부르고, 청의 얼굴을 쓰다듬고, 자신이 물려준 옥가락지와 별전 노리개를 확인한다.

청의 부모에 대해 이야기할 때 가장 부각되는 인물은 심학규이지만, 우리는 어머니에게 주목할 필요가 있다. 그도 그럴 것이, 우리 이야기 속에서 어머니를 잃은 딸은 사실상 고아나 다름없는 존재이기 때문이다. 어머니를 잃은 갓난아기였던 청은, 제 발로 집 밖으로 나가 돌아다닐 나이가 되자마자 동냥으로 밥을 빌고, 일을 할 나이가 되기도 전부터 품을 팔고 삯바느질을 하며, 집에 돌아가서는 손수 밥을 지어 아버지를 봉양한다. 만약 청이 예닐곱 살에 어머니를 잃었다면, 그는 곽씨 부인이 세상을 뜨자마자 심학규를 부양해야 했을 것이다. 그런 점에서 심학규는 그의 부친이 아니라 그가 떠안아야 하는 부양가족이다. 청은 아버지의 딸이 아닌, 서왕모와 곽씨, 옥진부인이라는 어머니들의 딸이다. 경판24장본과 같이 아버지와의 깊은 인연을 강조하고 어머니의 이야기를 생략하는 판본도 있으나, 이 경우에도 심청의 아버지 '심현'은 부양가족일 뿐, 제대로 된 아버지 노릇은 하지 못한다.

고아가 된 어린 딸은 성장해 다른 세상으로 넘어가고, 이곳에서 용왕을 비롯한 신적인 존재들과 하늘의 선녀가 된 어머니를 만난다. 모험을 떠난 영웅이 영약을 손에 넣듯 자신의 근원과 만난 청에게는 이제 더는 낳아준 어머니나 수양어머니, 혹은 여신 어머니의 존재가 필요치 않다. 모험을 통해 완성된 청은 이제 왕후가 될 사명을 받아 연꽃에 실려 지상으로 돌아간다. 과거 왕과 왕후는 하늘에 제사를 지내는 자, 천상과 지상을 잇는 사람이다. 제정일치 시대에 왕은 무당을 겸했으니, 다른 세계에서 근원을 만나고 죽음이라는 긴 여행에서 돌아와 천하만민을 다스리는 왕후가 되고, 맹인들을 눈 뜨게 하는 기적을 일으킨 심청은 한 사람의 완성된 만신으로 거듭난 것이나 다름없다. 그런 청에게 이제 두고 온 속세의 인연, 초라하고 한심하며 눈앞에 딸을 두고도 못 알아보는 어리석은 아버지는 사실 필요치 않다. 그럼에도 청이 잔치를 열어 온 나라의 맹인을 불러들인 것은, 자신의 아버지를 찾으려는 방편이 아니라, 가장 약하고 어리석으며 '눈 뜨지 못한' 자들을 돌보고 섬기는 방법이었을 것이다.

사악한 계모보다 무서운 무관심한 아버지: 《장화홍련전》《콩쥐팥쥐전》

심청의 아버지 심학규나 숙향의 아버지 김전이 원했던 것은 제사를 받들고 집안을 이어갈 아들이었다. 제사를 받들지 못하고 후계자도 될 수 없는 딸이란 귀엽고 사랑스럽긴 해도 필수적인 존재는 아니었고, 시집보내 영달할 대상, 훌륭한 사위를 얻기 위한 도구에 불과했다. 그러니 김전은 제사를 받들어야 하는 천금귀체 같은 자신의 목숨을 구하기 위해 난리통에 그 어린 딸을 버렸고, 심학규도 아내가 세상 떠난 뒤로 갓난 딸에게 계속 효도를 강요한 끝에 고작 예닐곱 살 되는 딸의 봉양을 받으며 살았다. 그럼에도 불구하고 심학규나 김전이 그나마 딸을 사랑하는 것처럼 보이는 것은, 심학규는 어린 청이 굶어 죽지 않도록 젖동냥이나마 다녔고, 김전이 젊어서 행한 선행의 증거인 옥가락지가 몇 번이나 숙향을 위기에서 구해주었기 때문이었다.

그리고 여기, 심학규나 김전과는 비교할 수도 없는 무관심한 아버지들이 있다. 멀리 갈 필요도 없이, 《숙향전》이나 《심청전》, 바리데기 이야기를 모르는 사람도 다들 알고 있는, 《장화홍련전》의 아버지 배 좌수와 《콩쥐팥쥐전》의 최만춘이 그들이다.

장화홍련전

평안도 철산에 살던 배 좌수에게는 하늘에서 내려온 꽃이 선녀가 되어 품에 안기는 꿈을 꾸고 낳은 장화와 홍련이라는 두 딸이 있었다. 장화와 홍련의 모친인 장씨 부인이 세상을 떠나자, 배 좌수는 대를 이을 아들 하나는 있어야 한다며 허씨를 재취로 맞았다. 장화와 홍련은 허씨에게도 효성스러웠지만, 허씨는 아들을 낳자 곧 전처 소생의 딸들인 장화와 홍련을 구박하기 시작했다. 배 좌수는 장화와 홍련은 때가 되면 시집을 갈 것이고, 대를 이을 것은 허씨의 아들들이라며 허씨를 달랬지만, 그럴수록 허씨는 전처 소생만 귀하게 여기고 후처인 자신의 아들들은 천하게 여긴다며 화풀이하듯 두 자매를 학대했다.

세월이 흘러 아름답게 성장한 장화에게 혼담이 들어왔다. 하지만 장화와 홍련은 시집갈 때 집안의 재산을 나누어 받게 된다. 재산이 전처의 딸들에게 넘어가는 것을 두고 볼 수 없었던 허씨는, 장화가 외간 남자와 정을 통해서 임신을 하였다가 유산이 되었다고 모함을 한다. 그 모함에 넘어간 배 좌수는 장화에게 외가에 다녀오라고 하고, 허씨는 아들인 장쇠를 보내 장화가 연못가를 지나갈 때 물에 빠뜨려 죽였다.

장화를 살해하고 돌아오던 장쇠는 호환을 입어 목숨만 겨우 건졌다. 자신이 범에 물린 것도 장화와 홍련 때문이라고 생각한 장쇠는 장화가 가문의 명예에 먹칠을 해서 죽은 거라며 홍련을 조롱했다. 홍련은 그 말을 듣고 슬피 울다가, 장화가 죽은 연못에 뛰어들어 자살하였다.

그날 이후, 철산 관아에는 원한을 품고 죽은 두 자매의 혼령이 나타났는데, 이 원혼과 마주친 철산 부사

들이 줄줄이 놀라 죽어 나갔다. 연이은 부사의 사망
으로 철산 고을이 황폐해져가던 어느 날, 한 대담한
무관이 철산 부사로 자원해 왔다. 그 역시 원혼을 보
고 놀랐지만 두려움을 이기고 사연을 물었고, 홍련
의 원혼이 그간의 사정을 이야기했다. 철산 부사는
사건을 다시 조사하여, 자매의 말대로 허씨와 장쇠
가 장화를 모함하고 자매를 죽음으로 몰아넣었다는
사실을 밝혀내고, 연못에서 두 사람의 시신을 거두
어 장사지낸 뒤, 허씨와 아들들을 처벌하였다.

후처의 계략으로 딸들을 잃고, 다시 후처가 낳은 아
들들까지 처벌을 받은 뒤, 배 좌수는 다시 윤씨와 결
혼했다. 어느 날 배 좌수의 꿈에 두 딸이 나타나 상
제의 명으로 전세에 못다 한 부녀의 연분을 다시 잇
게 되었다고 말한 뒤, 윤씨는 쌍둥이 자매를 낳았다.
장화와 홍련이 환생하여 태어난 아름답고 영리한 두
딸은 평양의 부호 이연호의 쌍둥이 아들들에게 나란
히 시집가, 슬하에 자식을 많이 두고 복록을 누리며
살았다.

《장화홍련전》은 효종 때 철산 부사였던 전동흘全東屹이
처리했던, 계모가 두 자매를 살해한 사건에 아랑 설화가 덧
붙으며 만들어졌다. 이 이야기는 여러 판본의 소설로 전해
졌으며, 개화기에는 창극으로, 이후 현대에 이르기까지 여

러 편의 영화로 제작되며 널리 사랑을 받았다.

그렇다면 《장화홍련전》은 어째서 이렇게 다양한 형태로 사랑받았을까. 그것은 이 소설이, 사대부들이 선호하던 '아랑형 설화'에, 여성들이 공감한 '계모형 소설'이 결합한 형태의 대표적인 존재이기 때문이다.

'아랑형 설화'는 우리 옛이야기 속에서 다양한 형태로 발견되는데, 억울하게 죽은 젊은 여성의 원귀가 원님 앞에 나타나 사연을 고하고, 지혜로운 원님은 진범을 듣고 원한을 풀어준 뒤 시신을 찾아 양지바른 곳에 장사 지냈다는 이야기로 요약할 수 있다. 한마디로 이들 이야기는 누명을 쓰고 죽은 여성의 억울한 사연을 남성 사대부 관리로 대표되는 국가가 해결하는 이야기다. 군사부일체君師父一體라는 말과 같이, 국가는 가부장제의 확장이자 또 다른 아버지로서, 죽은 이들의 억울함을 다룬다. 장화와 홍련도 그렇다. 이들은 국가라는 아버지를 통해 부정을 쓰고 죽었다는 불명예에서 신원되고, 다시 아버지인 배 좌수의 딸들로 태어남으로써 복권을 이룬다. 결혼하지 않고 젊어서 죽는 것은 비정상적인 죽음으로 여겨지던 사회에서, 다시 태어난 이들 자매는 좋은 집안의 자제들과 결혼해 자식을 많이 두고 복록을 누리며 완벽한 정상성을 갖게 된다.

'계모형 소설'은 전처 소생 딸이 사악한 계모에게 희생되는 이야기인데, 이와 같은 이야기가 유행한 것은 실제로 전처 소생 자식들, 특히 딸들이 겪는 갈등이 적지 않았기 때문이다. 과거에는 평균수명이 지금처럼 길지 않았다. 심청의 어머니 곽씨 부인처럼 아이를 낳다가 죽는 여성도 많았다. 사대부 집안의 여성이 배우자를 잃으면 재혼하지 않고 수절하는 일이 많았지만, 남성은 아들을 낳기 위해, 집안을 관리하기 위해, 자신의 신변을 돌보기 위해 곧 다시 부인을 맞았다. 장성한 아들이 있다면야 첩을 들여 제 신변을 돌보는 정도로 그치기도 했겠으나, 아들이 없다면 후사를 보기 위해 부인을 얻고, 때로는 양자를 들이기도 했다. 그리고 이 과정에서, 전처 소생 딸과 양자, 혹은 전처 소생 자식들과 후처 소생 자식들이 재산을 두고 갈등을 벌였다.

《음애일기》에 수록된 이기빈의 일화에서는, 강계 수령으로 부임한 이기빈 앞에 한 여성의 원귀가 나타나 고한다.

> "제가 혼인할 때 부모에게 물려받은 땅과 집이 있어, 제 자식이 응당 물려받을 줄 알았는데 제 낭군은 그 재산을 후처의 아들에게 다 주어버렸습니다. 사또께서는 이 억울함을 살펴주시옵소서."

이기빈은 이 여성의 남편을 불러 알아보고, 전처의 재산과 후처의 재산을 정리해 증서를 만들고는 원칙대로 전처의 재산은 전처 아들에게, 후처의 재산은 후처 아들에게 물려주도록 하며 당부한다.

"이것은 법을 따르는 일이자 네 어머니의 뜻이기도 하다. 아무리 네 아비가 겁박하더라도 함부로 바꾸지 않도록 하여라."

조선 중기까지 부부 사이에서도 각자의 재산권이 인정되어 한 집안의 재산이라 해도 남편의 재산인 부변夫邊과 아내가 친정 부모에게 물려받은 재산인 처변妻邊이 나누어져 있었다. 아내 명의의 재산인 처변은 남편의 재산과 별개로 매매하거나 거래할 수 있었고, 죽은 뒤에도 다른 부인이나 첩의 자식이 아닌 자신의 자식들에게 온전히 상속할 수 있었다. 또한《장화홍련전》의 배경이 되는 조선 전기에는 아들, 딸 출생 순서에 차등 없이, 적실 소생의 자녀들은 아버지의 재산을 골고루 나누어 받았으며, 양첩 소생의 자녀들은 적실 소생의 7분의 1, 천첩 소생에게는 10분의 1을 주었다. 딸들과 후처 사이의 갈등을 단순하게 생각한 배 좌수는 장화와 홍련은 때가 되면 시집을 갈 것이고, 대를 이을 것은 허씨가 낳은 아들들이라고 말했지만, 장화와 홍련은 결혼할때 어머니인 장씨 부인의 재산 절반씩과 아버지인 배 좌수의 재산 5분의 1을 물려받게 된다. 어머니의 재산을 그 자식이 물려받는 것은 당연하지만, 이 집안의 재산 중 상당 부분은 장씨 부인이 시집올 때 가져온 것이라, 장화와 홍련이 결혼하며 재산을 상속받고 나면 막상 허씨 소생의 세 아들들이 물려받을 것은 얼마 남지 않는다. 후처인 허씨 입장에서 전처 자식인 장화와 홍련은 자기 자식이 물려받아야 할 재산에 손해를 끼치는 존재로 보였을 것이다.

전처 소생이라도 대를 이을 아들이었다면 사랑채에서 아버지의 관심과 훈육을 받으며 자랐겠으나, 딸인 장화와 홍련은 자신을 미워하는 계모의 슬하에서 자라야 했다는 문제도 있다. 딸의 생활공간은 어머니의 영역이자 자궁가족의 중심지인 안채다. 어머니는 가부장제의 폭력이나 집안의 분란에서 딸을 지키고 보호하는 한편, 장차 이 어린 딸이 결혼해 다른 집안에서 자신의 자궁가족을 만들어갈 수 있도록 여성에게 필요한 모든 것을 가르친다. 나이가 차면 좋은 혼처를 구해 혼인하게 하는 것도 어머니의 일이다. 혼인한 뒤에도 이 관계는 계속 이어진다. 당시 여성들은 출가외인이라 하여 결혼하면 남편 집안사람이라 했고, 삼종지도라 하여 어려서는 아버지를, 결혼해서는 남편을 따르라 했지만 실제로 여성이 의지할 곳은 아버지도, 남편도 아니었다. 여성이 의지할 곳은 친정어머니와 피를 나눈 형제들, 그리고 자신이 낳은 아이들과 며느리로 이루어진 자궁가족이었다. 혼인을 하고 남편을 잃어 젊은 나이에 과부가 된 여성이 의지할 곳 역시 친정어머니와 동복형제들이었다.

안채가 생모의 영역일 때 딸은 이곳에서 안전하게 보호받을 수 있지만, 이곳이 자신을 배제하는 새로운 자궁가족, 계모의 영역이 될 때는 이야기가 다르다. 모든 계모가 악인은 아니었겠으나, 한정된 자원을 두고 전처 소생과 경쟁해야 하는 계모의 입장에서 갈등이 없기란 매우 어렵다. 이 과정에서 전처 소생의 어린 딸은 제대로 보호받지 못하고, 학대당하기도 했다. 장화와 홍련 역시 마찬가지다. 그들의 친어머니는 이미 세상을 떠났고, 남자 형제들은 모두 계모 허씨 소생이었으므로, 실질적으로 장화와 홍련에게는 서로를 제외하면 의지할 가족이 없는 것이나 다름없었다. 어머니를 잃은 딸이, 설령 아버지 슬하에 머무르더라도 사실상 고아나 다름없는 존재인 이유가 바로 여기에 있다. 현실에서 이렇게 전처 소생 딸들이 가정 내의 희생자가 되는 일이 많았기에, 계모형 소설들이 많이 나오고 공감을 샀던 것이다.

그렇다면 여기서, 또 다른 계모형 소설이자 《장화홍련전》보다 후대에 나온 소설, 《콩쥐팥쥐전》을 잠시 살펴보자.

콩쥐팥쥐전

전라도 전주 인근의 퇴리[41] 최만춘은 부인 조씨가 딸인 콩쥐를 낳고 곧 세상을 떠나자 과부인 배씨를 후처로 맞아들였다. 배씨에게는 콩쥐보다 한 살 어린 팥쥐라는 딸이 있었는데, 배씨도 전처 자식을 구박한다는 말은 듣기 싫어 무슨 일이든 둘에게 함께 시켰지만, 팥쥐에게 모래밭에서 김을 매라고 한다면 콩쥐에게는 자갈밭을 매라는 식이었기에 사람들은

---

41 退吏, 퇴직한 관리, 특히 아전.

배씨가 콩쥐를 구박한다는 것을 다들 알고 있었다. 그런 데다 콩쥐는 더 어려운 조건에서도 무슨 일이든 팥쥐보다 잘 해내니, 배씨는 콩쥐를 더욱 미워하며 눈엣가시처럼 여겼다.

그러던 어느 날 콩쥐의 외삼촌 댁에 큰 잔치가 열려 온 마을 사람들을 모두 불렀다. 배씨는 팥쥐와 함께 치장하고 나서며 콩쥐에게, 아홉 칸 방을 모두 쓸고 닦고, 벼 석 섬을 모두 찧어놓고, 커다란 독에 물을 채운 뒤에 잔치에 오라 말했다. 아홉 칸 방을 모두 쓸고 닦다 지친 콩쥐가 마당에 나와 보니, 참새들이 벼 석 섬을 쪼아 껍질을 모두 벗겨놓았다. 물을 채워놓으라던 커다란 독은 아래가 깨져 있었는데, 두꺼비가 나타나 깨진 곳을 막아주었다. 일을 다 마친 콩쥐 앞에 하늘에서 암소 한 마리가 내려와 비단옷과 꽃신을 주어, 콩쥐는 마침내 잔치에 갈 수 있었다.

외가에 모인 사람들이 곱게 치장한 콩쥐를 보고 감탄하자. 배씨가 역정을 내며 콩쥐를 꾸짖어 돌려보냈다. 집으로 돌아가던 길, 콩쥐는 새로 전라 감사로 부임한 김 감사의 행차를 피하다가 그만 꽃신 한 짝을 잃어버렸다. 김 감사는 그 꽃신의 임자를 찾다가 콩쥐를 만나 혼인하게 되었다.

한편 김 감사는 배씨와 팥쥐가 자신들이 꽃신의 주인이라고 나섰던 것을 잊지 않았다. 감사는 콩쥐에게, 계모나 팥쥐가 찾아오더라도 문을 열어주지 말라 당부했다. 아니나 다를까, 김 감사가 자리를 비운 사이 팥쥐가 찾아왔고, 콩쥐가 문을 열어주자 팥쥐는 콩쥐를 연못에 빠뜨려 죽인 뒤 자신이 콩쥐 행세를 하기 시작했다. 햇볕에 그을리고 콩멍석에 넘어져 얼굴이 상했다는 팥쥐의 말에, 김 감사는 속아 넘어갔다.

콩쥐가 빠져 죽은 연못에 커다란 연꽃이 피어나자, 김 감사는 아내를 기쁘게 해주려 연꽃을 꺾어 내당에 장식했는데, 이 연꽃은 팥쥐가 혼자 있을 때마다 머리카락을 잡아당겼다. 팥쥐는 연꽃을 아궁이에 넣고 불태워버렸다. 얼마 뒤 불씨를 빌리러 온 이웃의 할멈이 아궁이에서 영롱한 구슬을 발견했는데, 그 구슬에서 녹의홍상을 입은 콩쥐의 혼령이 나타나 말했다.

"지금 내당에 있는 것은 내가 아니라 팥쥐라네. 간악한 팥쥐가 나를 속여 연못에 밀어 넣지 않았겠나. 자네가 적당히 핑계를 대어 나리를 자네 집으로 모시고, 일부러 길이가 다른 젓가락을 놓아두게."

할멈은 김 감사에게 자신의 생일이라 조촐하게 상을 차렸으니 감사 나리를 모시고 싶다고 말했다. 김 감사는 할멈의 집에 들렀다가, 밥상에 놓인 젓가락이 짝짝이인 것을 보고 할멈을 나무랐다. 이때 병풍 뒤에서 콩쥐의 목소리가 들려왔다.

"젓가락의 짝이 맞지 않은 것은 아시면서 사람의 짝이 맞지 않은 것은 모르십니까."

그동안 아내의 행동이나 모습이 이상했다는 것을 깨달은 김 감사가 병풍을 걷어내자, 녹의홍상 차림의 콩쥐가 나타나 그간의 일을 고했다. 콩쥐의 말대로 내당의 연못에서 생전 모습 그대로인 콩쥐의 시신이 발견되었고, 김 감사는 상소를 올려 일의 전말을 조정에 고하고, 팥쥐를 사형에 처한 뒤 인육으로 젓갈을 만들어 배씨에게 보냈다. 팥쥐가 감사 부인이 되어 친정에 보낸 선물인 줄 알고 단지를 열어본 배씨는 놀라서 죽고 말았다.

김 감사는 되살아난 콩쥐에게 자신의 어리석음을 사과하고, 할멈에게도 상을 내렸으며, 콩쥐의 아버지인 최만춘도 현숙한 여성과 재혼하게 해주었다. 최만춘은 아들과 딸을 낳고 단란하게 살았으며, 김 감사와 콩쥐는 사람들에게 덕을 베풀며 아들 셋과 딸을 낳아 행복하게 살았다.

《콩쥐팥쥐전》의 계모 배씨 역시 《장화홍련전》의 허씨처럼 콩쥐를 구박하며, 혼기가 찬 콩쥐가 곱게 치장한 모습으로 잔치에 나타나는 것, 다시 말해 혼담의 대상이 되는 것을 꺼린다. 이는 두 가지 점에서 콩쥐가 팥쥐의 경쟁상대, 혹은 팥쥐의 입장에서는 기회를 빼앗는 존재이기 때문이다. 첫째는 콩쥐가 팥쥐보다 아름다우며 계모의 구박을 받으면서도 솜씨 좋게 일하는 것으로 인근에 소문이 자자하다는 것이다. 이는 팥쥐보다 콩쥐에게 더 좋은 혼담이 들어올 것을 의미한다. 둘째는 콩쥐의 재산이다. 장화와 홍련의 어머니 장씨가 결혼할 때 가져온 재산이 배 좌수 집안의 재산 형성에 크게 기여했던 것처럼, 콩쥐의 외가 역시 마을 사람들을 전부 부를 수 있을 만큼 큰 잔치를 열 수 있는 유복한 집안이다. 콩쥐가 혼인을 하면 조씨 부인이 최만춘과 혼인하며 가져온 재산이 콩쥐 몫이 되리라는 것 또한 배씨에게는 불만이었을 것이다. 계모 배씨와 팥쥐가 콩쥐를 살해하고 김 감사의 부인 자리를 노린 것과, 계모 허씨가 장화에게 혼담이 들어오자 장화가 혼인하지 않은 몸으로 임신하고 낙태를 했다는 누명을 씌운 뒤 물에 빠뜨려 죽인 것은 결국 같은 이유였다.

콩쥐의 계모 배씨는 과부였다. 판본에 따라서는 최만춘은 콩쥐가 어느 정도 성장한 뒤 재혼했고, 팥쥐는 배씨의 전남편 소생으로 나오기도 한다. 팥쥐가 못생겼다는 이야기가 나오는 만큼 배씨 역시 미인은 아니었을 가능성이 높다. 장화와 홍련의 계모인 허씨 역시도 여러 판본에서 못생겼다는 묘사가 나오는 데다, 전처 장씨가 낳은 딸들의 이름은 장화薔花와 홍련紅蓮인데, 허씨가 낳은 아들의 이름은 장쇠인 것으로 보아 허씨가 신분이 낮다고 짐작할 수 있다. 역시 판본에 따라 허씨 역시 과부로, 장쇠는 전남편 소생으로 나오기도 한다. 즉 과부였고, 아름답지 못했고, 경우에 따라 전남편의 아이를 데리고 재혼해 후처가 된 배씨와 허씨는 각자의 집안에서 부인으로서의 권리를 온전히 누리며 존중받지 못했을 것이다.

이들은 결혼을 통해 부인의 지위는 차지했지만, 남편의 자식을 낳아 어머니가 되고도 전처 자식들의 존재로 인해 온전히 가족에 편입되지 못했고, 부인으로서 응당 손에 넣어야 하는 존경과 권력을 갖지 못했다. 계모와 그 자녀들은 가족의 일원이지만 외부인으로 취급받으며 집에 사소한 가정불화만 있어도 종종 그 원인으로 지목받으며, 공동체의 평화를 유지하기 위한 희생양이 되기 일쑤였다. 따라서 계모들은, 제 자식들에게 재산과 권력을 물려줄 영향력을 손에 넣기 위해 전처 소생 자식들에게서 기득권을 빼앗아야 했다. 특히 여성의 정조가 강조되던 사회에서 처녀가 음행을 저지르는 것은 죽어 마땅한 죄, 가족 안에서 명예살인을 해도 되는 죄로 여겨져, 누명을 쓴 당사자뿐 아니라 자매들, 나아가 "딸을 잘못 키운" 전처에게까지 오명을 씌울 수 있는 방법이었다.

이 모든 갈등은 남성 가부장에게는 '집안일', 즉 자신이 간섭할 필요 없는 일이었다. 이들은 근본적으로 가문의 명예나 집안의 대를 잇는 문제 외에는 자식에게 별 관심이 없고, 특히 피해자가 감싸줄 사람 없는 전처 딸이라면 더욱 무관심했다. 집안의 문제가 집 밖으로 불거져 나오지 않는 한, 그들은 자신의 후처가 존중받지 못하거나, 전처 딸이 구박을 받는 문제를 나서서 해결하지 않는다. 장화와 홍련, 그리고 콩쥐가 시련을 겪게 된 데는, 혈연으로 이어지지 않은 계모 이전에 근본적으로 이 아버지들의 무관심이 있었다. 배 좌수는 장화와 홍련이 계모에게 구박받는 것을, 딸들이 시집가면 어렵히 해결될 시끄러운 집안일 정도로 여기다가, 장화가 가문의 명예를 더럽히고 음행을 저질렀다는 누명을 쓰자 딸을 살해하는 것을 묵인한다. 최만춘은 콩쥐가 구박받는 것을 묵인하고, 팥쥐가 콩쥐를 살해하고 감사 부인 행세를 하느라 집에 없는데도 둘째 딸이 어디 갔는지 전혀 관심을 보이지 않았다. 그리고 당대의 사회는, 아버지들에게 이와 같은 무관심을 용인했다.

*

사실 《콩쥐팥쥐전》은 기본적으로 《신데렐라》와 같은, 친어머니의 죽음 이후 계모에게 구박을 받다가 돌아가신 어머니와 요정들, 신령한 동물들의 도움을 받아 상류 계급의 남자와 맺어지는 이야기다. 나를 돕는 선한 어머니와 나를 괴롭히는 사악한 계모가 등장하는 이와 같은 이야기는 유럽은 물론 인도와 아시아 각지, 아메리카 인디언의 설화에서도 발견되는 보편적인 구조다. 실제 재혼 가정의 아이들과 어머니들에게 상처가 될 수 있다는 이야기임에도 이 형태의 이야기들이 전 세계에서 보편적으로 발견되는 것은, 이들 이야기가 어린이가 엄마를 사랑하면서도 엄마에게 화가 나고 실망하는 자신의 모순된 감정에 대처하도록 돕는 방법을 제시하기 때문이다. 어린이들은 이와 같은 계모 이야기들을 읽으며 사악한 계모의 환상을 통해 나를 사랑하는 엄마에 대한 이미지를 보호하고, 엄마에 대한 실망과 분노, 적대감을 이야기 속 계모에게 투사해 해소하며, 현실의 엄마와는 다시 화해한다.

하지만 '계모형 소설'은 구전된 이야기를 듣던 당대의 어린이가 아닌, 소설을 향유하던 이들에게도 널리 향유되었다. 이것은 가부장제에 기반한 조선 사회가 실제로 계모와 전실 자식 사이의 갈등구조가 일어나기 쉬운 사회였기 때문이기도 했지만, 계모가 아니라면 가정 내의 갈등을 직접적으로 말할 수 없다는 현실적인 문제도 있었기 때문이다.

만약 자식을 학대하거나 원치 않은 일을 강요하고 곤경에 빠뜨린 인물이 친부모, 특히 아버지였다면 어땠을까. 가부장제 사회에서 가부장은 그야말로 가족 구성원에 대한 생사여탈권마저 갖고 있었다. 특히 전처 소생 딸이나 남편을 잃고 과부가 된 며느리가 정조를 잃었을 때, 이들은 가문의 명예를 더럽혔다는 이유로 목숨을 잃을 위기에 처해도 어디 가서 억울함을 호소할 수조차 없었다. 아니, 젊어서 과부가 된 여성이 평생 수절하는 것은 당연한 일이고, 남편의 뒤를 따라 목숨을 끊으면 열녀라고 칭송하며, 과부가 된 젊은 며느리에게 순절殉節해 열녀가 되기를 요구하는 일도 있었다. 이런 일이 한두 건이 아니었는지 정약용은 〈열부론烈婦論〉에서 남편이 제 명대로 죽었는데도 아내가 따라서 죽는 것은 제 몸을 죽였을 뿐 의리에 합당한 일이 아니라며 비판하기도 했지만, 그럼에도 불구하고 열녀는 계속 만들어졌다. 남편이 죽은 여성이 목숨을 끊으면, 온 집안사람들은 열녀를 낸 가문으로 인정받고자 백방으로 애썼지만, 정작 시가 사람들에게 죽음을 종용받은 여성들은 어디다 억울함을 호소할 수도, 관에 고발할 수도 없었고, 심지어 이야기 속에서 원귀가 되어 돌아올 수도 없었다.

이유는 간단하다. 조선에서는 부모에 불효하는 것이 모반이나 대역, 내란과 같은 반열에 들어가는 악행이었고, 이 불효죄 중에는 부모를 관에 고발하는 행위도 포함되어 있었기 때문이다. 《대명률직해大明律直解》[42]에 따르면 자식이 부모를 고발할 경우 장 100대, 도 3년에 해당하는 처벌을 받았으며, 부모를 무고한 자식은 교수형에 처해졌다. 이런 상황에서 자신을 학대하거나 모함하고 죽이려 했다는 이유로 친부모를 고발할 수도 없거니와, 제대로 된 판결을 기대할 수도 없었다. 만약 친부모에게 억울한 일을 당하고 목숨을 끊은 원귀가 나타난들, 가부장제 이념의 수호자이자 성

42　조선시대 형법의 기본 골격이 된 명나라의 법전인 《대명률大明律》을 조선의 실정에 맞도록 이해하기 쉽게 이두로 번역한 책.

리학자인 조선의 원님들은 억울함을 풀어주기는커녕, 부모의 뜻에 순종하지 않는 불효자라 호통이나 치지 않으면 다행일 것이다.

만약 《장화홍련전》에서 아들인 장쇠에게 더 많은 재산을 주기 위해 위의 두 딸을 핍박하고 죽음으로 몰아간 사람이 계모 허씨가 아니라 배 좌수였다면 장화와 홍련은 원귀가 되어 돌아올 수조차 없었다. 생부와 생모가 아들을 편애해서 딸들을 학대했더라도 마찬가지다. 현실에서는 친부모에게 학대받는 자식, 전처 소생 자식, 차별받는 서출, 시부모에게 부당한 대우를 받는 젊은 부인과, 남편을 잃고 죽음을 종용받는 젊은 과부가 있었지만, 이들은 학대와 폭력에 시달리다 심지어 살해당해도 어디다 억울함을 호소할 수 없는 이들이었다. 가족 안에서의 학대에 대해 피해자들이 합법적으로 원망하거나 복수할 수 있는 대상은 오직, 가족이지만 온전한 가족이 아니고 부모이지만 혈연이 아닌 돌출된 존재인 계모뿐이었다.

이와 같은 이야기들은 현실에서 차별이나 학대를 받는 피해자들에게 공감을 사고 위로가 되기도 했지만, 한편으로는 모든 죄를 계모에게 부당하게 뒤집어씌운 채, 현실에서 일어나는 차별과 학대를 못 본 척하기도 했다. 과거는 물론 현대에도, 《장화홍련전》이나 《콩쥐팥쥐전》을 읽는 현대의 독자들, 의붓어머니에게 주인공이 학대당하는 홈 드라마를 보는 시청자들은 주인공이 겪는 비극과 계모의 악행에만 집중할 뿐, 아버지의 묵인이나 무관심은 쉽게 지나친다. 그와 같은 안일한 시각은 현실의 가정폭력이나 아동학대 앞에서도 비슷하게 적용되고 만다. 용기를 내어 내 부모가 나를 학대한다고 호소하더라도, "계모도 아닌데 설마 그러겠느냐"는 무책임하고 폭력적인 말과 함께, 불효자식이라는 오명이 돌아올 뿐이다. 부부가 아이를 학대했을 때, 학대 끝에 죽음으로 몰고 갔을 때, 사람들의 비난은 주로 어머니, 특히 의붓어머니에게 쏠린다. 아이의 아버지가 학대에 무관심한 정도가 아니라 직접 학대를 하거나 성폭력을 휘두르거나 살해를 했더라도, 사람들과 언론은 어머니가 아이를 보호하지 않았다거나 계모라서 아이를 학대했다는 식으로 비난하는 것이다.

이들은 모든 불화와 잘못은 계모의 몫으로 전가해놓고, 마치 계모가 없는 가정은 그런 일 없이 평화롭다는 듯 잡아뗀다. 그리고 계모에 대한 그와 같은 편견은 현실로 되돌아와 각종 사건 속에서 계모에게 손쉽게 유죄를 추정하는 이유가 된다. 계모에 대한 그 부당한 시선들의 뒤에서, 자식에게 무관심한, 혹은 자식에게 직접 고통과 시련을 안겨주는 아버지의 존재는 안전한 곳에 숨어 있다. 그렇기 때문에 우리는 이야기 속에서, 또 현실에서도 다시 한번 생각해보고 확인해야만 하는 것이다. 죄 없는 아이, 죄 없는 전처 소생 딸이 차별을 받거나 억울한 누명을 쓰고 죽어갔을 때 그들의 아버지들은 대체 무엇을 하고 있었는지를. 어째서 자식에게 무관심한 아버지, 친자식이 학대당하는 것을 묵인한 친아버지, 심지어는 직접 자식을 학대하고 죽음으로 몰아간 가해자라 해도 아버지들은 더 쉽게 용서받는지를. "그럴 만한 사정이 있겠지"라는 이해와 동정의 말은 어째서 무관심한 가부장에게 더 쉽게 주어지는지를. 아이가 학대당할 때, 그 집 아버지는 어디에 있었는지를.

아버지에겐 자식보다 가문이 더 중요했다

아들 낳기를 소원하던 오구대왕은 일곱째도 딸이 태어나자 얼굴도 보지 않고 딸을 내다 버리라 명령한다. 그에게 아들을 얻지 못하고, 나라를 물려줄 수도, 제사를 이어갈 수도 없는 딸만 일곱을 낳은 것은 불행한 일이고 전생에 죄를 지어 받게 되는 벌이다. 태어나자마자 버림받는 아기보다 아들을 얻지 못한 자신이 더 불쌍하다는, 자기연민으로 똘똘 뭉친 탄식이다.

물론 오구대왕은 바리를 낳기 전에 이미 자식을 여섯이나 낳았으니, 자식 귀한 줄 몰라서 하는 말일 수도 있다. 그렇다면 하늘에 빌어 어렵사리 자식을 얻은 숙향의 아버지, 김전은 어떨까? 피란길에 어린 딸 숙향을 업고 도망치던 김전은 "우리가 도적에게 잡혀서 죽어버리면 죽은 몸은 누가 거두며, 조상 제사는 누가 받들겠소"라며 부인 장씨에게 숙향을 버리고 가자고 설득한다. 이 순간 김전에게 중요한 것은 조상들의 제사를 받들 자신이 살아남는 것, 자신과 아내가 이곳에서 객사해 아무도 거두지 않는 백골이 되는 대신, 정상적인 죽음을 맞이하고 법도에 따라 장사를 지내어 제사를 받는 것, 그래서 구천을 떠도는 원귀가 되지 않는 것이었다.[43] 처음에는 자식 하나 얻기를 바랐던 김전이, 아내가 잉태했다는 것을 알게 되자 바로 아들을 원한 것도 그 때문이다. 아들, 혹은 남자인 자신의 몸은 대를 이을 천금귀체이지만, 제사를 받들지 못하는 어린 딸은 그렇지 않은 것이다.

그렇게 버렸던 자식이 돌아왔을 때에도, 이들 아버지는 여전히 뻔뻔하다. 내다 버린 딸이 구해 온 영약 덕분에 죽었다 살아나 처음으로 바리와 대면한 오구대왕은, 자신이 딸을 버린 것을 미안해하거나, 딸의 슬픔을 위로하지 않는다. 그는 나라의 반을 떼어주겠다, 재물의 반을 주겠다는 타산적인 말을 늘어놓는다. 나라의 반이자 재물의 반이면 많다고 느껴질 수도 있겠으나, 바리를 정말로 목숨을 구해 준 자식이자 자신의 후계자라고 생각했다면 과연 반이라고 선을 그어 말했을까.

43 성리학적 세계관에서 제사를 받는 것은 결혼해 대를 잇고 제사를 모실 자식을 낳고, 그 자식이 장성하도록 살다가 죽은 사람, 객사하거나 갑작스럽게 사고를 당하지 않고 평온한 죽음을 맞이한 뒤, 뒷동산 양지바른 곳에 묻힌 사람, 정상적인 통과의례를 거치며 살다가 정상적으로 죽은 '조상신'에게만 가능한 특권이었다. 누군가의 조상이 되지 못하고 제사의 대상이 되지 못한 이들은 죽어 원귀가 된다.

자식을 버리고 도망친 김전은, 절망하는 부인 장씨에게 다섯 살에 부모와 이별하고 스무 살에 다시 만날 것이라던 관상가의 말을 믿어보자고 말한다. 마침내 숙향과 재회했을 때, 어머니인 장씨 부인은 미안함과 그리움으로 통곡하지만 김전은 고관의 아내가 된 딸에게 "우리가 속히 조정의 내직으로 가도록 힘쓰라"고 당부한다.

　바리는 태어나자마자 버려져 자신이 누구인지 그 뿌리를 찾고 자신을 버린 부모에게 인정받고 싶었다. 숙향은 다섯 살 때 헤어진 부모를 다시 만나는 것이 소원이었다. 남편의 강요와 가부장제의 억압으로 딸을 버릴 수밖에 없었던 무력한 어머니는 딸들 앞에 통곡한다. 하지만 아버지들은 제사를 모실 자식이 아니라는 이유로 자신이 버린 딸들 앞에서 여전히 엉뚱한 이야기만 하고 있다. 그들에게 자식이란, 가문의 이름을 드높이고 대를 잇기 위한 도구일 뿐, 사랑하고 간절히 그리워하는 존재가 아니었던 것이다.

　심청의 아버지 심학규는 또 어떠했던가. 그는 20년이 넘게 혼자 힘으로 자신을 먹여 살려온 아내에게 대를 잇고 제사를 지낼 자식까지 요구한다. 겨우 자식을 얻은 대신 아내를 잃고, 자신의 어리석음으로 딸마저 인당수로 보내놓고도, 그는 뺑덕어미에게서 자식을 볼 것을 기대하다 청의 목숨값이었던 전 재산을 날리고 만다. 그래놓고는 맹인 잔치에 가다가 말고 방아를 찧던 마을 아낙들을 희롱하는 모습을 보고 있자면, 열다섯 살밖에 안 된 어린 청은 저런 용렬한 인간이 생각 없이 내뱉은 소리 때문에 목숨을 잃었나, 맹인 잔치를 열어 아버지를 찾는다 한들, 부원군이 된 심학규는 이번에는 권력까지 등에 업고 무슨 짓을 하고 다닐 것인가, 별생각이 다 들 수밖에 없다.

　물론 그가 늦게 얻은 유일한 자식이자, 태어나자마자 어머니를 잃고 제 품에서 안아 키운 청을 애틋하게 여기지 않았던 것은 아니다. 하지만 그에게 자식이란 자신에게 효도하고 자신을 위해 희생하는 것이 당연한 존재, 자신의 욕망보다 늘 우선순위가 밀리는 존재였다.

　장화와 홍련의 아버지 배 좌수는 허씨의 모함만 믿고 장화의 이야기는 들어보지 않은 채, 허씨 모자가 장화를 살해하는 것을 묵인한다. 이미 아들을 얻은 그에게 중요한 것은 죽은 전처가 남긴 맏딸의 목숨이 아니라, 허씨가 낳은 아들들을 통해 대대로 이어질 가문의 명예였다.

　콩쥐의 아버지 최만춘은 딱히 아들을 요구하지도, 콩쥐에게 가문을 빛내거나 효도를 할 것을 기대하지도 않는다. 과부인 배씨를 후처로 맞아들이고, 딱히 아들을 요구하지도 않는다. 그 대신 그는 집안일에 관심이 없다. 콩쥐가 학대를 당하는 것을 온 동네 사람들이 다 알아도, 전처의 친정집 잔치에 후처인 배씨가 콩쥐만 쏙 빼놓고 참석하는 추태를 보여도 그는 반응이 없다. 그는 이야기 내내 있는 둥 없는 둥 보이지 않다가, 콩쥐를 살해한 죄로 팥쥐가 사형을 당하고 허씨도 벌을 받은 뒤 사위 덕에 현숙한 여성과 재혼을 했다고만 나온다. 이야기 내내 그가 하는 일이라고는 혼인을 했다가 아내가 죽으면 다시 재혼을 하는 일뿐이라 해도 과언이 아니다. 그는 집안을 관리할 도구처럼 아내를 '들이고', 그에게 집안 관리부터 자식에 대한 것까지 전부 맡겨버렸다. 그에게 아내는 죽으면 다시 교체할 수 있는 가사 도구요, 자식은 결혼생활의 부산물인 것 같다. 그 역시, 그에게 가장 소중한 것은 자기 자신이었을 것이다.

그렇게 자기 자신, 혹은 가문을 이어가고 제사를 받드는 것이 가장 소중한 나머지 자식의 인생을 그야말로 아비규환으로 만들어버리는 우리 이야기 속 아버지들은, 이야기가 끝났을 때 가장 좋은 몫들을 손에 넣는다. 그것은 바로 대를 잇고 원을 풀어줄 후손들이다.

오구대왕은 바리의 일곱 아들을 보며 외손봉사는 못 하겠느냐며 반긴다. 형주자사 부인이 된 숙향과 재회한 김전은 비록 아들은 얻지 못했지만, 딸의 도움으로 높은 벼슬에 오르고, 지체 높은 딸과 사위에게 효도를 받으며 가문의 이름을 드높였다. 심학규는 부원군에 봉해지고, 맹인 안씨와의 사이에서 얻은 늦둥이 아들은 재상의 딸과 혼인하고 높은 벼슬에 올랐다. 《장화홍련전》《콩쥐팥쥐전》도 마찬가지다. 장화가 살해당하고 홍련이 자살하고 허씨와 그의 세 아들이 모두 죽었지만, 배 좌수는 죄를 사면받고 윤씨 부인과 재혼해 장화와 홍련의 환생인 쌍둥이 딸들을 낳는다. 죽은 장화와 홍련이 이번에는 아버지와 생모 슬하에서 사랑받으며 자라다가 행복한 결혼을 하는 것이야 좋지만, 배 좌수는 재취 부인과 다섯 자식이 얽힌 비극과 죽음 따위는 없었던 일인 듯 평화롭고 행복하게 살아간다. 최만춘도 콩쥐는 죽었다 살아나고, 팥쥐는 사형을 당하고, 후처 배씨도 세상을 떠난 와중에 현숙한 여성과 재혼해 아들과 딸을 낳고 단란하게 산다. 자신의 딸들을 버리거나 무관심하게 내팽개쳐 둔 이들 무심한 아버지들은, 딸이 높은 성취를 거두거나 원한을 푼 뒤 아들이나 자신보다 지위가 높은 사위, 훌륭한 외손자들을 얻어 대를 잇는다.

물론 가문의 대를 잇지 못하는 딸로 태어나 그 사실이 부모에게 한이 되었을 당대의 독자들에게, 주인공이 마지막에 모든 것을 성취한 뒤 친정 가문의 이름을 드높이고 경우에 따라 대를 잇기도 하는 서사 자체는 뿌리 깊은 열등감과 좌절감을 해소하고 카타르시스를 안겨주었을 것이다. 또한 당시 현실에서 여성들은 친정의 지위, 그리고 남편의 지위를 통해 종종 자신의 지위가 결정되다 보니, 아무리 유복한 집안의 며느리가 되고, 남편을 성공시켜 정경부인이 되고, 남편의 사랑을 받는다 하더라도, 친정이 빈한하거나 친정의 대가 끊어질 상황이라면 시가 내에서의 지위는 여전히 불안했을 것이다. 주인공이 성공을 거둔 뒤 마치 어부지리처럼 아무것도 하지 않았던 주인공의 아버지에게 대 이을 아들이나 손자가 주어지는 것도 어쩌면 주인공의 친정도 든든해야 한다거나 주인공이 딸이어서 대를 잇지 못했던 한을 풀어주어야 한다는 옛사람들의 생각에서 나온 것일지 모른다. 하지만 현대를 살아가는 우리에게는 역시 이상하게 보일 수밖에 없다. 딸이라고 자신을 버린 아버지, 자식보다 제사를 모실 자신이 더 귀해서 딸을 두고 도망친 아버지, 무능하고 의존적인 아버지와 무관심한 아버지들이, 마지막에 그토록 바라던 후사를 손에 넣는다는 것이. 하지만 이 아버지들에게 그 귀한 아들이나 손자라고 해서 과연 진심으로 사랑하는 대상이었을까. 이 이기적인 남자들에게는 딸들뿐 아니라 아들이나 손자 역시 그저 대를 잇고 제사를 모실 일종의 아이템에 지나지 않는 것이 아닌가 생각하면, 쓸쓸한 기분이 드는 것이다.

4.

결혼,
여성을 구속하는
족쇄가 되다

앞서 살펴보았던, 제사를 모시고 집안의 대를 이어갈 아들만을 소망한 채 딸에게 무관심하거나, 어린 딸에게 돌봄 노동을 전가하고, 때로는 아들이 아니라는 이유로 딸을 버리는 아버지들, 그리고 나약한 어머니와 사악한 계모로 상징되는 어머니들은 가부장제적 세계관 속에서 딸들에게 시련과 고통을 안겨주었다. 하지만 대부분의 여성에게 그보다 더 현실적이고 큰 고통이 있다. 바로 혼인에 따르는 고통이다.

흔히 우리 옛이야기 속 정서를 한恨의 정서, 우리 옛이야기 속 여성들의 모습을 인고의 여성상이라고 말하곤 한다. 하지만 이런 정서와 여성상이 그저 우리 고유의 것이라고 치부하고 넘어갈 일은 아니다. 애초에 이들이 한을 품게 만든 것, 인고하게 만든 원인은 대부분 가부장제의 질서를 유지하기 위해 남성 가족에 대한 여자의 절대 복종을 요구하던 당대의 도덕규범과 밀접하게 연관되어 있다.

흔히 유교 문화권에서 여성의 지위와 역할을 규정할 때, 여필종부女必從夫, 삼종지도三從之道를 말하곤 한다. 삼종지도란 "결혼하기 전에는 아버지를, 결혼해서는 남편을, 남편이 죽으면 자식을 따라야 한다"는 것으로, 《예기禮記》〈교특생郊特牲〉과 《의례儀禮》〈상복전喪服傳〉과 같은 중국 전한기 유교 경전에 나오는 말이다. 이는 마치 신하가 군주에게 복종하듯이 자식은 아버지에게 복종해야 하고, 아내는 남편에게 복종해야 하며, 특히 여성은 스스로 생각하고 실천하는 것이 아니라 가족인 남성에게 종속되어야 한다는 생각으로 이어졌다. 그나마 마지막인, 어머니가 아들의 말에 순종하라는 것은 효 사상에 의해 어느 정도 상쇄되었지만, 딸로서 아버지에게, 아내로서 남편에게 순종하라는 말은 가부장제의 질서 유지를 공고히 하는 한편, 여성에게 현실적인 시련과 고통의 원인인 시집살이의 근거가 되었다.

옛사람들은 여성이 혼인을 하고, 친정을 떠나 새로운 집에 받아들여지는 과정에서의 제약과 갈등으로 인한 고통을 종종 "귀머거리 3년, 장님 3년, 벙어리 3년"[44]에 비유했다. 며느리가 되었으면 시가에서 보는 허물은 보여도 못 본 척, 들어도 못 들은 척하고, 하고 싶은 말이 있어도 말을 못 하는 듯 입을 다물고 살아야 한다는 말이다. 이 이야기는 마치 바리가 아버지를 살릴 동대산의 약수 한 병을 얻는 과정이 었던 "나무 해오기 3년, 삼값으로 불 때주기 3년, 물값으로 물 길어주기 3년", 도합 아홉 해의 과정을 떠올리게 한다.

바리는 그 시련을 이겨내 아버지를 살리고 자신은 무조신이 되었다지만, 평범한 여성이 이 시련을 이겨내고 얻는 것은 그저 시가의 구성원으로 받아들여지는 일이다. 이런 설화에서 며느리는 아홉 해가 지나서, 혹은 첫아들을 낳고서야 비로소 말을 한다. 즉 여성이 시가의 구성원으로 받아들여지기가 그렇게 어렵다, 혹은 며느리가 시가에서 잘 지내려면 아무 말도 하지 말고, 그야말로 군말 없이 시키는 대로 살아야 한다는 이야기다. 그만큼 시집살이가 어려웠고, 옛 여성들은 수많은 제약 속에서 살아야 했다.

양가 부모가 주관해 육례六禮를 갖춰 맞아들인 며느리라도 시집살이는 쉽지 않았다. 시부모에게 사랑받는다 하더라도 남편의 마음까지 그러하다고 장담할 수 없었으며, 아들을 낳지 못하면 지위는 여전히 불안정했다. 이들 여성이 결혼과 임신이라는 통과의례를 거치며 자신의 자리를 찾을

---

44 구전설화 등에 등장하는 표현으로, 현대의 기준으로는 장애인에 대한 차별적인 표현이 포함되어 있다.

때까지 가부장제의 폭력 속에서 겪은 고통에 대해 다음 세 편의 이야기를 통해 살펴보자.

가부장제가 말살한 여성의 인격: 《사씨남정기》

《사씨남정기》는 여성이 주인공인 한문소설 중 드물게 그 저자와 집필 시기, 집필 의도까지 잘 알려져 있는 작품이다. 이 작품은 서포 김만중金萬重, 1637~1692이 기사환국己巳換局[45] 과 그 이후 숙종이 인현왕후를 폐출하고 희빈 장씨를 중전 으로 책봉한 사건을 두고, 덕이 높고 학식이 뛰어난 유연수 가 첩에게 미혹되어 가문과 그 한 몸을 망칠 뻔한 일에 빗대 어 비판한 풍간소설[46]로, 인현왕후를 정숙하고 덕이 높지만 죄 없이 쫓겨나는 사정옥에, 희빈 장씨를 교활한 욕망의 화 신인 교채란에 빗대었다.

---

45 숙종 14년, 소의 장씨가 왕자 윤昀을 낳고 숙종이 윤을 원자로 삼으
   려 했다. 서인들은 아직 중전(인현왕후)이 젊으니 후일까지 기다리
   라고 주장했으나, 숙종은 이를 묵살하고 이듬해인 숙종 15년(1689
   년, 기사년), 윤을 원자로, 장 소의를 희빈으로 봉했다. 기사환국이
   단행되고 4개월 만에 숙종은 중전을 폐위하고 장희빈을 중전으로 삼
   았으며, 송시열을 비롯한 여러 서인 노론 측 인물들을 귀양 보냈다.
   이듬해인 1690년 6월, 송시열은 유배지에서 사사되었다.

46 諷諫小說, 잘못을 완곡한 표현에 빗대어 지적하고 고치려 하는 소설.

사씨남정기

명나라 때 금릉, 학식이 높고 인품이 훌륭한 유현은 아내가 어린 아들 유연수를 남기고 세상을 떠나자 관직에서 물러나고, 두씨 집안에 시집간 누님 두 부인의 도움을 받아 연수를 정성껏 키운다. 연수가 열다섯 살에 과거에 장원급제하고 유 한림이라 불리게 되자, 두 부인은 연수의 신붓감으로 청렴하고 강직한 충신 사후영의 딸 사정옥을 마음에 두고, 우화암의 여승 묘혜에게 남해관세음보살 그림을 시주하며 사정옥을 만나봐달라 부탁한다. 묘혜는 관음찬[47]을 청한다는 핑계로 사정옥을 만나보고, 그가 학식이 높고 사려 깊은 규수임을 확인한다.

사정옥이 유연수와 혼인하고 몇 년 뒤, 사정옥을 요조한 현부賢婦라 칭찬하며 아끼던 유현이 세상을 떠났다. 유현은 아들인 유연수에게 "매사를 고모와 상의하고, 아내와 공경하고 화락하라"고 당부하였다. 하지만 사정옥은 혼인하고 10년이 지나도록 아이를 낳지 못하고, 몰락한 사대부 집안의 딸인 교채란을 유연수의 첩으로 들여 대를 이을 자식을 얻으려 한다.

교채란은 노래와 춤을 배우고, 점쟁이인 십랑을 가까이하며 주술을 쓰는 등 유연수의 총애를 받으려

---

47   관세음보살의 공덕을 찬양한 노래.

노력한 끝에 아들인 장주와 봉추를 낳았다. 하지만 사정옥이 뒤늦게 아들 인아를 낳자, 교채란은 사정옥을 몰아내고 정부인이 되기 위해 음모를 꾸민다. 그는 불량배인 동청과 손잡고 사정옥이 냉진이라는 사내와 사통한 것으로 꾸미고, 아들인 장주를 살해한 죄까지 사정옥에게 뒤집어씌운다. 분노한 유연수는 사정옥을 내쫓고 교채란을 정부인으로 삼았다.

사정옥은 친정으로 돌아가는 대신 유씨 집안의 선산 마을에 정착한다. 교채란은 사정옥이 훗날을 도모하지 못하도록 납치하고 욕을 보이려 하지만, 사정옥의 꿈에 나타난 유현이 위험을 알린 덕분에 뜻을 이루지 못했다. 유현은 사정옥에게 남쪽으로 물길 5000리를 도망칠 것과, 여섯 해 뒤 4월 5일 백빈주에서 위급한 사람을 구할 것을 당부한다. 사정옥은 두 부인의 아들인 두 추관[48]이 부임해 있는 남쪽 5000리, 장사로 가라는 뜻이라고 생각하고 길을 떠난다. 여러 날 동안 배를 타고 가던 뱃멀미로 쇠약해진 사정옥은 바람이 많이 불어 배를 띄울 수 없던 어느 날, 강가의 오두막에 살고 있던 임취영이라는 소녀의 도움을 받아 목숨을 건졌다.

장사 땅에 도착했지만 두 부인과 길이 엇갈리고 만

---

48 推官 종6품, 또는 정7품 판관으로 사법을 담당한다.

사정옥은 절망하여 동정호 근처 악양루에서 자신의 죽음을 알리는 글을 쓰고 물에 뛰어들려 한다. 뜻을 이루지 못하고 잠시 정신을 잃었던 사정옥은 순 임금의 왕비인 아황과 여영의 꿈을 꾸고 일어나, 이들을 모신 사당인 황릉묘를 참배한 뒤 수월암에 머무르고 있던 묘혜와 재회한다. 사정옥의 이야기를 들은 묘혜는 그들 일행을 암자에 머무르게 하고, 사정옥은 암자의 살림을 돕는다. 한편 묘혜는 임취영은 자신의 조카로, 귀한 자식을 두어 복을 받을 운이 있는 아이라고 말해준다.

한편 승상 엄숭이 황제를 속이며 권세를 누리자 유연수는 병을 핑계로 칩거한다. 동청은 유연수가 엄숭을 비판했다고 고발하여 귀양을 가게 만들고, 자신은 진류 현령 벼슬을 얻었다. 이전부터 사통해 온 동청과 부부처럼 지내게 된 교채란은 진류로 가던 중 시녀인 설매에게 인아를 물에 빠뜨려 죽이라 하나, 설매는 차마 죽이지 못하고 인아를 강가의 갈대수풀에 뉘어놓고 온다.

귀양살이를 하며 맑은 정신을 되찾은 유연수는 사정옥을 내쫓은 것을 깊이 뉘우친다. 귀양에서 풀려난 유연수는 설매에게서 자신을 밀고한 동청은 태수가, 교채란은 그의 부인이 되었으며, 교채란이 인아를 죽이라 하였던 이야기를 들었다. 유연수는 사정옥의 소식이 있다는 악주로 갔다가, 사정옥이 자신의 죽음을 알리는 글을 써놓은 것을 발견했는데, 이때 유연수를 죽이려 하는 동청의 추격대가 나타난다. 유연수는 죄 없는 아내를 내쫓고 간사한 자들의 말을 들은 천벌이라며 강으로 뛰어든다. 그날이 바로 여섯 해 전 사정옥의 꿈에 유현이 나타나 알린, 4월 15일이었다.

사정옥과 묘혜의 도움으로 목숨을 건진 유연수는 사정옥을 다시 예를 갖추어 부인으로 맞아들이겠다 약조하고 인아의 소식을 알아보지만 찾지 못했다. 그 무렵 교채란의 아들 봉추가 요절하지만, 동청은 엄숭의 생일선물로 바칠 뇌물을 마련하느라 교채란의 곁에 있어주지 못한다. 엄숭이 실각하자, 이번에는 냉진이 동청의 악행을 나라에 고발한 뒤, 동청이 엄숭에게 뇌물로 바치려던 보물을 챙겨 교채란과 함께 도망친다. 하지만 보물은 도둑에게 빼앗기고, 냉진은 부잣집 아들을 꾀어내다 그 부모에게 맞아 죽었으며, 교채란은 낙양에서 칠랑이라는 이름의 기생이 되었다. 돌아온 유연수는 이부시랑이 되고, 사정옥의 동생인 사희랑도 급제하여 추관이 된다. 유연수는 두 부인에게 그간의 일을 전하고, 예를 갖추어 사정옥을 다시 맞아들이지만, 사정옥은 이제 자신이 마흔이니 다시 자식을 낳지는 못할 것이라며 혼기가 된 임취영에게 유연수의 첩이 될 것을 청한다. 그런데 임취영은 수년 전 강가에 버려진 사내아이를 데려다 동생처럼 키웠는데, 그 아이가 바로 인아였다. 인아가 유연수의 집에서 유모를 알아보고, 가족은 마침내 눈물로 상봉한다.

예부상서가 된 유연수는 교채란을 잡아다 그 악행을 밝힌 뒤 사사했다. 유연수의 벼슬은 좌승상에 이르렀고, 사정옥도 황후의 부름을 받았으며, 인아는 벼슬이 병부상서에 이르고 임취영도 아들을 셋 낳았다. 유연수와 사정옥은 여든이 넘도록 장수했으며, 유씨 집안과 사씨 집안은 나란히 명문으로 이름을 날렸다. 온 가족이 사정옥을 정성껏 공경하니 집 안팎이 모두 편안하였다.

사정옥은 군자의 짝인 훌륭한 숙녀, 이상적인 선비가 부인으로 맞이해 함께 해로동혈[49]할 만한 인물, 답답할 정도로 자신의 도리를 다하는 인물로 그려지고 있다. 그는 충신의 딸로, 아름답고 덕이 높으며 학문과 글씨가 뛰어났다. 비록 아버지가 귀양을 가서 일찍 세상을 떠나는 바람에 집안은 그리 넉넉하지 않았으나, 명문가 출신의 며느리를 구할 때에도 문벌이 남자 쪽 집안보다 뛰어나면 꺼렸던 옛사람들

---

49   偕老同穴,《시경》에 나오는 표현으로 살아서는 같이 늙고 죽은 뒤에는 한 무덤에 묻힌다는 뜻. 부부가 평생을 함께함을 뜻함.

의 기준으로는 이 역시 흠이 될 일은 아니었다. 모두가 사위 삼고 싶어 하는 유연수와의 혼담이 들어왔을 때, 그는 자신의 아름다움을 칭찬하는 중매쟁이의 말에 한번 청혼을 거절했다가, 아버지의 청명정직[50]함을 존경함을 말하며 다시 청혼하자 받아들이는 효녀이기도 했다. 육례를 다 갖추어 맞아들인 며느리인 그는 시아버지 유현과 시고모 두 부인의 총애를 받았으며, 시아버지를 돌아가실 때까지 지극한 정성으로 모셨고, 시아버지의 3년상을 치른 며느리였다. 오죽하면 유현이 세상을 떠나면서 아들 유연수에게는 "매사를 고모와 상의하고, 아내와 공경하고 화락하라"고 당부하고, 며느리인 사정옥에게는 "너의 현부賢婦로서의 요조한 성품에 늘 감탄하니, 안심하고 세상을 뜨겠다"고 칭찬했을까. 그는 문자 그대로 훌륭한 며느리, 현부, 요조숙녀라는 말에 걸맞은, 이상적인 부인이자 며느리 상이었다.

표준국어대사전에 따르면 요조숙녀窈窕淑女라는 말은 말과 행동이 품위가 있으며 얌전하고 정숙한 여자를 뜻한다. 이 말은 중국 최초의 시가집인 《시경詩經》의 맨 첫머리, 국풍國風 주남周南의 첫 번째로 수록된 〈관저關雎, 물수리〉라는 시에서 찾아볼 수 있다.

關關雎鳩(관관저구) 끼룩끼룩 우는 물수리

50　청명淸名은 청렴하다고 명망이 높음을 의미하며, 청명정직淸名正直은 사정옥의 아버지 사후영이 청렴하고 강직한 인물임을 뜻함.

在河之洲(재하지주) 물가에서 노니네

窈窕淑女(요조숙녀) 아름답고 덕이 있는 아가씨는

君子好逑(군자호구) 훌륭한 남자의 좋은 짝이지(후략)

　〈관저〉는 아름답고 덕이 있는 아가씨와 훌륭한 남자의 사랑을 서로 짝을 구하지만 음탕하지 않은 물수리에 빗댄 시인 동시에, 주 문왕의 왕비 태사의 인자함과 부덕을 칭송하는 노래이기도 하다. 즉 여기서 군자란 주 문왕과 같은 훌륭한 남자, 그 짝인 요조숙녀란 태사와 같이 아름답고 덕이 있는 아가씨를 뜻하는 말이다. 《시경》은 주나라의 정치적 형태와 민중의 삶에 대한 노래들이 담겨 있는 책으로, 공자가 편찬했다고 알려져 있는데, 그렇다면 공자는 시를 논하며 바로 이 군자와 숙녀의 만남, 주 문왕과 태사의 사랑에 대한 이야기로 시작했다는 말이 된다. 이는 왕과 왕비는 만백성의 부모와 같으니, 그들이 군자와 숙녀, 훌륭한 기풍과 인자함과 덕을 갖춘 이들이어야만 세상을 제대로 다스릴 수 있다는 생각 때문이었을 것이다. 애초에 《사씨남정기》가 죄 없는 인현왕후를 내친 숙종을 비판하기 위한 풍간소설이었다는 점을 생각하면, 이 부분은 더욱 의미 있게 다가온다.

　한편 《사씨남정기》에서 사정옥은 소녀 시절 남해관세음보살 그림에 관음찬을 쓰며 관세음보살을 태임,[51] 태사의 덕

51　太任, 주 무왕의 아내이자 주 문왕의 어머니. 문왕을 임신했을 때부터 정성스럽게 태교를 해 문왕을 성인으로 길러낸 것으로 유명하다.

에 빗대었는데, 그가 썼던 관음찬은 훗날 사정옥이 유씨 집안에서 쫓겨나며 겪은 고초를, 남해관세음보살은 사정옥의 덕을 상징한다. 즉 사정옥은 관세음보살이자 태사이자 인현왕후와 같은, 인자함과 부덕을 지닌 완벽한 여성, 요조숙녀다. 훌륭한 집안 출신으로 육례를 갖추어 맞아들인 며느리로 시가 어른들의 사랑을 받았고, 시아버지의 3년상을 치른 조강지처인 그는, 유씨 집안의 대를 이을 자손을 얻기 위해 직접 남편의 첩이 될 여성을 알아보아 중매를 넣고, 그렇게 데려온 교채란이 아들을 낳고 자신을 모함하는데도 투기하지 않는다. 현대의 기준으로는 징그러울 정도로 가부장제의 이상에 충실한 여성상이다.

하지만 그럼에도 그의 집안에서의 지위는 확고하지 못하다. 관세음보살과 태임, 태사의 덕을 합쳐놓은 요조숙녀이자 조강지처라 해도, 뒤늦게 아들을 낳았다고 해도 그의 지위는 사실상 남편인 유연수에게 달려 있었다. 그의 지위는 유연수가 교채란의 간교한 말에 사정옥을 의심하기 시작하며 흔들리고, 유연수의 불신에도 불구하고 그를 믿고 보호해주던 두 부인이 집을 떠나자 곧 무너진다. 사정옥이 비현실적일 정도로 가부장제가 이상적으로 생각하는 여성상을 추구하고 있는 것은 쫓겨난 인현왕후의 죄 없음을 강조하기 위함인 동시에 가부장제가 얼마나 남성 위주의 제도인지, 아무리 완벽한 여성이라 하더라도 남편 혹은 가부장의 변덕에 의해 얼마나 쉽게 그 지위가 위태로워질 수 있는지를 보여주는 장치이다.

사정옥은 유연수의 집에서 쫓겨났음에도 유씨 가문과의
인연을 이어가기 위해 선산이 자리한 마을에 정착하려 한
다. 꿈에 나타난 시부모의 경고를 따라 물길 5000리를 여
행하고, 시부모가 말한 날짜에 배를 띄워 유연수를 구한
다. 쇠약해진 자신을 돌봐준 소녀 임취영이 귀한 자식을 얻
을 팔자라 하자, 그 이야기를 기억해두었다가 훗날 유연수
의 첩으로 들이기까지 한다. 결국 마지막에 사정옥은 유연
수와 재회해 다시 유씨 집안의 부인이 되고, 아들인 인아와
재회하고, 시가와 친정 양쪽의 이름을 드높이지만, 그곳에
사정옥이라는 개인은 없다. 가부장제가 생각하는 이상적인
부인인 사정옥의 모든 행동은 자기 자신을 위해서가 아니
라 철저히 유연수와 유씨 가문을 위해 맞추어져 있을 뿐, 자
기 자신의 자아나 욕망은 아예 말살된 것처럼 보인다. 남성
사대부 작가가 당대의 정치를 비판하려고 썼던 이 소설은,
현대를 살아가는 우리에게는 가부장제가 부덕이라는 이름
으로 어떻게 여성의 인격을 말살하는지, 가부장제의 이상
에 최적화된 여성이라도 남성의 변덕에 의해 내쳐질 수 있
는지를 노골적으로 보여주고 있다.

*

물론 서포 김만중이 단순히 정치를 풍자하려고만 이 이

야기를 지은 것은 아니었을 것이다. 김만중은 서인 노론 계열의 중신으로, 증조부는 성리학자이자 서인 예학의 태두인 김장생이요, 종조부는 김집이었으며, 그의 형인 김만기는 숙종의 첫 번째 정비였던 인경왕후의 아버지였다. 그는 열네 살에는 향시에, 열여섯 살에는 사마시에 합격하며 진사가 되었고, 벼슬이 판의금부사와 예문관 제학, 장악원 제조에 이르렀다. 그는 성리학이 지배하는 조선왕조에서 고관을 역임한 노론의 중진이었으나, 《구운몽》과 《사씨남정기》를 한글로 집필하고, 자신의 소설 속에서 다양한 여성상을 보였으며, 내용 면에서 성리학뿐 아니라 불교와 도교의 영향을 받는 등 당시로서 진보적인 문학을 선보였다. 또한 그는 실질적으로 집안의 중심을 잡는 인물이 유연수가 아니라 현명한 두 부인이라는 점, 그 두 부인이 첩을 들이는 것을 반대하는 내용이나 교채란이 벌이는 악행을 통해 가부장제와 일부다처제의 문제점을 고민하기도 했다.

한편 현대적인 관점에서 인현왕후와 숙종, 장희빈의 관계, 또는 사정옥과 유연수, 교채란의 관계를 다시 해석한다면 어떤 형태가 될까. 그에 대한 답 중 하나로 로맨스판타지 웹소설인 《재혼황후》가 있다. 2018년 네이버 웹소설의 로맨스판타지 분야를 휩쓸었던 《재혼황후》는, 유능하고 책임감 강하며 모든 사람의 존경을 받던 황후 나비에가 황제 소비에슈와의 이혼 법정에 서는 것으로 시작한다. 나비에는 어린 시절부터 국모가 될 사람으로 정치나 행정에 대한 훈련을 받아왔으며, 남편인 소비에슈에게 냉대받는 슬픔보다 나랏일을 우선시하고 있었지만, 소비에슈는 자신의 애첩인 라스타의 아이를 적자로 삼기 위해 나비에와 이혼한다. 이혼 법정으로 향하는 의연한 나비에의 모습과 서럽게 울음을 터뜨리는 시녀들, 이혼을 반대하는 신하들과 떠나는 황후에게 예를 표하는 기사들의 모습은 《인현왕후전》에서 인현왕후가 폐비가 되어 출궁할 때 궁녀들이 통곡하고, 조정의 신하들이 반대하다가 귀양을 가는 장면을 연상하게 한다.

하지만 이혼당한 나비에의 결론은 인현왕후나 사정옥과는 다르다. 나비에는 스스로 자신을 죄인으로 여기며 근신하거나, 자신을 배신한 남편을 위해 정절을 지키고, 그에 대한 보답으로 후회하며 돌아온 전남편과 다시 가정을 이루지 않는다. 대신 그는 자신을 사모하는 연하의 미남이자 이웃 나라 황제인 하인리와 재혼한다. 이 과정에서 다소 갈등도 있었지만, 나비에는 과거 자신이 갈고닦은 능력을 바탕으로 사랑과 존경을 받는 황후가 된다. 나비에가 굳이 복수하지 않아도, 소비에슈는 자신을 기만한 라스타를 내치고 나비에와의 이혼을 후회하며 고통스러운 여생을 보낸다. 그는 광증과 괴로움 속에서 나비에를 그리워하지만, 나비에는 돌아오지 않는다.

《재혼황후》의 서사는 현대적인 관점에서 진보적인 것은 아니다. 약혼자나 남편에게 배신당한 성실한 여성이 자신을 배신한 남자보다 더 젊고 유능한 미남의 헌신적인 사랑을 받으며 행복해지는 이야기는 이미 수많은 드라마에서 검증된 서사다. 하지만 《재혼황후》는 화려한 궁중을 배경으로, 인현왕후와 장희빈의 이야기를 떠올리게 하는 배신당한 황후를 주인공으로 하여, 익숙한 고전을 현대의, 가장 유행하는 장르로 되살려냈다. 사랑이 아닌 신의로서 맺어진 결혼을 하고 황후가 된, 가장 보수적인 세계의 중심인 나비에는 자신을 배신한 남편 대신 자신에게 성실과 신의 그리고 애정을 바치며 부부가 되고자 하는 사람과 혼인해 자신이 마땅히 누려야 할 지위에서 존경과 사랑을 받으며 살아간다. 보수적인 배경과 익숙한 서사가 고전과 맞물릴 때, 이야기는 또 다른 힘을 갖고 독자들을 끌어들인다. 그리고 이와 같은 이야기들은 다시 현실의 독자들에게, 남성의 부정이나 변덕 앞에서 좌절하고 절망하거나 가부장제의 이상에 순응하는 대신, 자기 자신으로서 존중받으며 살아갈 가능성을 제시하는 것이다.

하늘의 선녀라도 시부모의 인정 없이는: 《숙영낭자전》

사정옥의 혼인에 대해 이야기할 때, 우리는 육례六禮에 대해 잠시 이야기했다. 육례란 우리나라에서 전통적으로 내려오는 혼인의 여섯 가지 방법, 즉 납채納采, 문명問名, 납길納

吉, 납징納徵, 청기請期, 친영親迎을 뜻한다. 중국 주나라의 주공이 지은 《의례儀禮》에서 온 것으로, 훗날 주자가 지은 《가례家禮》에서는 이 내용을 다시 묶어 네 가지 절차로 설명하고 있으나, 기본적인 내용은 같아 현재까지도 혼인절차를 육례라고 말하게 되었다.

혼인을 할 때는 우선 신랑 측에서 신부 측에 중매인을 보내 혼인을 의논한다. 이 과정에서 문명, 즉 신부 어머니의 이름을 물어 외가 쪽 가계를 확인한다. 혼인이 정해지면 신랑 집에서 먼저 사당에 고한 뒤, 청혼서와 함께 신랑의 사주를 보낸다. 신부 측은 사당에 고한 뒤 혼인날짜를 정해 허혼서를 보낸다.

신랑 측에서는 이제 정혼의 성립을 보이기 위해 신부 집으로 혼서와 붉고 푸른 비단, 즉 채단, 그리고 신부에게 보내는 예물과 그 목록을 기록한 단자를 넣은 봉채(함)를 보낸다. 현대에도 흔적이 남아 있는, 함 들어간다는 것이 이것이다. 옛사람들은 일부종사一夫從事의 뜻으로, 여성이 세상을 떠날 때 혼인 때 받았던 이 혼서를 관에 넣기도 했다. 이후 신랑이 신부를 맞으러 신부 집으로 가는 친영례를 행했다. 이 까다롭고 복잡한 혼인의 절차는 전통사회에서 혼인이 두 가문의 결합이자 만대를 잇는 일이기에, 그 매개가 되는 여성과 남성의 관계를 정중히 다루려는 뜻이었다.

부인은 육례를 갖추어 '맞이한다' '혼인한다'했지만, 그렇지 않은 첩은 물건처럼 '들인다' '삼는다'고 했다. 최명희의

《혼불》에는 "본처가 있는데 첩으로 들어앉는 것도 아니며, 뒷골방에 냉수 한 그릇 떠 놓고 도둑장가를 드는 것도 아니요, 버젓이 육례를 갖추어 혼인하는 사이건만"이라는 말도 나온다. 역으로 생각하면 육례를 갖추지 않은 혼인은 이를테면 도둑장가나 첩으로 들어가는 것처럼 어딘가 하자가 있는 혼인으로 생각했다고도 볼 수 있겠다. 박경리의 《토지》에도 "육례로 만난 처는 칠거지악이 있어도 삼불거면은 못 쫓아낸단다"는 말이 나올 만큼, 아직 근대적인 혼인신고 제도가 나오기 전, 옛사람들은 양가의 허락을 받고 육례를 갖추어 혼인을 한 부부를 정식으로 혼인한 이들, 함부로 갈라놓을 수 없는 이들로 여겼다. 반대로 아무리 지위가 높고 총애를 받았더라도 정식으로 혼인하지 않았다면 그 지위는 불안정했다. 일본의 고전 《겐지모노가타리源氏物語》에서 주인공 겐지의 총애를 받는 여성이자, 친왕의 딸인 무라사키노우에는 정실이 없는 겐지의 저택인 이조원의 여주인으로 불렸지만, 정식으로 그 아버지와 혼담을 주고받아 맺어진 결혼이 아니었기에 정실은 될 수 없었다. 그는 뒤늦게 겐지가 조카딸인 온나산노미야를 정실로 맞자 그 지위를 잃고 말았다.

반면 앞서 살펴본 《숙향전》에서, 이 상서가 아들이 천한 여자와 멋대로 혼인했다고 생각하고 숙향을 죽이려 할 때, 이선의 고모인 이 부인이 자신이 주관한 혼사라고 나서 숙향을 구한다. 아무리 간소하더라도, 또 부모가 아니라 고모가 주관했더라도, 육례를 갖춘 혼인이란 양가의 어른이 의논해서 결정했다는 것을 보증 삼아 여성이 상대 남성 및 시가의 폭압에서 자신을 보호할 수 있는 최소한의 안전장치였을 것이다.

그렇다면 하늘이 정한 인연이라 해도 육례를 갖추지 못한 혼인, 즉 시부모에게 인정받지 못하는 혼인을 한 경우에는 어땠을까.

숙영낭자전

세종 때 안동에 사는 선비 백상곤과 부인 정씨는 자식이 없어, 명산대찰에 빌어 외아들 선군을 낳았다. 선군이 혼기를 맞을 무렵, 선군은 자신이 전생에 하늘의 선관이었고, 옥련동에 귀양을 온 선녀 숙영낭자가 자신의 연분이라는 꿈을 꾸었다.

그날 이후 선군은 숙영낭자를 사모하다 병이 들고 말았다. 꿈속의 숙영낭자는 아직 만날 때가 되지 않았다며 자신의 화상과 금동자 한 쌍을 주고, 시비 매월을 시첩으로 삼으라고 권했으나 선군에게는 차도가 없었다. 상사병으로 죽을 지경이 된 선군은 옥련동으로 달려가 혼인을 청하나, 숙영낭자는 하늘이 정한 때까지 3년이 남았다며 거절한다.

"3년이 지나면 파랑새의 중매로 육례를 갖추어 혼인하고 백년해로를 할 것이나, 오늘 낭군과 함께한다면 하늘에 죄를 지어 벌을 면하지 못할 것입니다.”

“낭자를 그리워하다 병이 들었는데, 이대로 내가 죽어 구천을 방황하는 원혼이 된다면 낭자인들 마음이 편하겠습니까.”

선군은 고집을 부려 숙영낭자와 혼인한 뒤 함께 집으로 돌아갔다. 백상곤 부부는 당황했으나 곧 숙영낭자를 동별당에 머무르게 하였다. 그 뒤 숙영낭자가 딸인 춘앵과 아들인 동춘을 낳는 동안, 선군은 낭자와 한시도 떨어지지 않으려 하였다. 나라에서 알성시를 시행하자 백상곤은 선군에게 과거를 보라고 명하지만, 선군은 우리 집은 이미 풍족하고 숙영낭자와 헤어지고 싶지 않다며 거절한다. 숙영낭자도 과거 보기를 간곡히 청하자 선군은 어쩔 수 없이 한양으로 떠나지만, 낭자를 그리워한 나머지 두 번이나 집으로 돌아와 숙영낭자를 만나고 돌아갔다.

백상곤은 선군이 떠난 사이 숙영낭자의 방에서 남자 목소리가 들리자 의심하고, 과거 선군의 시첩이었던 시비 매월은 기회를 놓치지 않고 숙영낭자에게 누명을 씌웠다. 백상곤이 숙영낭자를 끌어내 문초하자, 숙영낭자는 통곡하며 옥비녀를 뽑아 들고 말했다.

“아무리 시부모님의 간택으로 육례를 갖추지 못한 며느리라고 해도, 어찌하여 그리 끔찍한 말씀을 하십니까. 하늘은 부디 굽어살피소서. 제가 만일 사통의 죄를 저질렀다면 이 옥비녀가 제 가슴에 꽂힐 것이고, 이것이 억울한 누명이거든 옥비녀가 저 섬돌에 박힐 것입니다."

숙영낭자가 던진 옥비녀는 섬돌에 깊이 박혔다. 결백은 증명되었으나, 숙영낭자는 억울하고 비통한 마음으로 목숨을 끊었다. 백상곤 부부는 아들이 돌아오기 전에 서둘러 숙영낭자의 시체를 치우려 했으나, 시체는 조금도 움직이지 않았다.

장원급제를 한 선군은 고향으로 돌아오던 중, 숙영낭자가 온몸에서 피를 흘리며 억울함을 호소하는 꿈을 꾸었다. 한편 아들의 급제 소식을 들은 백상곤은 서둘러 임 진사 댁에 혼담을 넣고, 선군을 마중 나와 "장부가 뜻을 얻으면 아내를 얻는 것이 고금의 상례라"며 당장 육례를 치르고 임 소저와 혼인할 것을 권한다. 선군은 그 말을 듣지 않고 그대로 집으로 향하고, 숙영낭자의 죽음을 알게 되었다. 정씨는 누군가 겁탈하려다 뜻을 이루지 못하고 죽인 것 같다고 변명하나, 선군이 숙영낭자의 가슴에 꽂힌 비수를 뽑자 가슴에서 파랑새 한 마리가 나와 매월의 이름을 세 번 부르고 날아갔다. 선군이 매월을 문초하여 죽이고 불량배 도리를 관가에 넘겨 귀양을 보냈지만, 숙영낭자의 시체는 여전히 꼼짝도 하지 않았다. 그리고 선군의 꿈에 숙영낭자가 나타나 말했다.

"저는 약속한 3년 기한을 지키지 않고 빨리 인연을 맺은 탓에 억울하게 죽고 말았습니다. 하지만 옥황상제께서 저와 낭군을 가엾게 여기시어, 죄를 벗게 되는 이틀 뒤에 저를 돌려보낼 것이며, 여든 살이 될 때 세 사람이 한날한시에 승천할 것이라 하셨습니다."

과연 이틀 뒤, 숙영낭자는 되살아났다. 하지만 선군과 혼담이 오갔던 임 낭자는 한번 정혼하고 예물까지 받았는데 전 부인이 되살아났다고 파혼할 수는 없다며, 다른 곳으로 시집가지 않겠다고 주장했다.

그 이야기를 들은 숙영낭자는 옥황상제께서 세 사람이 함께 승천할 것이라 하셨으니 임 낭자 역시 하늘이 정한 인연이라고 말했다. 이들의 사정을 들은 국왕은 숙영낭자와 임 낭자를 갸륵히 여기며 숙영낭자에게는 정렬부인을, 임낭자에게는 숙렬부인의 직첩을 내리고, 백선군이 두 부인과 함께 살도록 하였다. 그 뒤 세 사람은 8남매를 낳았고, 집안은 번창하였으며, 숙영낭자가 여든 살이 되었을 때 하늘의 선녀가 내려와 세 사람을 하늘로 불러올렸다.

《숙영낭자전》은 양반 가정을 배경으로 한 애정소설이자, 효와 가문의 영광을 추구하는 부모 세대와 사랑을 추구하는 자식 세대의 갈등을 다룬 소설이다. 백상곤과 같은 부모 세대는 자식, 특히 대를 이을 아들을 낳는 일을 중요하게 생각하고, 이 아들에게는 장차 과거에 급제하고 명문가의 규수와 혼인할 것을 요구한다. 앞서 여러 이야기 속 아버지들이 딸을 버리거나 무관심할 수 있었던 바로 정반대의 이유로, 이들은 아들을 억압하고, 아들의 인생을 자신들이 결정하고 싶어 한다. 반면 자식세대인 선군은 부모의 뜻과 상관없이 자신의 인연인 숙영낭자와 혼인을 하고, 과거를 보라는 아버지의 명령에 반발하며, 출세 같은 것은 자신의 사랑과 행복에 방해가 된다고 생각한다. 이 갈등이 가정 내 비극이 되고, 고난 끝에 마침내 자식의 사랑이 승리하는 구도는 조선 후기, 성리학적인 도덕에 바탕을 둔 전통적 가치관인 효 사상과 인간의 본능과 솔직한 감정을 추구하는 새로운 가치관의 충돌이 반영된 것으로, 현대인들에게 익숙한 아침드라마의 구도처럼 보이기도 한다.

　하지만 이와 같은 구세대와 신세대의 가치관으로 인한 갈등과 화합은 어디까지나 백상곤 부부와 아들 백선군 사이의 문제다. 여성의 관점에서 이 이야기는, 설령 하늘의 선녀이자 완벽한 여성으로 남편과 두 아이와 함께 단란한 가정을 꾸린 숙영낭자라 해도, 결혼생활이란 때로는 목숨이 위태로울 만큼 여성에게 불안정한 제도임을 보여준다.

　그리고 이 숙영낭자를 결정적으로 궁지로 몰아넣는 것은, 선군의 절제되지 못한 성욕이다. 선군이 상사병으로 죽어가자, 숙영낭자는 자신과 닮은 시비 매월을 시첩으로 삼으라 권한다. 혹은 어떤 판본에서는 선군이 꿈에서 본 숙영낭자만 그리워하고 공부를 하지 않으니 선군의 부모가 매월을 시첩으로 붙여주었다고도 한다.

《사씨남정기》의 사정옥도 대를 이을 자식을 낳아야 한다는 명분으로 남편에게 첩을 들이라 권했지만, 혼인도 하지 않은 선군이 시첩을 들인 것은 상사병, 좀 더 적나라하게 말하면 성욕을 해소하기 위해서다. 권한 사람이 숙영낭자든, 선군의 부모이든, 이는 남자의 성욕이 참기 어려운 것, 해소되지 않으면 고통스러운 것이라는, 지극히 남성의 욕망 위주의 관점에서 비롯된 결정이다. 조선시대뿐이 아니다. 1980~90년대에도 남편의 혼외 관계를 두고 아내가 항의할 때 시부모가 나서서 옹졸하고 질투심이 많은 여자라고 며느리를 비난하고, 심지어는 여성이 임신을 해 성관계를 갖기 어려울 때 남편이 혼외 관계를 갖더라도 너그럽게 받아주어야 '현명한 아내'라는 식의 이야기들이 여성잡지의 부부 상담란에 버젓이 올라오기도 했다. 남성의 성욕은 참을 수 없는 것, 참으면 고통스러운 것으로, 그 파트너가 되는 여성은 그 욕구를 풀어줄 의무가 있으며, 상황이 여의치 않을 때에는 다른 여성을 첩으로 들이거나 성매수를 해서라도 풀어야 한다는 식의 논리다. 그리고 바로 이 그릇된 논리에 따라, 숙영낭자는 하늘의 뜻을 어기고 육례를 갖추지 못한 채 선군과 맺어지고 만다.

물론 부모의 허락이나 하늘의 뜻을 기다리는 게 아니라 사랑하는 연인들이 자신들의 자유의지로 당대의 제약과 세상의 반대를 무릅쓰고 맺어지는 이야기라면야 사랑의 승리라 말할 수 있다. 하지만 선군이 "내가 죽어 구천을 방황하는 원혼이 된다면" 운운하며 숙영낭자를 설득하는 대목은 현대의 관점에서는 자신보다 어리거나 성경험이 적거나 없는 여성에게 "남자는 참으면 고통스럽다"거나 "통증이 있다"며 반강제로 성관계를 요구하거나, 심지어는 "성관계를 해주지 않으면 죽어/죽여버리겠다"는 협박에 가깝다. 그리고 이렇게 숙영낭자를 아내로 삼은 선군은 한때 시첩으로 삼았던 시비 매월을 쓸모없어진 물건처럼 방치하고, 첩으로 거두어주지도 않는다. 그 업보와 질투로, 매월은 훗날 선군이 집을 비운 사이 숙영낭자를 모해한다.

한편 선군과 혼인해 그의 집으로 간 숙영낭자는 안채가 아닌 동쪽 별당에 머무르게 된다. 처음에 선군이 혼인을 했다며 숙영낭자를 다짜고짜 데리고 왔을 때에는 우선 숙영낭자의 됨됨이를 먼저 살펴보기 위해 별당에 두었을 수도 있고, 아들의 마음을 배려해 한동안 두 사람만의 공간으로 별당을 거처로 내주었을 수도 있다. 하지만 혼인하고 8년이 지나고 두 아이를 낳도록 숙영낭자가 안채로 옮겨가지 않고 계속 별당에 머무르는 것은 이상하다. 이는 숙영낭자가 백상곤 부부에게 제대로 된 며느리가 아니라, 아들의 첩으로 취급받고 있음을 의미하는 것일 수도 있다.

고려 말까지는 안채와 사랑채가 따로 나뉘어 있지 않았다. 그러나 태종 3년(1403년), 남녀유별을 강조하는 유교관

념에 입각해 오부五部에 부부가 침실을 따로 쓰도록[52] 왕명을 내린 일이 실록에 기록되어 있으므로, 이후의 건축물에서는 안채와 사랑채를 나누는 방향으로 변화했다. 물론 집안의 형편이나 가옥구조에 따라 달라질 수 있으나, 백상곤의 집안은 선군이 자기 입으로 풍족하다고 말할 정도의 집안이며, 양반 가문이다. 무엇보다도 동쪽 별당이 따로 있을 정도의 집이라면 적어도 안채와 사랑채가 나뉘어 있을 것이다.

이 소설의 배경은 세종 때라고 하나 이 소설이 실제로 향유된 시기는 조선 후기였는데, 조선 중기 이후에는 사랑채에는 시아버지가, 사랑채의 건넌방에는 아들, 특히 장남이 머무르고, 안채의 안방은 시어머니가, 건넌방은 며느리가 머물렀다. 그러다가 시어머니가 나이가 들거나 장남이 과거에 급제하고 벼슬길에 나아갔을 때, 사랑채의 큰방을 아들이 물려받는 것과 함께 며느리 역시 안채의 안방과 집안의 곳간 열쇠로 상징되는 주부로서의 권력을 물려받는 것이 보통이었다. 만약 숙영낭자가 제대로 된 며느리로 인정받았다면 그는 안채의 건넌방에 머무르다가 선군이 과거에 급제하고 벼슬길에 오른 뒤로는 시어머니로부터 안방을 물려받을 준비를 했을 것이고, 아무리 선군이라 해도 과거 길에 올랐다가 두 번이나 돌아와 숙영낭자의 방에 숨어들지

---

52 《태종실록》권5, 태종 3년 5월 계묘.

도 못했을 것이다.

숙영낭자는 선군의 한결같은 사랑을 받았지만, 육례를 갖추지 못했고 안채에도 들지 못했다. 선군의 입장에서야 부인이지만, 시부모에게서는 며느리 대접을 받지 못한 것이다. 그런 데다 선군은 숙영낭자와 혼인하고 두 아이를 낳도록, 가족과 다정한 시간을 보내느라 글공부는 제대로 하지 않는다. 아들이 과거를 보고 입신양명하기를 고대하던 백상곤 부부로서는 기막힌 일이 아닐 수 없다. 그리고 보통 이럴 문제가 생길 때, 한국의 시부모들은 "새로 들어온 사람이 잘못해서" 내 아들이 잘못 처신한다고 생각하기 마련이다. 게으름을 피운 것은 선군인데, 그 미움은 숙영낭자에게 쏠린다. 어쩌면 매월이 모함하지 않았더라도, 숙영낭자를 제대로 된 며느리로 여기지 않던 백상곤 부부는 선군이 과거에 급제한 김에 숙영을 내쫓거나 첩으로 취급하며 임 진사 댁에 혼담을 넣었을지도 모른다.

하지만 무려 21세기에도 시부모의 말도 안 되는 행동을 비난하면 오히려 "그래도 남편의 부모인데 어떻게 그렇게 말할 수 있느냐"는 사람들이 한둘이 아닌 마당에, 조선시대에 시부모의 어리석음과 이기심을 대놓고 비난할 수는 없다. 사실 이 이야기에서 매월의 역할은 '남편의 첩'이 아니라, 독자가 숙영낭자에 이입해 '시부모'를 미워하지 못하도록 일부러 집어넣은 '안심하고 미워할 수 있는 대상'에 가깝다.

그러면 다시, 숙영낭자의 시부모, 백상곤 부부를 중심으로 이 이야기를 다시 생각해보자. 이들은 경상도 안동에서, 오랫동안 아들 낳기를 기원한 끝에 늦은 나이에 아들 선군을 얻었다. 이들은 용모가 수려하고 성품이 온유하며 문재가 넘쳐흐르는 아들에게 기대를 걸고 훌륭한 가문에 혼담을 넣으려 하지만, 소설에서 묘사되는 선군은 부모의 기대와 상관없이 공부도 제대로 하지 않았고, 숙영낭자의 핑계를 대며 시비 매월을 시첩으로 삼는다. 공부에도 뜻이 없어 허송세월하고, 인내심도 부족하며, 제 성욕 하나를 통제하지 못해 약관도 안 된 미혼의 도령이면서 첩질이나 하는, 조선시대 기준으로도 싹수가 노란 청년이라고도 할 수 있다. 그런 못난 아들인데도 백상곤 부부는 아들을 엄격히 가르치지는 못할망정, 상사병으로 죽을까 봐 그의 행각을 전부 받아주고, 나중에는 말과 동자를 내어주어 유람까지 다녀오게 한다. 간단히 말해 딱히 특별할 것도 없는 못난 아들에게 "우리 아들은 잘생기고 똑똑하며 특별하고 큰일을 할 것"이라며 오냐오냐 애지중지하며 원하는 것은 다 이루어주다가 아들을 망치는 부모들의 전형적인 이야기다.

그렇게 무엇 하나 기다릴 줄 모르고, 원하는 것은 다 가져야 직성이 풀리는 청년이 된 선군은, 지금 맺어지면 하늘의 벌을 받는다는 만류에도 불구하고 그 전에 자기가 죽겠다며 숙영낭자를 아내로 삼는다. 8년 뒤 과거시험을 보러 가다가도 숙영낭자가 보고 싶다며 제 욕망을 다스리지 못하고 두 번이나 한밤중에 돌아오는 바람에, 결과적으로는 숙영낭자가 누명을 쓰고 자결하게 만드는 결정적인 원인을 제공했다. 즉 숙영을 "육례를 갖추지 못한 혼인"으로 맞아들여 시부모에게 제대로 된 며느리로 인정받지 못하게 하고 결국은 매월의 모함을 받아 죽음에 이르게 한 것은 게으르고 이기적이며 자신의 욕망도 통제할 줄 모르는 잘못 키운 귀한 아들, 선군의 방탕함 때문이었다.

한편 백상곤 부부의 이기심은 여기서 그치지 않는다. 백상곤은 숙영낭자를 가장 미워할 사람인 매월에게 굳이 감시를 맡겨 누명을 쓰게 만든 뒤, 집안사람들 다 보는 앞에서 문초하고 치욕을 주어 끝내 숙영낭자가 스스로 목숨을 끊게 만들었다. 그래 놓고는 선군이 이 사실을 알면 "우리가 모함하여 죽인 줄 알고 따라 죽으려 할 것"이라며 서둘러 사태를 수습하려 한다. 장례를 치르려 해도 숙영낭자의 시체가 별당에서 움직이지 않자, 백상곤은 별당에 죽은 숙영낭자가 그대로 누워 있는 상황에서 우선 임 진사 댁에 혼담부터 넣으러 간다. 죽은 숙영낭자나 이런 식으로 황급히 끌어다 놓은 대타처럼 혼인하게 된 임 낭자는 안중에도 없이, 그는 오직 아들이 숙영낭자의 일로 자해하거나 자신들을 원망하지 않기만을 바란다.

이기적이고 자기 아들의 안위만을 생각하는 한편 아들이 자신들이 선택한 대로 살아주기를 바라는 부모에게 며느리란 아들을 위한 도구이자 언제든 교체 가능한 부품에 불과

했다. 숙영낭자가 죽고 임 낭자를 며느리로 들인다 한들, 선
군이 행복할지, 혹은 그렇게 교체된 임 낭자가 제대로 존중
은 받고 살 것인지 따위의 일들은 그들에게는 안중에도 없
다. 마치 딸에게 시련을 안겨주는 아버지들, 심학규나 배 좌
수나 최만춘에게 아내라는 존재가 그러했듯이. 그런 이기
적인 시부모들에 의한 피해자이자 그 자신도 선군의 욕망
을 채워주기 위해 매월을 희생시켰다가 모진 보복을 당했
던 숙영낭자도, 그리고 일방적인 결혼사기의 피해자가 될
뻔한 임 낭자도 모두 국왕에게 정렬부인과 숙렬부인이라
는 직첩을 받고 선군의 아내로 인정받으며 모든 갈등은 끝
난 듯 보인다. 그들은 "아황과 여영처럼" 서로 질투하지 아
니하고 화목하게 살다가 훗날 나란히 하늘로 돌아간다. 하
지만 나라와 하늘이 인정하고 세 사람이 한 가족이 되었으
니 좋은 게 좋은 거라는 대책 없는 해피엔딩 뒤에, 그동안의
갈등으로 상처 입은 피해자들의 고통은 보이지 않는다. 어
쩌면 이 이야기가 현대의 독자들에게 보내는 메시지는 부
모를 거역하고서라도 끝끝내 이루어내는 선군과 숙영낭자
의 아름다운 사랑이 아니라, 하늘이 내린 사람이라 해도 오
냐오냐 잘못 키우면 저 한 사람의 욕구밖에는 모르는 이기
적인 인간이 될 수밖에 없고, 설령 하늘의 선녀라 해도 시부
모에게 인정받지 못한다면 시집살이란 죽기만큼 힘든 것이
며, 육례를 갖추어 맞아들인 며느리라 해도 시부모가 이기
적이면 대책이 없더라는, 당대 여성들의 현실적인 수난의

모습일 것이다.

며느리 되기를 강요당한
여성들의 조선판 SNS: 부요

그야말로 가부장제의 이상형다운, 완벽한 부덕을 갖추어 시부모의 사랑과 신뢰를 한 몸에 받고, 결코 투기하지 않으며 남편의 잘못조차 너그러이 이해하고 용서하는 사정옥 같은 여성이라도, 다른 여성을 사랑한 남편의 변덕으로 인해 그 지위는 얼마든지 흔들릴 수 있다. 설령 하늘의 선녀처럼 완벽한 여성이고 남편의 사랑을 독차지한 숙영낭자 같은 여성도, 시부모에게 만족스러운 며느리, 시부모에게 인정받는 며느리가 아니라면 시집살이를 하거나, 언제라도 시부모에 의해 쫓겨날 수 있다. 이런 일들은 비단 옛 소설속의 이야기만이 아닌, 엄연한 현실이었다. 자식을 낳고 남편과 화목하게 지냈더라도 남편이 죽으면 입을 줄이기 위해 친정으로 쫓겨나 영영 아이를 만나지 못할 수도, 혹은 열녀가 되라는 압력으로 자살을 강요당할 수도 있었다.

그런 극단적인 경우까지 생각하지 않더라도, 여성들이 결혼을 하며 맞닥뜨리는 고난의 형태는 다양했다. 많은 세월이 흘러, 이제는 대놓고 차별하는 일은 줄어들고, "시집살이가 아니라 며느리 눈치를 보는 시대"라는 농담이 나

올 만큼 세상이 변했다고 해도, 며느리에게 요구되는 덕목
과 며느리들이 겪는 크고 작은 차별들은 여전히 남아 있다.
2017년 오늘의 우리만화상을 받은 수신지의 만화 《며느라
기》의 주인공 민사린은 대학을 졸업하고 직장에 다니다가
대학 동기인 무구영과 결혼했다. 무구영의 부모는 어디로
봐도 막장 드라마와는 거리가 먼 자상하고 이해심 많은 시
부모이지만, 그럼에도 민사린은 결혼 후 뭐라 꼬집어 불만
을 말하기도 어려운 미세한 차별에 시달린다. 똑같이 직장
에서 일을 하다가 왔지만 남자들이 TV를 보는 사이 여자들
은 제사 음식을 준비하고, 회사에서 출장을 가야 한다니 시
부모는 남편의 밥을 걱정한다. 과일을 깎는 것도, 남은 밥을
먹는 것도 민사린의 몫이 된다. 여기에 착하긴 하지만 눈치
는 부족하고 어머니에 대한 효성은 지극한 무구영은 사린
의 불편함에 공감하기는커녕 "사린이는 잘할 거예요, 착하
니까" 하고 대리효도를 바라기까지 한다. 한 번도 좋은 며
느리가 되고 싶다는 생각을 해본 적이 없는, 부지런히 사회
생활을 하다가 사랑하는 사람을 만나 결혼한 여성이, 갑자
기 시부모에게 예쁨 받는 며느리가 되어야 한다는 압력 속
으로 내던져지며 겪는 고충은 매우 현실적이다. 여기에 시
부모가 평균보다 훌륭하고, 민사린이 무구영과 같은 학교
를 나오고 비슷한 회사를 다닌다는 설정은 여성이 동등한
배우자와 혼인하고, 온건하고 다정한 시부모를 만나더라도
가부장제의 압력이 남아 있는 한 결혼생활과 시가와의 관

계에서 동등한 대접을 받을 수 없음을 분명하게 보여준다.

현실에서 가족이니까, 며느리니까, 아내니까 당연히 그래야 한다는 식으로 결혼한 여성들이 겪는 상황은, 민사린이 겪은 것보다 더 집요하고 지독하며, 모멸감을 느끼게 한다. 하물며 과거 옛 여성들의 시집살이는 문자 그대로 수난이라 부를 만한 것이었다. 기록은 남성 사대부의 것이었기에 여성들의 수난은 제대로 기록되지 못했지만, 그 현실의 모습은 더러는 사실적이고 비극적으로, 더러는 해학적으로, 옛 여성들이 일하며 부르던 부요婦謠 속에서 다양한 형태로 남아 있다.

> 우리 집 시어머니 염치도 좋네
> 저 잘난 걸 낳아놓고 날 데려왔네
> 델러나 왔으면 볶지나 말지
> 요리 볶고 조리 볶고 콩 볶듯 하네.[53]

전라북도 무주의 시집살이 노래는 잘난 것 하나 없는 못난 남편과 자신을 달달 볶는 시어머니에 대한 한탄을 짧고 간결하게, 그러나 누구라도 그 한탄에 낄낄 웃으며 고개를 끄덕일 수 있을 만큼 해학적으로 표현하고 있다. 요즘 같으

---

53 〈시집살이 노래〉,《무주 군지》중권, 2004, 무주 군지 편찬 위원회 (1982년 8월 15일 무주군 안성면 금평리 두문 마을 주민인 정성녀 [여, 77세] 채록).

면 SNS나 인터넷 게시판에 올라와 수많은 공감을 받았을 만한 노래다. 시집살이에 대한 좀 더 구체적인 이야기는 중학교 국어교과서에 실린 경상북도 경산 지방의 시집살이 노래에서도 찾아볼 수 있다.

> 형님 온다 형님 온다 분고개로 형님 온다
> 형님 마중 누가 갈까 형님 동생 내가 가지
> 형님 형님 사촌 형님 시집살이 어떱뎁까
> 이애 이애 그 말 마라 시집살이 개집살이
> 앞밭에는 당추 심고 뒷밭에는 고추 심어
> 고추 당추 맵다 해도 시집살이 더 맵더라(후략)[54]

경산의 시집살이 노래는 사촌자매간의 대화로 주거니 받거니, 고된 시집살이에 대해 이야기하는 노래다. 사촌언니는 혼인하고 석삼년, 즉 아홉 해나 그 이상 오랜 세월이 지났고, '우는 새'이자 '거위 한 쌍 오리 한 쌍' 같은 자식들도 낳았지만, 여전히 시집살이에 시달리고 있다. 밥을 푸고 수저를 놓다가 비뚤게 놓기만 해도 불호령이 떨어지고, 5리나 떨어진 데서 물을 긷고, 방아 찧을 곡식을 짊어지고 10리나 떨어진 데서 찧어 와야 한다. 가족도 많아 3대가 한집에 사는데, 시부모는 물론 고자질 잘하는 동서 부부와 성질을 잘

---

54   〈시집살이 노래〉, 경북 경산 지방.

부리는 시누이를 모시며 "아홉 솥에 불을 때고 열두 방에 자리 걷고" 고된 노동을 하면서도 누구 한 사람 인정해주는 이 없이 속이 다 썩어가고 있다. 이 고생을 하느라 얼굴은 호박꽃이, 머리카락은 비사리춤이, 손길은 오리발이 다 되어 치맛자락이며 베갯잇에 눈물 마를 날이 없건만, 남편은 아무짝에도 쓸모없이 미련하기까지 하다. 그러니 시집살이는 "개집살이"요, 고추 당추보다 맵고 쓰라린 것이다.

사촌언니는 혼인하고 처음 친정에 온 것은 아닐 것이다. 조선에서도 친정 부모의 생신이나 제사, 그리고 농번기가 끝나고 추석이 오면 차례를 지낸 뒤 시집간 딸이 떡과 술과 같은 차반음식을 싸서 친정 부모를 뵈러 가는, 근친覲親을 갈 수 있었다. 하지만 가사와 농업 노동을 병행했던 며느리들이 며칠씩 집을 비울 수는 없어 친정에서 하룻밤 자고 오는 것은 허락되지 않았다. 시댁에 일이 생겼거나 어른이 편찮으실 때에도 함부로 길을 나설 수 없었다. 지역에 따라서도 조금씩 달라 시집가서 3년 안에 이런저런 사정으로 인해 근친을 하지 못하면 액이 끼었다고 하여 평생 근친을 하지 못한다는 속설이 있는 지역도 있고, 한번 시집간 딸은 3년 동안 친정에 돌아갈 수 없다는 지역도 있었다.

그래서 생겨난 것이 친정과 시가의 중간 지점에서 만나는 반보기, 혹은 중로보기였다. 막상 친정집까지 가지도 못하고 중간 지점에서 만나서 반보기이기도 했고, 한나절을 꼬박 함께 있는 것도 아닌 고작 반나절 동안만 정을 나누고 다시 이별하는 것이라 반보기이기도 했다. 반보기는 보통 친정 마을로 가는 길 중간의 고갯길에서 이루어졌는데, 시집갔던 딸은 고갯길에서 친정 마을 쪽을 바라보며 언덕에 자리를 펴고 준비해 간 음식을 나누어 먹었다. 경상남도 마산의 '만날고개', 부산 해운대구의 '섶은고개'처럼, 고갯길에서 반보기를 하던 풍습이 지명에 남은 곳도 있다.[55] 한편 전라남도 강진이나 송덕에서는 같은 지역에서 시집온 여자들이 많아 이들이 함께 반보기를 가던 것이, 아예 좋은 날과 장소를 택해 이웃 마을과 함께 방죽가에서 여자들이 모여 만나는 야유회로 발전하기도 했다.[56][57]

시집살이 노래의 사촌 언니는 어느 쪽이었을까. 분고개를 넘어 친정에 근친을 오는 것을 사촌 동생이 맞이하러 가는 것일 수도, 양가의 중간쯤에 있는 분고개에서 반보기를 하러 오는 것을 여성 가족들이 다 함께 맞으러 나갔다가, 사촌 동생이 먼저 달려가 마중해 손잡고 분고개로 가는 것일 수도 있다. 어느 쪽이라도 만날 수 있는 시간은 짧고, 가슴에 품은 설움은 컸을 것이다. 옛이야기 속 주인공이 아니더라도, 혈연도 아닌 낯선 시가 사람들에게 둘러싸인 채, 출

55 차근호, 〈명절이 힘든 며느리 이야기… 조선시대 반보기 현장 '섶은고개'〉, 《한국경제》, 2020년 1월 24일.

56 강응천, 〈출가외인도 친정에 갈 수 있었을까?〉, 《민속소식》 2017.10월호.

57 《한국민속대백과사전》, 반보기(김시덕). https://folkency.nfm.go.kr/kr/topic/detail/3903

가외인이라는 말로 친정과의 정을 억압당하고 아이를 낳기 전까지는 온전한 시가 식구로 대접받지도 못한 채 붕 떠 있던 옛 여성들의 삶이란 가부장제와 고된 노동에 짓눌린 고통스러운 것이었다.

우리에게 널리 알려진 또 다른 부요로는 〈진주난봉가〉가 있다. 이 노래는 경남 진주 지방에서 전해 내려오던 노래로, 1972년 서유석의 〈진주낭군〉이라는 노래로 다시 알려지고, 다시 대학가에서 〈진주난봉가〉라는 제목의 구전 민중가요로 불리기도 했다.

울도 담도 없는 집에서 시집살이 3년 만에
시어머니 하시는 말씀 애야 아가 며늘 아가
진주 낭군 오실 터이니 진주 남강 빨래 가라
진주 남강 빨래 가니 산도 좋고 물도 좋아
우당탕탕 두들기는데 난데없는 말굽 소리
곁눈으로 힐끗 보니 하늘 같은 갓을 쓰고
구름 같은 말을 타고서 못 본 듯이 지나더라
흰 빨래는 희게 빨고 검은 빨래 검게 빨아
집이라고 돌아오니 사랑방이 소요하다

시어머니 하시는 말씀 애야 아가 며늘 아가
진주 낭군 오셨으니 사랑방에 들러 가라
사랑방에 나가보니 온갖 가지 술을 놓고

기생첩을 옆에 끼고서 권주가를 부르더라
건넛방에 내려와서 아홉 가지 약을 먹고
비단 석 자 베어 내어 목을 매고 죽었더라
진주 낭군 이 말 듣고 버선발로 뛰어 나와
너 이럴 줄 내 몰랐다 사랑 사랑 내 사랑아
화류계 정 3년이요 본 댁의 정 100년인데
너 이럴 줄 내 몰랐다 사랑 사랑 내 사랑아

울도 담도 없을 만큼 가난한 집에 시집가서 3년 동안 고된 시집살이를 견디는 동안, 남편은 집에 돌아오지도 않는다. 3년 만에 남편이 돌아온다 해서 진주 남강에 빨래를 하러 나갔더니, 남편은 "하늘 같은 갓을 쓰고 구름 같은 말을 타고" 으리으리한 차림새를 하고는, 초라한 자신을 거들떠보지도 않는다. 그런 남편이라도 반가운 마음에 서둘러 집에 돌아가니, 시어머니는 남편이 돌아왔으니 사랑방에 가 보라고 한다.

아내는 가난한 집에서 살림을 꾸려나가며 고된 시집살이를 하고 있는데, 남편은 온갖 술을 놓고 기생첩과 더불어 권주가를 부르고 있다. 그런데도 시어머니는 아들을 꾸짖거나 며느리를 위로하기는커녕, 일을 하고 돌아와 옷을 갈아입을 틈도 없었을 초라한 모습의 며느리에게, 화려한 기생첩과 앉아 놀고 있는 남편의 모습을 보게 만든다. 그때까지 입을 다문 채 자신의 목소리를 드러내지 않고 시어머니에

169

게 순종하던 며느리는, 다시 살아날 수도 없도록 "아홉 가지 약을 먹고 비단 석 자 베어 내어 목을 매고" 스스로 목숨을 끊는다. 그의 자살은 변덕이나 울화가 아니라, 며느리에게 가혹할 정도로 냉담한 시어머니와, 아내를 부당하게 무시하며 대놓고 다른 여자와 외도를 하는 뻔뻔하고 방탕한 남편에 대한 고발이자 저항이다. 그는 살아서는 변명조차 하지 못하고 누명을 쓰거나 죽임을 당했지만 죽음을 통해 원귀가 되어서야 비로소 억울함을 말할 수 있었던 많은 이야기 속 주인공처럼, 죽음을 통해서야 비로소 그들의 잘못을 이야기할 수 있게 된 것이다. 그런 아내의 시신 앞에 버선발로 뛰어나와, "화류계 정 3년이요 본 댁의 정 100년"이라고, "너 이럴 줄 내 몰랐다"고 말해본들, 그 남편에게는 아내의 고생과 원망을 이해할 생각도 능력도 없으며, 그에게 사랑이란 남편의 일방적인 감정이지, 아내에게 다른 선택권이 있다는 것도 알지 못했다는 이야기일 뿐이다.

부요는 여성들의 노래이자 노동요였다. 이 노래는 전문적인 소리꾼이 아니라 여성들이 혼자서, 혹은 같은 처지의 또래 여성과 함께 농사부터 가사, 길쌈, 여성들이 오랜 시간 계속해야 하는 단조로운 작업을 할 때 부르던 노래였다. 부요에서 다루어지는 내용은 주로 시가 식구들의 구박이나 남편과의 갈등, 때로는 첩에 대한 미움이었고, 때로는 친정 가족에 대한 그리움이나, 자신을 출가외인 취급하는 친정 오라비들에 대한 서러움이 담겨 있기도 했다. 마치 현대를 살아가는 기혼여성들이 SNS나 익명 게시판에서 배우자나 시부모가 부당하게 대한 일들, 시가에서 겪은 황당하거나 억울한 일들을 털어놓듯이, 옛사람들은 이 부요들을 읊조리며, 때로는 기나긴 사설 속에 그리운 친정을 떠나 낯선 시가에서 서럽게 구박받는 자신의 이야기를 덧붙이며 가슴의 한을 쏟아냈다.

하지만 이들의 노래는 그저 슬픔과 원망을 쏟아내는 데서 그치지 않았다. 〈진주난봉가〉의 아내는 자신을 학대하는 시어머니와 남편에게 죽음으로 항거한다. 노래를 부르는 현실의 여성은 그렇게 목숨을 끊을 수 없었지만, 남편이 원망스러울 때 〈진주난봉가〉의 그 아내에 이입하며 현실을 버텨냈을 것이다. 때로는 자신을 구박하는 시가에서 영영 벗어나고 싶은 마음을 담아, 시가 식구들이 모두 죽어버리는 것을 상상하거나. 현실에서는 할 수 없는 복수를 노래 속에 담아보기도 했다. 짧은, 그래서 마음이 답답할 때 탄식처럼 읊조렸을 것만 같은 〈세원수노래〉에서는 시가 식구들을 당사실(명주실)로 낚아서 호랑이굴로 보내고 싶다, 그 정도로 원수 같다는 마음을 담기도 했다.

웬술래야 웬술래야
집이로들면 세원수가 웬술래라
세원수를 당사실로 낫가내어
범의굴로 보내고자라

현실의 여성은 하늘의 선녀인 숙영낭자처럼 설령 억울한 일을 당해도 하늘이 밝혀주고, 시가의 핍박으로 목숨을 잃어도 다시 살아나지 못한다. 현실의 여성 대부분은 《사씨남정기》의 사정옥처럼 명문가의 출신에, 재덕을 두루 갖춘 것도 아니다. 사정옥처럼 시부모가 살아서도 깊이 신임하고 죽어서도 지켜주는 일도 없을뿐더러, 숙영낭자처럼 남편의 맹목에 가까운 사랑을 받는 일도 드물다. 하지만 현실의 여성은 가부장제에 억압받는 현실 속에서도, 현실의 고난을 사실적으로 드러내는 한편, 일할 때 부르는 부요 속에서나마 시가와 남편으로 대표되는 현실을 극복할 의지를 드러낸다. 동시대의 사대부의 문학, 혹은 규방 문학과 달리, 부요는 여성, 그중에서도 며느리로서, 아내로서, 젊은 어머니로서 평민 여성이 겪는 고통스러운 현실을 있는 그대로 현실감 있게 표현하는 한편, 현실의 갈등과 억압에 대한 저항 의지 또한 품고 있었던 것이다. 여성들의 노동요였던 〈진주난봉가〉가 민중가요로서 1987년 6월항쟁에서도 널리 불렸던 것도 어쩌면 그런 이유에서였을 것이다.

틀을 깬 미혼모, 여신이 되다: 〈당금애기〉

인고하며 살아온 수많은 여성의 삶이 가부장제의 억압에서 비롯했다면, 가부장제의 틀에서 벗어난 여성에게는 그보다 더 큰 비난과 징벌이 기다리고 있었다.

　나이가 들어서도 혼인하지 않은 여성은 과거에는 제대로 된 성인 대접을 받지 못했고, 비교적 최근까지도 노처녀라는 모욕을 받았다. 그뿐 아니라 여성이 결혼을 하지 못하면 그 한이 화기和氣를 범하여 재난이 일어난다고 말하기도 했다. 조선 성종 때는 장마가 몇 달간 계속되자, "사족士族의 처녀가 집이 가난함으로 인하여 제때에 출가出家하지 못해서 원광怨曠 의 한恨이 혹 화기和氣를 범한 듯하다"[58]며, 나라에서 혼숫감을 마련해주어 결혼하지 못한 여자가 없게 하라는 명을 내리기도 했다.

　남편을 잃고 과부가 된 여성들에게도 고난이 이어졌다. 고려 말기 이후에는 자녀안恣女案이라 하여 세 번 이상 개가한 여성의 자손들은 관직 등용을 제한했고, 조선 성종 때에는 《경국대전》에 재가하는 여성의 자손은 과거에 응시하지 못하도록 규정해 재혼을 금지했다. 그뿐 아니라 열녀를 장려한 나머지 가문에서 과부가 된 며느리에게 자결을 종용하기도 했다. 하지만 차라리 어느 정도 풍족하고 보는 눈이 많은 지체 있는 양반 가문이라면, 자결을 종용하는 것만 아니라면 그나마 사정이 나았다. 남편을 잃고 과부가 된 젊은 여성 중 상당수는 성폭력에 무방비하게 노출되었다. 뭇 남성들은 젊은 과부를 두고 마치 임자 없는 사람이라도 된

58　《성종실록》93권, 성종 9년 6월 13일 계묘 1번째 기사.

것처럼 추근거리거나 성적인 농지거리를 해댔고, 약탈혼인 과부보쌈을 자행하기도 했다. 물론 과부보쌈 중에도 이전 부터 과부 본인과 정을 통하다가 보쌈을 빙자한 재혼의 형태로 함께 살거나, 사전에 과부의 가족들과 약속을 하고 데려가는 경우도 있었다. 하지만 많은 경우 남편은 죽고 혼자 사는 여성이 있다는 것을 알고 미리 봐두었다가 밤중에 침입해 억지로 납치하거나 강간했고, 그 과정에서 수절하던 여성이 저항 끝에 목숨을 잃거나 자결하는 일도 있었다.

하물며 혼인하지 않고 아이를 임신한 미혼모라면 어떨까. 현대에도 원치 않은 임신을 한 미혼모, 혹은 자발적인 비혼모에게 사회는 냉담하다. 하물며 과거의 미혼모에게 그 고초는 이루 말할 수 없는 것이었다. 허나 우리에게는, 미혼모로서 세 아들을 낳고 긴 여행 끝에 여신이 된 여성의 이야기가 전하고 있다. 바로 삼신이 된 당금애기다.

당금애기

조선 제일 부자인 만년장자에게는 아홉 아들과, 명산대천에 빌어 얻은 아름다운 고명딸 당금애기가 있었다. 어느 날 만년장자 부부는 산천 유람을 떠나고 아홉 오라비는 벼슬을 하러 집을 비운 사이, 만년장자 댁에 금불암의 시주승이 나타나 굳게 잠긴 열두 대문을 열고 들어와 시주를 청했다. 부모님도 오라비들도 집에 없어 곳간이 잠겨 있다 하자, 시주승은 주문을 외워 곳간을 열고 들어갔다.

시주승은 아버지가 드시던 쌀은 누린내가 난다, 어머니가 드시던 쌀은 비린내가 난다, 아홉 오라버니가 먹던 쌀은 땀내가 난다며 당금애기가 먹던 쌀을 서 말 서 되 서 홉을 달라 하였다. 당금애기가 시주를 하자, 시주승은 날이 저물었다며 하루 묵어가기를 청했다. 이번에도 시주승은 이 방 저 방을 다 마다하고 굳이 당금애기가 자는 방을 요구했다. 당금애기가 끝내 거절하지 못하고 시주승에게 자기 방 윗목을 내어주자, 시주승은 당금애기에게 주문을 외워 잠들게 하였다.

새벽 무렵, 당금애기는 오른쪽 어깨에 달이 얹히고 왼쪽 어깨에는 해가 얹히며, 맑은 구슬 세 개를 입으로 삼키는 꿈을 꾸었다. 시주승은 귀한 아이를 낳을 꿈이라며 박씨 세 알을 주고 길을 떠났다. 그리고 그날부터 당금애기는 입덧을 하더니, 배가 불러오기 시작했다.

돌아온 부모와 오라비들은 당금애기가 임신을 한 것을 알고 크게 놀랐다. 만년장자는 딸을 내쫓으려 하고, 오라비들은 당금애기를 죽이려 하였다. 어머니가 겨우 뜯어말렸지만, 오라비들은 당금애기를 뒷산으로 끌고 가 돌구멍 속에 밀어 넣고 입구를 막았다. 그러자 푸른 하늘에서 천둥번개가 치더니 오라비들의 머리 위로 돌벼락이 쏟아졌다.

며칠 뒤 돌비가 멎자 어머니는 뒷산으로 달려갔다. 돌구멍 안에서는 아기 울음소리가 들리고 있었다. 어머니가 칡덩굴을 붙잡고 돌구멍 속으로 기어 내려가자, 그 안에는 세 갓난아기를 품에 안은 당금애기가 앉아 있었다.

"애야, 내 딸아. 집으로 가자. 하늘이 너를 살렸는데 누가 너를 감히 해치겠느냐."

어머니는 당금애기와 세 아이를 데리고 집으로 돌아왔다. 당금애기는 후원 별당에서 아이들을 키웠지만, 아이들은 아비 모르는 자식이라고 서러운 일을 많이 당했다. 어느 날 아이들이 당금애기에게 울며 우리는 왜 아버지가 없냐고 말하자, 당금애기는 그간의 이야기를 들려주고, 시주승이 남기고 간 박씨 세 알을 꺼냈다.

3형제가 박씨를 심자, 박씨는 하룻밤 사이에 싹이 돋아 멀리멀리 뻗어나가기 시작했다. 3형제는 어머니 당금애기를 모시고 박덩굴을 따라가기 시작했다.

수많은 물과 산을 건너 박덩굴이 가리킨 곳은 서천 서역의 낯선 땅이었다. 덩굴은 황금빛 산으로 접어들더니 금불암이라는 작은 암자 앞에 멈추었다. 안에서 염불하는 소리를 듣고, 당금애기가 말했다.

"내가 왔습니다. 당금애기가 아이들을 데리고 왔습

니다."

그러자 시주승이 밖으로 나오더니, 세 아들들을 보고 죽은 지 3년 된 소뼈를 살려서 타고 와라, 짚으로 닭을 만들어 산 닭을 만들어보라며 시험했다. 아들들이 도술을 부려 시험을 통과하자, 시주승은 그릇을 내어주며 손가락의 피를 한 방울씩 내어보라 한다. 3형제가 피를 내어 그릇에 흘리니, 시주승도 피를 그릇에 흘렸다. 그러자 네 사람의 피가 마치 한 사람의 피인 듯 뭉쳐졌다. 그제야 시주승은 세 아들을 자기 자식이라 인정하고, 세 쌍둥이 3형제를 삼불제석 제석신으로 삼았다. 제석신의 모친 되신 당금애기는 집집마다 아이를 점지하고 순산하게 도와주며 아이를 수호하고 돌보는 삼신이 되었다.

당금애기는 미혼모였다. 남녀관계에 대해 모르던 순진한 규중의 아가씨는 그만 금불암의 시주승에게 속아 하루아침에 혼인도 하지 않은 채 임신을 하게 된다. 말이 좋아 속은 것이지, 시주승이 도술로 당금애기를 잠들게 한 뒤 임신을 시켰으니, 술이나 약물, 또는 수면으로 의식이 없는 상태에서 성폭력을 당한 것이나 다름없다. 하지만 당금애기를 그렇게 애지중지하던 가족들은 당금애기가 성폭력을 당하고 원치 않는 임신을 하게 된 상황에서 가해자인 시주승을 잡아 물고를 내는 대신, 피해자인 당금애기를 핍박하고 냉담하게 돌아선다. 여성의 정조가 가문의 명예와 직결되던 시대, 아버지와 오라비들은 당금애기를 가문에서 내치거나 죽여 상황을 수습하려 한다. 당금애기는 오라비들에게 끌려가 뒷산 돌구멍에 갇히고 만다.

말이 좋아 돌구멍이지, 땅속에 난 돌구멍에 가두고 입구를 봉했다는 것은 임산부를 토굴에 그대로 생매장한 것이다. 정조를 잃은 여성은 가문의 명예를 더럽혔으니 응당 죽어야 한다는 논리대로 명예살인을 하려 한 것이다. 하지만 당금애기는 피해자요, 배 속의 아이들은 죄가 없다. 그런 그들을 산 채로 파묻은 오라비들에게는 하늘의 벌처럼 돌벼락이 쏟아진다.

당금애기의 무덤이 될 뻔한 토굴은 생명이 넘치는 지상과는 다른 세계다. 이 어둡고 낯선 공간은 어린 바리가 아버지에게서 버림받고 갇혀 바다 위를 떠가던 차가운 옥함과도, 그런 바리가 아버지의 목숨을 구할 약수를 뜨러 다녀왔던 멀고 어두운 저승과도 닿아 있으며, 웅녀가 쑥과 마늘을 먹으며 인내하던 그 굴과도 닮아 있다. 이 토굴은 버림받은 공주를 무조신으로, 신성한 곰을 인간으로 바꾸었던 것처럼, 당금애기를 이전과 다른 존재로 우화시키는 고치와도 같다. 이 안에서 당금애기는 죽을 고비를 넘기고, 어머니가 된다. 돌구멍에 갇혀 세쌍둥이 아들들을 낳고 기진맥진한 당금애기의 머리 위로, 마침내 토굴의 문이 열린다.

어머니가 된 당금애기를 토굴 속에서 구해내는 이는 바

로 당금애기의 어머니다. 처음에는 남편과 아들들의 성화에 당금애기를 지키지 못했던 어머니는, 마치 모세를 물에서 건져낸 파라오의 딸처럼, 신병에 걸려 죽어가는 이에게 공수를 내려주고 신딸로 삼는 신어머니처럼, 이제 자신의 태로써 낳았던 당금애기를 구하기 위해 탯줄과도 같은 칡덩굴을 잡고 내려가, 자궁과 같은 토굴 속에서 끄집어내며 다시 한번 생명을 준다. 그렇게 다시 태어난 당금애기는 이전과는 다른 존재로 거듭난다.

하지만 당금애기의 세 아들들은 아직 어리고, 당금애기가 신이 되기 위한 먼 여정을 떠나려면 아직 시간이 더 필요하다. 바리가 무장승의 집에서 나무 해오기 3년, 불 때기 3년, 물 긷기 3년, 도합 아홉 해 동안 고된 노동을 했던 것처럼, 당금애기는 별당에서 세 아들들을 기르며 고초를 겪는다. 아마도 아비 없는 자식이라는 소리를 듣고 세 아들들이 슬퍼하다가 마침내 자신의 뿌리를 궁금해할 때까지도 적어도 9년 이상 세월이 흘렀을 것이다.

바리가 겪었던 마지막 시련이자, 신이 되기 위한 마지막 관문이 무장승과 혼인해 일곱 아들을 낳은 것이라면, 당금애기는 이제 아들들을 데리고 아이들의 아버지, 금불암의 시주승을 찾아 서천 서역으로 떠난다. 하룻밤 사이에 싹이 돋아 먼저 길을 따라 뻗어나가는 신령한 박덩굴을 따라, 그는 아이들과 함께 수많은 산을 넘고 강을 건너 마침내 금불암에 도착한다.

당금애기와 동침했던 시주승은 애초에 신적인 존재였다. 시주받을 쌀과 잠자리에 온갖 트집을 잡다가 혼자 집을 지키고 있던 당금애기에게 원치 않는 임신을 시키고 도망친 그는, 자신을 찾아온 세 아들들에게서 이미 죽은 소를 살려 내고 무생물을 생물로 바꾸는, 생명을 부여하는 능력을 갖추었는지 확인하고, 다시 자신의 혈연이 맞는지를 피를 합쳐보아 확인한 뒤에야 아들로 인정하고 이들 3형제를 사람들의 수명과 자손, 운명과 농사를 관장하는 삼불제석으로 삼는다.

당금애기가 혼인하지 않은 몸으로 아이를 낳고 키우는 동안의 그 모든 고초와 수난을 함께 감당하지도 않았으면서, 그는 두고 간 박씨가 길고 긴 덩굴을 뻗어 그에게 돌아오듯이 아무 데나 씨만 뿌려놓고 기다리면 열매가 알아서 열리겠거니 하는 무책임한 태도로 일관한다. 당금애기와 세 아들들에게 고통만을 남겨주었을 뿐이면서 뒤늦게 찾아온 아들들의 혈연이나 확인하는 시주승의 구차한 행각에서, 당금애기의 존재는 아예 안중에도 없는 듯 보인다.

그러나 바리데기가 무장승과 혼인했기 때문에 신이 된 것이 아니듯이, 당금애기가 신이 된 것도 시주승 덕분은 아니다. 이들은 신의 혈통을 물려받지 않았어도, 스스로 감당한 고난을 통해 신으로 거듭난다. 죽어가는 아버지를 살리기 위해 저승을 오간 바리데기는 죽은 자들의 영혼을 저승으로 인도하는 무조신이자, 저승 시왕의 어머니가 되었다.

어린 딸에서 어머니가 되는 과정을, 미혼모로서 가장 처절하게 겪어냈던 당금애기는 세상 모든 아이를 점지하고 산모가 무사히 순산할 수 있도록 돌봐주는 삼신이자, 우리 무속신앙의 농경신인 삼불제석의 어머니가 되었다. 바리의 일곱 아들이나 당금애기의 세 아들 역시, 그저 아버지가 신이고 어머니가 신이 된 여성이기 때문에 신으로 좌정한 것은 아니다. 신의 혈통을 타고났더라도, 어머니의 여정에 함께하며 고난과 긴 여행을 감당하지 않았다면 이 아들들은 신이 될 수 없었을 것이다.

우리의 신들, 특히 여성 신격들은 인간으로 태어나, 인간이 살아가면서 겪는 온갖 고통과 고난을 견뎌낸 뒤 신으로 좌정해 인간을 돌보았다. 이들이 주관한 것은 삶과 죽음이었고, 특히 성리학적 세계관에 기반한 가부장제 사회에서 돌보지 않는 여성들의 고난과 슬픔, 간절한 소망과 함께했으며, 여성들의 세계인 무속신앙의 세계에서 살아남았다. 물론 밀려나거나 축소되고 잊힌 여신들도 많았지만, 제주도처럼 여성들이 경제를 지탱하던 지역에서는 여러 여신의 이야기가 전하고 있다.

그렇게 고난을 이겨낸 여신들의 이름이 호명될 때, 사람들이 삼신과 삼불제석에 의지할 때에도, 처음에도 마지막에도 무책임하고 이기적이었던 시주승의 자리는 이곳에 없다. 그는 인세의 고난을 묵묵히 감당하고 삶과 죽음을 넘나드는 머나먼 모험을 떠나지도 않았으며, 변하지 않고 그 무엇도 되지 않았다. 그리고 마침내 잊히고 말았던 것이다.

5.

사랑으로
낡은 세계에
균열을 내다

　지금까지 만나본 여성 영웅들은 대부분 자신보다 거대한 존재에 의해 그 운명이 결정되어 있었다. 크게는 죄를 짓고 내려온 지상의 선녀로 하늘이 정한 운명에 따라 길흉화복이 정해져 있기도 했고, 작게는 가정 내에서 부모, 또는 가부장이 생사여탈권을 쥐고 있었다.

　하지만 그런 현실 속에서도 새로운 세상을 꿈꾸는 이들은 있었다. 그리고 이들에게 새로운 세상으로 나아갈 대안은 바로 사랑이었다.

성리학이 조선의 통치 이념으로 자리를 잡으며, 사대부에게 사랑과 성은 엄숙한 것이 되었다. 남녀칠세부동석이라 하여 성에 눈을 뜰 나이가 되기도 전에 남자와 여자의 생활공간을 분리했고, 철이 들 무렵에는 비록 동기간이라 해도 이성을 가까이하지 않았다. 이들은 개인의 감정에 이끌리는 연애를 경계하고, 중매를 통해 혼담을 주고받고 육례로 대표되는 규범에 따라 혼인했다.

사대부 여성들은 함부로 집 밖에 나갈 수 없어 그네를 타거나 널을 뛰며 담장 밖 세상을 엿보았고, 밖에 나갈 일이 있더라도 장옷으로 모습을 가려야 했다. 남성들은 기생들과 어울리고 첩을 두어도 부인은 투기하거나 남편을 탓할 수 없었지만, 여성의 정조는 엄격하게 지켜야 할 것으로 여겨졌고, 남편이 젊어서 죽거나 심지어는 성례를 하기 전, 합방도 하기 전에 세상을 떠나도, 젊은 아내는 청상과부가 되어 남편의 죽음을 애도해야 했다. 과부가 자결해 열녀로 인정받으면 가문의 명예를 드높일 수 있었기에, 가부장은 남편을 잃은 며느리나 딸, 누이, 심지어는 어머니에게 목숨을 끊을 것을 종용하기도 했다.

하지만 사대부 가문의 남성들은 달랐다. 이들은 사대부여성의 절의를 숭상했지만, 정작 자신들은 신분 낮은 여성들, 특히 가무와 시문을 익힌 기생과의 연애놀음에 빠져 있었다. 조선의 기녀는 기본적으로 기적에 이름을 올린 관기로, 《경국대전》에서는 관리가 관기와 동침하는 것을 금했

185

지만, 지방관들은 관기에게 수청을 들게 했고, 고관들은 기생을 첩으로 삼았다. 기생이 아닌 하층계급 여성들, 특히 자기 집 여종은 가장 손쉬운 연애 상대였지만, 이 역시 동등한 애정관계와는 거리가 멀었다. 자신이 선택해 취할 수는 있지만, 상대가 먼저 애정을 고백해오는 것은 주제넘고 음탕한 일로 여겨 교화의 대상으로 여겼다. 한편 이와 같은 애정관계들에 대해 부인이 불만을 가지면 칠거지악 중 하나인 투기라며 오히려 꾸짖는 아전인수 격인 모습도 보였다.

이들이 생각하기에 사대부 여성의 절개는 존중받아야 하는 것, 때로는 목숨보다도 중요한 것으로, 가문의 명예를 위해 목숨을 끊어서라도 증명해야 하는 것이었다면, 신분 낮은 여성의 성은 주머니 속 물건을 꺼내듯 자신의 뜻대로 취할 수 있는 것이었다. 심지어 신분 낮은 여성이 절개를 지키기 위해 구애를 거부하거나, 혹은 먼저 구애해오는 것은 신분에 걸맞지 않은 방자한 행위로 여겼다. 조선시대의 사랑과 성에 대한 윤리는 성별에 따라 매우 비대칭적이고 불균형하게 적용되었고, 여성의 성적 결정권은 남성의 편의에 따라 통제되어야 마땅한 것이었다.

그랬기에 때로 사랑 이야기는, 사대부 남성들의 위선을 고발하는 이야기, 여성을 둘러싼 높은 담벼락과 같은 성리학적 세계의 제약을 뛰어넘는 이야기가 되었다.

운명에 도전한 궁녀의 사랑:《운영전》

아마도 궁녀는, 성리학적 규범에 근거한 수많은 제약과 억압 속에서 살아야 했던 조선의 여성 중에서도 가장 많은 제약을 받고 살았던 이들일 것이다. 조선의 궁녀는 당시 여성으로서는 높은 수준의 교육을 받고, 특기 분야에서 열다섯 해 이상 훈련을 받아 왕실에서 일하던 전문직 여성이었다.

성종 시대의 궁녀와 의녀의 삶을 다룬 드라마 〈대장금〉이나, 정조의 후궁 의빈 성씨의 일생을 다룬 소설《옷소매 붉은 끝동》처럼 조선시대의 궁녀를 주인공으로 한 작품에는 종종 열 살도 안 된 어린 궁녀, 생각시의 모습이 묘사된다. 장차 국왕이나 왕족의 수발을 드는 지밀^{至密}에서 일할 궁녀들은 네다섯 살에 입궁해 생각시 때부터《동몽선습^{童蒙先習}》이나《소학^{小學}》《내훈^{內訓}》, 붓글씨 쓰기 등을 배웠다. 바느질을 하는 침방^{針房}, 자수를 놓는 수방^{繡房}에서 일할 궁녀들도 일고여덟 살에는 생각시가 되어야 했다. 음식을 만드는 소주방^{燒廚房}, 음료와 간식을 만드는 생과방^{生果房}, 빨래와 염색을 맡은 세답방^{洗踏房} 같은 곳은 그보다 조금 더 나이가 든 뒤 열 살 남짓한 나이에 입궁할 수도 있었다. 이들은 어린 나이에 입궁해 견습나인이나 생각시로 불리며 기본적인 학문과 교양, 그리고 장차 자신이 맡을 일에 대한 교육을 받다가 입궁한 지 열다섯 해가 되면 계례[59]를 치르고 정식 나인이 되었다. 운이 좋으면 승은을 입고 남들보다 일찍 상궁이 되기도 하고, 국왕의 자손을 수태하게 되면 후궁이 될 수도 있었지만, 대부분은 혼인도 하지 못한 채 일평생 왕실을 위해 일하다가, 대부분은 중병이 들어 더는 궁녀로 일할 수 없게 되어야 궁을 떠났다. 그러다 보니 어느 궁녀는 자신의 신세를 연못에 갇혀 사는 물고기에 비유하는 시조를 남기기도 했다.

> 압 못세 든 고기들아 네 와 든다 뉘 너를 모라닥 너
> 커늘 든다
> 북해청소北海清沼를 어듸 두고 이 못세 와 든다
> 들고도 못 나는 정이야 네오 내오 다르랴.
> (앞 연못의 물고기들아, 네가 와서 들어왔느냐. 누가
> 너를 몰아다가 넣었기에 들어왔느냐.
> 북해의 맑은 연못은 어디 두고 이 못에 들어왔느냐.
> 들어오고도 못 나가는 마음이야 너와 내가 다르겠느
> 냐.)

궁녀들은 국왕이 살고 있는 본궁뿐 아니라 혼인해 궁을 떠난 왕족들이 살고 있는 별궁, 왕실의 사당 등에서도 일했

---

59 笄禮, 성인이 되었다는 의미로 여자가 머리에 쪽을 짓고 비녀를 꽂는 의식. 여자의 관례.

다. 지밀은 스무 명, 그 외는 업무에 따라 상궁과 나인을 합쳐 열다섯 명 정도가 있었으며, 그 규모는 궁의 주인인 왕족의 신분에 따라 차등이 있었다. 대한제국이 수립된 1897년(광무 1년) 무렵에는 대비전, 중궁전이 각 100명, 세자궁 60명, 세자빈궁 40명, 세손궁 50명, 세손빈궁 30명이었으며, 별궁에는 그보다 적은 인원이 일하고 있었다.

이들, 교육을 받고 기술을 갖춘 전문직 여성들은 국왕의 승은을 입을 수 있는 존재, 이른바 '왕의 여자'였고, 궁녀의 계례 역시 신랑이 없는 결혼식과 같은 형태로 치러졌다. 이들은 설령 젊은 나이에 궁을 떠나더라도 다른 사람과 혼인할 수 없었다.

하지만 궁녀들 역시 욕망이 있는 인간이었다. 영조 때 편찬된 《속대전》에는 간통한 궁녀와 사내 모두 참수에 처한다고 규정될 만큼 궁녀들의 일을 엄격히 다루었지만, 엄벌에 처한다고 해도 사람의 욕망을 아주 막을 수는 없는 일이었다. 세종 26년 1월에는 김경재가 궁녀 장미와 정을 통했고,[60] 단종 1년 5월에도 궁녀 가지 등이 별감과 간통하려다 처벌을 받았다.[61] 연산군 7년 1월에는 인수대비의 외손자인 홍백경이 성종의 궁녀였다가 출궁한 여성과 간통하다가 처벌을 받았다.[62] 궁 안에서 수시로 만나게 되는 내관과 정

60　《세종실록》103권, 세종 26년 1월 11일 신유 2번째 기사.

61　《단종실록》6권, 단종 1년 5월 8일 갑자 2번째 기사.

62　《연산군일기》40권, 연산 7년 1월 3일 임자 2번째 기사.

을 통하는 경우도 있었다. 태종 17년 8월에는 성 기능이 불완전하게 남아 있던 내관 정사징이 궁녀 기매와 회안대군의 첩과 간통했고[63], 세종 7년 12월에는 궁녀인 내은이가 임금의 옥관자를 훔쳐 내관인 손생에게 주고 서로 언약을 했다가 발각되었다.[64] 대식對食이라 하여 동성애를 하다가 발각되는 일도 있었다. 같은 방을 쓰던 궁녀들끼리 관계를 맺기도 하고, 태종 9년 8월에는 중추원 학사 조화의 부인 김씨가 궁녀와 정을 통하다 발각된 사건처럼[65] 사대부 여성과 궁녀가 관계를 맺는 일도 있었다. 가장 유명한 사건은 세종 18년 10월, 세자빈 봉씨가 궁녀 소쌍과 관계를 맺다가 발각된 일[66]일 것이다. 이들 수많은 사건 중 몇몇은 위력에 의한 성폭력이었겠지만, 어떤 것은 궁녀도 위험을 무릅쓰고 자신의 사랑과 욕망에 목숨을 건 일이었을 것이다. 법으로 엄벌에 처하겠다 규정해도 사람의 마음은 높은 궁궐 담을 넘고 만다. 아니, 오히려 엄벌에 처하고 널리 알리고 법으로 규정해가며 틀어막아야 할 만큼, 이와 같은 일들은 잊을 만하면 벌어지기를 반복했을 것이다.

　　그리고 여기, 《수성궁몽유록》 또는 《운영전》은 바로 그런 궁녀들의 억압된 사랑과, 지엄한 법도와 현실의 제약을

63　태종실록 34권, 태종 17년 8월 8일 신묘 1번째 기사
64　《세종실록》30권, 세종 7년 12월 10일 을해 6번째 기사.
65　《태종실록》18권, 태종 9년 8월 5일 갑진 1번째 기사.
66　《세종실록》75권, 세종 18년 10월 26일 무자 2번째 기사.

넘어 자신의 사랑을 선택하는 연인들의 이야기다.

운영전

세종대왕의 셋째 대군이자 예술적 재능이 뛰어났던 안평대군은 자신의 저택인 수성궁에서 당대의 문인 재사들을 거느리며 지냈다. 어느 날 안평대군은 어리고 재주가 뛰어난 열 명의 궁녀를 선발하여 사서 삼경, 통감, 송서 등과 시문을 가르쳤는데, 운영도 그중 한 사람이었다.

"하늘이 재주를 내리실 때 남자에게만 많이 내리고 여자에게는 적게 내리시진 않았을 것이니, 너희도 힘써서 공부하거라. 다만 시녀로서 한 번이라도 궁 문을 나서는 일이 있거나, 외부 사람 중 너희의 이름을 아는 이가 있다면 죽음을 면치 못하리라."

5년이 흘러 열일곱 살이 되던 가을, 운영은 안평대군의 문객으로, 소년 등과하여 아직 나이가 어린 김 진사와 처음 만났다. 운영에게 마음을 빼앗긴 김 진사는 수성궁에 드나들던 무당을 통해 운영에게 편지를 전했고 두 사람의 마음은 통했다. 하지만 대군이 열 명의 궁녀들을 다시 다섯 명씩 나누어 거처를 옮기며 운영은 먼발치에서도 김 진사를 볼 수 없게 되었다.

수성궁의 궁녀들이 소격서 근처로 빨래를 하러 가던 날, 운영은 소격서 무당의 도움으로 김 진사와 재회하고, 김 진사는 서궁의 담을 넘어 운영과 가약을 맺었다. 한편 김 진사의 하인 특이는 장차 김 진사를 죽이고 운영과 운영의 재산을 차지할 흑심을 품고 김 진사에게 운영과 함께 도망치라고 부추겼다. 김 진사는 특이가 도와줄 테니 함께 도망가자며 운영을 설득하지만, 동료 궁녀인 자란은 이대로 도망치면 목숨을 잃고 만다며, 차라리 기회를 보아 병을 핑계로 궁을 떠나라고 만류한다. 자란의 설득에 운영은 궁에 남았다.

안평대군은 운영의 시와 김 진사의 상량문[67]에 누군가를 그리워하는 대목이 있는 것을 보고 두 사람을 의심하고, 운영은 목숨을 걸고 자신의 결백을 주장했다. 운영은 자신을 찾아온 김 진사에게 삼생의 인연과 백년의 가약이 다하였으니 다음 생을 기약하자며 이별을 고했다. 하지만 대군은 운영의 옷과 재물이 전부 사라진 것을 보고 운영이 김 진사와 함께 도망치려 한 것을 알았다. 분노한 대군은 운영을 별당

---

67 집이나 건물을 새로 짓거나 고칠 때, 기둥이나 대들보를 다 설치한 다음 서까래를 걸기 전 지붕 안쪽에 마지막으로 마룻대(상량대)를 올릴 때, 여기에 이 집의 내력이나 고친 부분, 공역에 관계한 사람들의 이름, 축원의 말이나 시를 지어 함께 올리는 글.

에 가두었고, 운영은 스스로 목숨을 끊었다.

김 진사는 운영의 재물을 부처님께 바치고 다음 생의 인연을 기원하려 했지만, 특이가 이미 운영의 재물을 모두 빼돌린 것을 알고 절망한다. 김 진사는 역시 스스로 곡기를 끊어 운영의 뒤를 따랐다.

운영과 김 진사는 본래 옥황상제를 섬기던 선인들로, 복숭아를 함께 훔쳐먹은 죄로 인간 세상으로 귀양을 와서, 이 세상의 고통을 골고루 맛보고 돌아간 것이었다. 그들은 이제 천상으로 돌아갔지만, 안평대군이 죽은 뒤 주인 잃은 수성궁이 쇠락해지고, 다시 전쟁으로 담장이 무너지고 이 아름다운 저택이 잿더미가 되어 들풀과 꽃들만이 그 자리에 남은 것을 슬퍼할 뿐이었다.

《운영전》에서 운영과 김 진사가 맺어지지 못하는 것은 운영이 안평대군의 궁녀이기 때문이다. 이들을 가로막는 것은 수성궁의 높다란 담장으로 상징되는 봉건사회의 권력 그 자체다. 운영의 동료들인 다섯 궁녀, 특히 자란은 운영과 김 진사의 밀회를 돕지만, 그러면서도 궁의 법도가 지엄하니 운영이 도망쳤다간 반드시 붙잡혀 죽고 말 것이라 생각한다.

"옛말에 하늘의 그물, 땅의 그물이라 하였다. 하늘을 속이고 도망쳐 벗어남이 쉽지 않다는데, 진사님

과 네가 도망친들 어디를 가겠니. 차라리 병이 났다
하여 너의 얼굴이 쇠하고 몸져누워 있으면, 대군께
서는 아끼던 네가 죽어가는 것을 딱하게 여겨 고향
으로 돌아가게 허락해주실 거다. 그때가 되어 진사
님을 낭군으로 맞는다면 되지 않겠니. 왜 서둘러 스
스로 화를 입으려는지 모르겠다."

궁에서 죽을 수 있는 사람은 왕실의 가족들뿐이니, 궁녀
가 죽을병에 들면 궁을 떠나 집으로 돌아가는 것이 법도다.
자란은 대군께서 죽어가는 운영을 딱하게 여겨 고향으로
돌려보내줄 것이라 말하지만, 사실은 동정심 때문이 아니
라 궁녀 따위가 궁에서 죽도록 내버려두지 않는다고 생각
해야 맞을 것이다. 그러나 사실은 궁에서 나간 궁녀라고 해
도 혼인을 할 수 있는 것은 아니었다. 자란의 말은, 죽은 것
으로 속여서라도 김 진사와 함께 살기를 도모하라는 말이
나 다름없었다.

운영과 김 진사의 일이 발각되어 마침내 궁녀들까지 문
초를 당할 때, 자란을 비롯한 운영의 동료들은 궁녀라는 이
유로 평생 궁의 담장 안에 갇혀 사랑조차 할 수 없는 자신들
의 처지에 대해 절박하게 항변한다. 이 항변이야말로, 《운
영전》이라는 이야기가 운영과 김 진사, 두 사람의 비극적인
사랑 이야기일 뿐 아니라, 궁중에 갇힌 궁녀들의 괴로움이
절절하게 드러난 부분이라 할 수 있다.

"궁의 담장을 넘어가면 세상 인간들이 다 누리는 즐
거움을 알 수 있는데, 그와 같은 일들을 금지당한 저
희가 어찌 그 마음을 참을 수 있겠습니까. 다만 대군
마마의 위엄을 두려워하여, 절개를 지키며 청춘을
썩히고 죽어갈 뿐입니다."

수성궁의 궁녀들은 열두 살 이전에 궁에 들어와 대군을
가까이에서 모시다가 선발되어 시문을 갈고닦은 젊은 재원
들이지만, 이들의 사랑은 자유로운 사랑을 막는 사회상과
안평대군이라는 권력자에 의해 가로막힌다. 운영은 그저
대군의 소유물이자 살아 있는 장식품인 자신의 신세에서
벗어나, 김 진사와 사랑을 하는 자기 자신으로, 한 인간으로
돌아가려 한다. 김 진사와 운영은 감히 넘을 수 없는 지엄한
궁의 담을 넘어 사랑을 한다. 그 사실이 발각되고 별당에 갇
힌 운영은 왕족이 아닌 사람은 감히 죽을 수도 없는 궁에서
스스로 목숨을 끊는다. 그 사랑은 비극적이지만, 그 죽음은
일종의 항거다. 그는 자살을 통해 마지막까지, 다시 대군의
장식품이 되는 대신 죽어서라도 사람으로 남기를 천명한
것이다.
　젊은 여성이 누군가의 허락 없이 사랑하는 사람과 맺어
지는 것이 금기시되고, 궁녀는 자기가 모시는 주인의 소유
물이었던 시대,《운영전》은 운영과 김 진사가 사실은 천상
의 인물로, 하늘에서 지은 죄를 갚기 위해 인간세상에서 고

통을 받은 것이라 설명함으로써, 시대를 거역한 이들의 사랑이 죄가 아니었음을 강력히 주장한다. 훗날 안평대군은 계유정난 이후 수양대군에게 사사되고, 왕실의 족보에서도 삭제되어 서인이 되었으며, 그의 가족들은 노비가 되었다. 그 주인을 잃고 영화가 끝난 수성궁도 전란을 거치며 완전히 폐허가 되었다.

물론 운영의 원혼이 수성궁을 몰락하게 한 것은 아니다. 하지만 운영과 김 진사의 사랑을 가로막은 수성궁의 담장이 무너진 것은, 전쟁으로 인해 봉건사회가 붕괴하던 시대상을, 그리고 그 봉건사회에서 인간이지만 인간이 아니었던 이들이 비로소 인간으로서 입을 열기 시작하는 시대가 왔음을 보여주는 상징이다. 운영의 인세에서의 사랑은 죽음으로 끝났지만, 그들이 수성궁이 몰락하고 그 터가 폐허가 된 뒤에도 그곳에 때때로 내려와 사랑을 속삭인다는 것은, 마침내는 사랑이, 인간됨이 엄혹한 권력을 이겼음을 무엇보다도 직접적으로 보여주는 것이다.

계급을 뛰어넘은 사랑의 혁명: 《춘향전》

운영은 죽어서야 궁녀의 삶에서 벗어나 인간이 되고, 사랑을 지켜낼 수 있었다. 운영의 사랑은 현실에서는 죄였지만 하늘은 그 사랑을 허락했다는 전개는 아마도 당대 독자들에게 서글픈 위로가 되었을 것이다. 하지만 이루어질 수 없는 사랑에 대한 위로만으로는 아무것도 변하지 않는다. 자결은 궁녀 운영이 인간 운영으로 돌아가기 위한 개인적인 저항이었겠지만, 현실을 살아가며 신분의 한계에 부딪친 이들에게는 답이 될 수 없었다.

그리고 《춘향전》은 바로 이런 시대의 욕구가 현실의 이야기와 맞닿으며 폭발하듯이 사람들 사이에 번져나간, 신분의 한계를 뛰어넘어 현실에서 사랑을 이루는 혁명의 이야기였다.

춘향전

조선 숙종 때, 전라도 남원의 기생 월매는 나이 40이 다 되어 성 참판과의 사이에서 딸 춘향을 얻었다. 춘향은 영리하고 효성스러운 데다 길쌈이며 바느질 솜씨며 문장까지 갖추어 사대부가의 여식과 다를 바가 없었다. 한편 남원 부사의 아들 이몽룡은 나이는 춘향과 동갑으로 문장과 글씨가 뛰어나며 학식이 높았다.

단옷날 오작교에 유람을 간 몽룡은 그네를 타고 있던 열여섯 살의 춘향을 보고 방자를 보내 만나기를 청했다. 춘향이 자신은 기생이 아니라며 거부하자, 몽룡은 춘향의 시문을 칭찬하며 다시 만남을 청했다. 광한루에서 몽룡은 변치 않는 사랑을 약속했지만, 춘향은 "도련님은 귀한 양반집 자제요, 소녀는 천한 집 자식이오니 한번 연분을 맺은 뒤에 곧바로 버리시면 일편단심 이내 마음, 독수공방 우는 신세 어찌하오리까?" 하고 말한다. 그날 밤 몽룡이 찾아와 혼인을 청하고, 춘향과 몽룡은 금석 같은 약속으로 인연을 맺지만, 월매는 부모 몰래 춘향과 혼인했다가 소문이 무섭다고 이별하면 춘향의 신세를 망칠 것이라 걱정한다. 과연 얼마 지나지 않아 몽룡의 아버지가 동부승지로 승진하고, 몽룡의 어머니는 결혼도 안 한 도령이 기생첩을 두면 장래를 망친다며 몽룡을 꾸짖는다. 몽룡은 춘향과 눈물로 이별하며 장원급제하여 재회할 것을 약속하고 한양으로 향했다. 새 남원 부사인 변학도는 풍채도 문필도 뛰어났지만 성격이 불같은 데다 여자를 좋아했다. 변학도는 남원에 도착하기도 전부터 아름답기로 소문난 춘향의 안부를 묻더니, 도착하자마자 기생 점고를 하며 춘향을 찾았다. 변학도는 사령들과 행수 기생을 보내 몽룡을 위해 수절하는 춘향을 데려오게 하고, 처음에는 갸륵한 열녀라 칭찬하다가, 이 도령은 떠났고 곧 너를 잊을 것이니 정절을 지킨들 소용이 없으리라 회유한다. 춘향은 수청 들기를 거부하고, "너 같은 기생에게 수절이며 정절이 웬 말이냐"는 말에 정면으로 항변한다.

"충효 열녀에 위아래가 있습니까, 관장을 거역하는 것이 죄라면 남편 있는 여자를 겁탈하는 것은 죄가 아니란 말입니까?"

분노한 변학도는 춘향에게 모진 매질을 하지만, 매 한 대를 맞을 때마다 춘향은 자신의 사랑과 절개를 고사에 빗대어 말한다. 매를 맞다가 기절한 춘향은 옥에 갇히고, 사람들은 춘향이야말로 하늘이 낸 열녀라고 칭송한다.

한편 나라에 경사가 있어 열린 별시에서 몽룡은 장원급제를 한다. 전라 어사로 임명받고 거지꼴로 길을 나선 몽룡은 남원으로 가는 길에서 농부들과 심부름꾼, 마을 아낙들이 열녀 춘향이 변학도의 수청을 안 든다고 매를 맞고 옥에 갇혀 다 죽어가는데 서울 간 이도령은 소식도 없는 무정하고 몹쓸 양반이라며, 변학도와 자신을 욕하는 것을 보고 듣는다. 마침내 마을에 도착한 몽룡은 변학도의 생일 전날 월매의 집에 방문하지만, 몽룡의 급제를 기원하던 월매는 거지꼴을 하고 나타난 몽룡을 보고 절망한다. 춘향은 자신은 곧 죽을 것이니 제 세간과 패물을 팔아 몽룡을 잘 대접해달라고 월매에게 간곡히 부탁한다.

변학도의 생일잔치에 거지꼴을 하고 나타난 몽룡은 말석에서 초라한 상을 받아 먹다가 일필휘지로 변학도를 추상과 같이 비판하는 시[68]를 짓고 사라진다. 그리고 의관을 정제하고 암행어사 출두를 외치는 역졸들과 함께 돌아와 변학도를 봉고파직하고 옥에 갇힌 죄수들의 시시비비를 다시 가린다. 그는 마지막으로 남은 춘향에게, 설마 암행어사인 내 수청도 거절할 것이냐 묻는다. 춘향이 "내려오는 관장마다 하나같이 명관이로구나. 그런 분부 마옵시고 어서 바삐 죽여주시오" 하고 기막혀하자, 몽룡은 마침내 자신의 신분을 밝힌다.

몽룡은 춘향 모녀를 한양으로 보내고, 자신도 어사의 임무를 다한 뒤 임금에게 그간의 일을 고했다. 임금은 춘향을 정렬부인에 봉하고 몽룡도 이조참의로 승진시켰다. 이후 몽룡은 높은 벼슬을 두루 거치며 정렬부인 춘향과 해로하였으며, 두 사람은 슬하에 3남 2녀를 두었는데, 모두 총명하여 대대로 높은 벼슬에 올랐다.

춘향전은 종종 남편에게 정절을 지키기 위해 목숨을 거는 열녀의 이야기로 해석된다. 하지만 엄격한 신분제 사회

---

68   金樽美酒千人血 / 玉盤佳肴萬姓膏 / 燭漏落時民淚落 / 歌聲高處 怨聲高
      (금준미주천인혈 / 옥반가효만성고 / 촉루락시민루락 / 가성고처원
      성고: 금동이의 맛있는 술은 백성 1000명의 피요 / 옥소반의 아름다
      운 안주는 만백성의 기름이라 / 촛농 떨어질 때 백성 눈물 떨어지고
      / 노랫소리 높은 곳에 원망 소리도 드높다)

인 조선에서는, 정절도 아무나 지킬 수 있는 것이 아니었다. 정절을 지키는 것은 양반의 문화였고, 설령 양반과 혼인했더라도 신분이 낮은 여성의 정절은 보호받지 못했다.

안생의 아내 이야기

젊은 나이에 아내를 잃은 성균관 유생 안생은, 부원군 댁 외거노비의 딸이지만 아름답고 마음씨가 상냥한 여성과 만나 사랑에 빠졌다. 안생은 신분의 차이를 잊고 그와 혼인했지만, 자신의 재산에 속하는 노비의 딸이 양반과 혼인했다는 소식을 들은 부원군은 분노했다. 그는 곧 안생의 장인과 아내를 잡아 가두었다.

안생은 부원군 댁 노복들에게 뇌물을 주고 담장을 넘어 아내를 만났지만, 안생이 아내를 포기하지 않았다는 것을 알게 된 부원군은 주인의 말을 무시하는 노비에게 본보기를 보여주겠다며, 안생의 아내를 다른 노비와 혼인시키려 했다. 안생의 아내는 다른 남자와 혼인할 수 없다며 목을 매어 자결했다.

아내가 자결했다는 소식을 들은 안생의 앞에 생전과 똑같은 모습의 아내가 나타나 조용히 눈물을 흘렸다. 안생은 울며 아내의 혼령을 따라갔지만 아무리 걸어가도 아내를 붙잡을 수 없었다. 그리고 안생은 얼마 지나지 않아 반미치광이가 되어 죽고 말았다.

이 이야기는《태평한화골계전》과《청파극담》《용재총화》[69] 등 15~16세기 조선의 여러 필기에 기록되어 있는 유명한 이야기다. 사랑하는 두 사람과 그를 가로막는 권력자란 시대를 막론하고 인기 있는 소재이며, 안생의 아내는 남편에게 절개를 지키기 위해 목숨을 끊은 열녀였다. 하지만 이를 기록한 사대부들은 안생의 아내를 죽음으로 몰아간 하성부원군의 무도한 폭거를 비난하지 않는다. 사대부의 관점에서 노비는 물건이나 다름없고, 양반이 제 소유물인 노비에 대해 재산권을 행사하는 것도, 안생이 권력자인 부원군에게 대항할 수 없는 것도 당연했다.

안생의 아내는 주인의 명을 거역하고 목숨을 끊음으로써 자신이 설령 노비라 해도 주인의 뜻에 따라 좌지우지되는 물건이 아닌 사람임을 항변했다. 하지만 한낱 여성 노비의 절개를 칭송하기 위해 권력자인 부원군의 정당한 재산권 행사를 비난할 수 없었던 당대 남성 사대부들은, 안생의 아내를 남편 앞에서 서러운 눈물만을 흘리고 조용히 사라질 뿐 가해자에게 아무런 해도 끼치지 못하는 무력한 존재로, 가해자가 원하는 '피해자다운 피해자'로 만들어버렸다. 이것은 안생의 아내가 절개를 지킨 것이 "갸륵한" 일이기는

---

69 《태평한화골계전》은 조선 전기에 서거정徐居正이 편찬한 설화집,《청파극담》은 조선전기 문신 이육이 역대 인물들의 일화를 중심으로 엮은 야담집,《용재총화》는 조선 중기 성현成俔이 지은 필기잡록류筆記雜錄類에 속하는 책이다.

하나, 굳이 성별과 계급이라는 그들의 질서를 무시하며 존중해야 할 만큼 가치 있는 것은 아니라는, 편향된 관점 때문이었다.

《춘향전》에서는 이와 같은 관점이 더욱 직접적으로 드러난다. 변학도를 모시는 책방[70] 생원은 수청을 들 수 없다는 춘향에게 호통치며 "너 같은 기생에게 수절이며 정절이 웬말이냐"고 윽박지른다. 17세기 이전까지의 견고한 신분제 사회에서, 한낱 기생 따위가 수절을 한다며 관장의 명을 거부하는 것은 사대부의 관점에서는 있을 수 없는 일이었다.

하지만 17세기, 광해군에서 숙종까지의 기간 동안 조선의 경제 구조는 큰 변화를 맞는다. 임진왜란 이후 피폐해져 전쟁 전의 3분의 1까지 줄었던 경작지들이 회복되었고, 이앙법이 보급되며 벼 수확량도 크게 늘었다. 먹고 쓰고 남는 잉여 생산물이 생기자 부를 축적한 농민들이 생겨났고, 생활에 여유가 생기자 상업도 발달했다. 그동안 현물로 바치던 공물을 토지 면적에 따른 쌀, 포목, 동전으로 거두는 대동법大同法이 시행되며 상품화폐경제가 발전했다. 한양에는 시전이 들어섰고, 지방 곳곳에서는 한 개 군 안에서 대여섯 곳의 장시가 돌아가며 열려, 5일장 체계가 굳혀졌다. 농업

---

70 冊房 또는 책객冊客, 관제에는 정해져 있지 않지만 고을 수령이 사사로이 임명해 데리고 부임하는 비서. 조선 후기에는 이와 같이 수령이 사사로이 데려온 인물이 고을의 회계를 보는 일들이 많았고 그 폐해가 적지 않아, 정약용이《목민심서》에서 이를 지적하기도 했다.

국가였던 조선에 마침내 상공업이 뿌리내리기 시작한 시기였다.

일부 부유한 양인은 물론 천민 중에도 몰락한 양반의 족보를 사들여 양반 행세를 하는 이들이 나타났다. 양반가의 서얼들은 꾸준히 서얼허통을 요구하는 상소를 올렸다. 마침내 영조는 서얼도 언관이나 낭관과 같은 청요직에 등용할 수 있다는 통청윤음通清綸音을 내리고, 서얼도 아버지와 형을 아버지, 형이라고 부를 수 있도록 했다. 학식과 능력을 갖춘 서얼이나 중인, 신분은 낮지만 부를 축적한 계층을 중심으로, 양반 사대부를 정점으로 하던 견고한 신분제 사회는 흔들리기 시작했다.

중인 계층은 관에서는 역관·의관·일관·율관 등 전문직 관리와 아전·별감·포교·화원 같은 하급 관원으로 자신의 직능을 가업 삼아 자식들을 가르쳐 대를 이어 비슷한 일에 종사했으며, 대대로 역관을 지낸 가문이 역관으로 일하며 명·청을 드나들어 무역에 종사하는 것처럼 상공업 발전에 힘입어 큰 부를 축적하기도 했다. 이들은 전문적인 능력과 재산이 있음에도 양반들에게 차별받았지만, 다른 방식으로 양반 문화를 향유하며 신분 상승 욕구를 채우기 시작했다. 중인은 한시를 짓고, 시사詩社와 같은 문예 단체를 조직하는 등, 문화와 예술 분야에서 양반 문화를 흡수하기 시작했다. 사대부들의 윤리관, 특히 이전에는 양반 여성의 문화였던 수절守節이 중인에게, 나아가 모든 계층의 여성에게 지켜야 할 도리로 받아들여진 것도 이 과정에서였다.

춘향의 어머니인 월매는 바로 이 시기의 사람이었다. 《춘향전》에 묘사된 월매의 집은 송죽이 울창하고 정갈하며, 춘향의 방에는 신선 그림이며 명필의 글씨, 용이나 봉황을 새긴 문갑과 세간이 놓여 있다. 춘향과 몽룡이 가약을 맺던 밤에도 월매는 바로 소갈비찜, 숭어찜, 메추리탕, 전복 같은 안주에, 은 주전자, 금잔, 옥잔, 앵무잔을 꺼내 대접한다. 월매의 재산과 안목이 상당함을 보여주는 대목이다.

여기에다 월매는 대비정속代婢定屬도 했다. 대비정속은 아직 그만둘 나이가 되지 않은 기생이 병들거나, 혹은 다른 이유로 기생을 그만두어야 할 때 그를 기적에서 빼내는 대신 다른 사람을 기적에 올리는 일이었다. 대를 이어 기생을 한다면야 딸이나 조카를 올렸겠으나, 양반의 첩이 되거나 혹은 모은 돈이 많아 기생을 그만두고자 할 때에는 여종을 올리기도 하였다. 아마도 월매는 성 참판을 모실 무렵 돈을 들여 대비정속을 하고 기적에서 이름을 지웠을 것이다. 딸인 춘향도, 태어나고 얼마 지나지 않아 성 참판이 세상을 떠나는 바람에 월매가 키우고 있을 뿐, 원래는 젖을 떼면 성 참판 댁으로 보낼 예정이었다. 성 참판이 세상을 떠난 뒤 월매는 춘향에게 길쌈이며 바느질 솜씨, 학문과 문장, 나아가 지체 있는 사대부의 아내가 되었을 때 손님맞이를 하는 방법까지, 성 참판의 딸인 춘향을 두고 "핏줄 있는 자식이라 어려서부터 총기가 있다"고 말하며, 사대부 여성이 갖추어야 할 교양을 두루 배우게 했다.

즉 춘향은 어지간한 사대부 여성 못지않게 부유하고 교양 있게 자랐으며, 태어나기 전에 이미 어머니가 기적에서 이름을 빼냈으니, 그 딸인 춘향 역시 처음부터 기적에 이름이 올라 있지 않았다. 변학도가 기생 점고를 할 때 춘향의 이름이 빠져 있었던 것도 그 이유였다. 현실적으로는 매우 어려운 일이지만, 춘향은 이런 이유로 기생의 딸이었지만 기적에서 빠져 있었고, 자신이 기생이라는 관념 자체도 없었다.

하지만 월매가 기적에서 이름을 빼내었다고 해서 사람들의 관념까지 변한 것은 아니었다. 성 참판을 따라 한양으로 갈 수 없었던 그는, 여전히 남원의 퇴기 월매였고, 그 딸인 춘향도 기생의 딸이라고 불렸다. 그랬기에 월매는 춘향을 '천한 어미의 자식'이라 말하며, "집안이 미천하여 뜻은 높되 반상이 서로 달라 섞일 수 없으니 다 마땅치 않아 혼인이 늦어질 것"을 근심했다.

그런 데다 변학도로 대표되는 완고한 사대부들에게 한번 기생이면 살아서도 죽어서도 기생일 뿐이었다. 그들에게 관기란 관아의 세간이나 가구처럼 지방관이 쓰고자 하면 언제든 쓸 수 있는 물건에 가까웠고, 재산을 좀 모았다고 해서 월매와 춘향 모녀가 대비정속을 하여 관기 신분을 벗었다는 것 역시 받아들일 수 없었다. 그런데 춘향은, 변학도와 책방 생원의 논리에, 사대부들의 논리인 충효를 들이대어 반박하기까지 한다.

> "충효 열녀에 위아래가 있습니까? 진주 기생 논개
> 며 평양 기생 월선은 충렬문에 들었고, 안동 기생 일
> 지홍은 살았을 때 열녀문 세워주고 정경부인이 되었
> 습니다. 비록 천한 몸이나 사람의 아내 되어 그 지아
> 비를 배신하는 일은, 벼슬하는 신하가 나라를 망치
> 고 임금을 등지는 것과 같사오니 처분대로 하옵소
> 서. 관장을 거역하는 것이 죄라면, 유부녀 겁탈하는
> 것은 죄가 아니고 무엇입니까?"

나라를 위해 목숨을 바친 기생이며, 열녀가 된 기생들이
엄연히 존재하던 시절이었다. 남편이 있는 여자가 정절을
지키는 것 역시, 성리학의 관점에서 장려하면 장려했지 벌
을 줄 일은 아니었다. 하지만 변학도의 관점에서, 몽룡이 춘
향의 지아비라는 말은 헛소리에 불과했다. 남원 호장이 춘
향은 이미 전임 부사의 아들 몽룡과 혼인했다고 고하자, 변
학도는 바로 일축한다.

> "그 댁이 어떤 양반댁이라고! 엄한 아버지 슬하에
> 서 어디 장가도 안 간 도령이 기생첩을 얻어 데려가
> 산다고 했을까. 다시 그런 말을 입 밖에 냈다가는 죄
> 를 면치 못하리라!"

이 말에서 유추할 수 있듯이, 변학도는 당연히 전임 남원 부사와 그 집안에 대해 알고 있었다. 그의 상식으로는 명문가의 자제로 아직 장가도 가지 않고 과거에 급제도 하지 않은 몽룡이 아버지의 부임지에서 기생첩을 얻어 돌아가는 일이 용납될 리 없었다. 변학도가 보기에 몽룡은 잠시 춘정을 못 이겨 아버지의 눈을 피해 어린 기생을 만나 사랑놀음을 한 것일 뿐이었다. 오히려 사대부의 질서에 충실한 그로서는, 양반가의 자제인 몽룡이 부모의 허락도 받지 않고 기생의 딸과 혼인을 했네 마네 하는 상황 자체를 용납할 수 없었다.

변학도는 양반이자 남원의 행정과 사법을 관장하는 남원 부사이지만, 춘향은 기생의 딸이니 그 역시 어린 관기인 게 당연했다. 그런데 사대부 남성인 지방관의 권위에 복종해야 할 일개 어린 관기가 감히 자신의 명령을 거역하며, 관장을 거역하는 것이 죄라면 유부녀 겁탈하는 것은 죄가 아니냐고, 감히 양반의 윤리를 잣대로 삼아 반기를 들었다. 이제 춘향의 일은 단순히 미색이 뛰어난 어린 기생에게 수청을 들게 하느냐 마느냐의 문제가 아니다. 춘향의 저항은 변학도에게 견고한 신분제의 질서를 어지럽히는 패륜이 되어버린 것이다.

사실 《춘향전》에서 춘향을 물건 취급하는 사대부는 변학도 한 사람만이 아니다. 몽룡 역시, 처음 단옷날 춘향이 그네 뛰는 모습을 보고 방자를 보낼 때까지만 해도 춘향을 자신과 동등한 사람으로 생각하지 않았다. 몽룡은 춘향이 기생 월매의 딸이라는 말을 듣자 바로 반색하며 불러오라 이른다. 방자가 춘향은 덕행과 문필과 정절이 음전하여 여염집 처녀나 다름없다며 그를 말리자, 몽룡은 대답한다.

> "방자야, 물건에는 각기 임자가 있다는 말을 모르느냐. 잔말 말고 불러오너라."

《시경》까지 거슬러 올라가면 군자의 짝은 숙녀라는 말도 있고, 우리 속담에는 '짚신도 짝이 있다'는 말도 있지만, 몽룡의 이 말은 자신과 춘향을 똑같은 사람으로, 혹은 똑같은 짚신으로 생각한 것이 아니다. 양반이며 남원 부사의 아들인 자신이 부르는데 어디 기생의 딸이 오지 않겠냐는, 본질적으로는 변학도와 크게 다를 바 없는 이야기다.

　몽룡은 양반집 '자제'요, 춘향은 천한 집 '자식'이다. 몽룡은 장차 자신의 장모가 될 월매에게 '자네가 춘향 어미라지? 평안한가?' 하고 하대를 하고, 춘향과 혼인한 뒤에도 "장모, 경사술이니 한잔 먹소" 하고 말한다. 기생의 딸은 당연히 기생이 되는 법이고, 천민인 기생은 사람이 아니라 물건과 같은 존재이며, 자신보다 나이가 많더라도 신분이 낮은 사람에게는 하대하는 것이 어색하지 않은 것이 바로 사대부들의 관념이었다.

　그런 몽룡은 춘향과의 사랑을 통해 변화한다. 부모가 주관하는 혼사를 통해 육례를 갖춘 부인을 맞이하는 것이 옳다고 생각하던 사대부가의 도령은, 이날 밤 술을 혼례의 술잔 삼아 춘향을 아내로 맞겠다고 약조한다.

> "첫째 잔은 인사주요 둘째 잔은 합환주니, 이 술을 백년가약의 술로 삼으리라. 천만년이라도 변치 않을 우리 연분, 아들 손자 증손자 무릎 위에 앉히고 100살까지 살다가 한날한시에 나란히 누워 함께 죽을 연분이지."

이때까지만 해도 몽룡에게 춘향은 비록 신분이 낮다 해도 아름답고 교양이 높아 지체 높은 자신이 예외적으로 사랑할 수 있는 사람이었고, 월매나 방자와는 다르다고 생각했다. 그리고 춘향을 사랑했다면서도 몽룡은 "양반의 자식이 기생첩을 삼아 데려가면 앞날에 좋지 않고 조정에 들어 벼슬도 못 한다"는 어머니의 말에, 아무리 고생스러워도 자신을 따라 한양으로 가려던 춘향과 이별하려 했다. 그런 몽룡에게 춘향은 한탄한다.

> "모질도다 모질도다, 도련님이 모질도다. 원수로다 원수로다, 귀한 사람 천한 사람 따로따로 섞일 수 없는 것이 원수로다. 애고애고 내 일이야, 춘향이가 천하다고 함부로 버려도 되는 줄 알지 마시오. 사람 대

접 그리 하는 것 아니오."

　뜻밖에도 춘향과 몽룡이 애통하게 이별하는 이 장면을
두고, 일부 젊은 남성들은 여성혐오적 관점에서 곡해하며,
춘향의 신분상승 욕구가 무시무시하다고 조롱하기도 한다.
춘향이 한양으로 몽룡을 따라가겠다, 그 댁에 들어가 살 수
는 없으니 따로 집을 얻어 지내겠다고 말하는 것은 제 신분
을 상승시켜줄 양반 도령인 몽룡을 절대 놓치지 않겠다는
이야기가 아니냐는 것이다. 심지어 후대의 패러디를 정석
적인 해석인 양 왜곡하며, '춘향이 작정하고 신분상승을 위
해 몽룡을 유혹한 것이다, 몽룡은 속았다'고 말하는 이들도
있다.

　하지만 그런 식의 해석대로 신분상승이나 부귀영화를 노
렸다면, 춘향은 굳이 언제 돌아올지 모를 몽룡을 기다리며
고초를 겪을 이유가 없다. 몽룡이 명문가의 도령이라고는
하나 과거에 반드시 급제한다는 보장도 없고, 급제한다 한
들 자신을 잊지 않고 데려갈지도 알 수 없다. 그럴 거라면
이미 과거에 급제한 양반, 그것도 앞으로 이 지역을 3~5년
간 다스릴 종3품 남원도호부사의 수청을 들고, 기왕이면 아
들이라도 하나 낳아 그의 소실이 되는 편이 기생의 딸로서
는 더 안정적인 미래였을 것이다.

　몽룡은 춘향을 부인으로 삼겠다 약조했지만, 춘향은 신
분의 차이 때문에 자신이 정실이 될 수 없음을 알고 있었다.

춘향이 한양에 따라가 작은 집을 얻어 살겠다고 말하는 것은, 우리가 사랑하고 혼인했으나 현실적인 문제가 있으니 몽룡의 소실 자리라도 받아들이겠다는 이야기였다. 다만 춘향이 바란 것은 사람대접이었다. 물건처럼 여겨지는 관기의 딸로 태어나 기적에서는 벗어났으나 기생의 딸이라는 이름만은 끝까지 자신의 앞에 붙어 다녔던 춘향은 어떤 형태라도 좋으니 몽룡에게 배신당하지 않기를, 쓰다 버린 물건처럼 버림받지 않기를, 사람으로 대접받기를 바랐다. 그리고 몽룡은 장원급제를 하여 춘향을 데려가겠다 눈물로 약조하고 남원을 떠난다.

어쩌면 그가 조금 더 나이를 먹었다면, 혹은 조금만 더 체제에 순응적인 인간이었다면 그는 남원을 떠나며 춘향을 영영 잊었을 것이다. 몽룡이 장원급제를 하고 어사가 되어 남원으로 돌아갈 때에도, 그는 춘향을 그리워하면서도 춘향이 자신을 기다릴 것이라 믿지는 않았다. 그런 그는 남원으로 가던 길에 마주친 사람들의 이야기를 듣고 충격을 받는다.

임실에서 마주친 농부, 춘향의 편지를 들고 가던 심부름꾼 아이, 남원의 마을 아낙들은 입을 모아 말한다. 변학도의 명에도 불구하고 이 도령에 대한 정절을 지키겠다고 수청을 거부하다 모진 매를 맞은 춘향은 세상에 드문 열녀인데, 그를 힘으로 꺾으려 드는 변학도는 모진 사람이고, 한번 떠난 뒤 소식도 없는 이 도령은 무정하고 몹쓸 양반이라고. 춘향이 말했던 "사람대접"이라는 말이, 아무리 신분이 낮더라도 물건이 아니라 사람이라는 항변이었다면, 그가 마주친 하층민들이 변학도와 자신을 두고 "양반의 도리는 원래 그런 것이냐" 말하는 것은, 바로 신분은 낮지만 사람의 도리를 지키는 춘향과, 신분이 낮다는 이유로 사람을 사람으로 대접하지 않고 신의를 지키지 않으며 인간 된 도리를 저버리는 사대부들에 대한 비난이다. 몽룡의 변화에 쐐기를 박은 것은, 차가운 개울물에 머리 감아 빗고 정화수를 떠 놓고 일월성신에 춘향과 사위인 몽룡을 위해 기원하는 월매의 모습이다. 몽룡은 그 순간 깨닫는다.

"내가 벼슬 한 게 조상님 덕인 줄 알았더니, 실은 장모 덕이었구나."

그것은 몽룡이 성리학적 세계관에 기반한 견고한 신분제라는 틀에서 단 한 걸음이나마 벗어나는 순간이었다. 처음 그 견고한 세계관에 균열을 낸 것은 춘향이었다. 몽룡은 춘향을 통해 기생의 딸이라도 때로는 사대부가의 여식들 못지않게 뛰어난 사람, 양반인 자신과 어깨를 나란히 할 수 있는 사람이 있다는 것을 알았다. 하지만 춘향이 절개를 지키는데 그를 강제로 취하기 위해 매질을 하는 변학도의 무도함이나, 장원급제를 하고 데리러 가겠다는 핑계로 편지 한 번 보내지 않은 자신의 무정함을 다른 사람의 입을 통해 들으며, 그는 자신이 속해 있는 사대부 계층의 위선에 대해, 그리고 그에 대한 하층민의 공분에 대해 처음으로 생각하게 된다. 마지막으로 그는 월매를 통해, 아무리 천한 신분이라도 자식을 지극히 사랑하는 마음, 인간의 본성은 같다는 것을 엿보게 된다. 춘향이 절개를 지킨 것은 몽룡에 대한 사랑과 의리에서 시작했지만, 결과적으로 춘향은 사람들의 마음속에 있는 견고한 신분제의 틀이 영원한 것이 아니라는 사실, 신분이 낮은 사람도 양반과 마찬가지로 인간이라는 믿음을 관철하여, 새로운 시대의 사대부인 이몽룡의 세계관을 바꾸는 데 성공했다. 이몽룡이 변학도의 생일잔치에 적어낸 시는 변학도의 학정을 비난하는 것이기도 하지만, 한편으로는 시대가 변하고 있으며 이몽룡의 세계관 역시 변했음을 보여준다. 특히 마지막 구절인 "촛농 떨어질 때 백성 눈물 떨어지고, 노랫소리 높은 곳에 원망 소리도 드높다"는, 탐관오리의 가렴주구에 희생당하는 하층민들은 '안생의 아내'처럼 아무 말도 하지 못한 채 짓밟혀 눈물만 흘리는 피해자가 아니라, 자신의 머리로 판단하고 원망하는 마음을 갖는 사람임을 대변하고 있다.

*
*

우리는 학교에서 《춘향전》을 이루는 근원설화에는 여러 가지가 있다고 배웠다. 춘향이라는 못생긴 기생이 양반집 아들을 연모하다가 죽은 뒤 원귀가 되어 재앙을 가져오자 그를 달래기 위해 《춘향전》이 만들어졌다는 신원설화, 각종 암행어사와 관련된 야담들, 그리고 조선시대 야담에 보이는 양반과 기생의 사랑 이야기 등이 그것이다. 여기에 조선의 유교 윤리의 한 축을 이루는 열녀설화가 결합된 것이 《춘향전》이라는 이야기다.

한편 국문학자 설성경은 암행어사 설화 중에서도, 조선 효종 시대, 청백리로 이름이 높아 네 차례나 암행어사로 발탁되었던 성이성成以性, 1595~1664이 남긴 《호남암행록》에 남은 기록과 《춘향전》을 연결짓는다. 성이성의 아버지인 성안의成安義, 1561~1629는 5년 동안 남원 부사를 지냈는데, 성이성은 아버지를 따라 13세에서 18세까지, 5년 동안 남원에서 지냈다. 이후 성이성이 두 번째로 호남 암행어사를 맡았던 1647년 12월, 성이성은 남원에서 예전에 자신의 스승 노릇을 했던 조 진사가 세상을 떠났으며, 광한루에서 늙은 기생 여진과 늙은 아전 강경남을 만난 뒤, 사람을 물리고 날이 저물도록 소년 시절 일을 생각하며 잠을 이루지 못했다고 기록했다. 설성경은 이를 두고, 소년 시절 성이성이 이곳에서 기생과 사랑에 빠졌지만, 아버지가 승정원으로 발령을 받으며 이별하게 되었고, 수십 년 뒤 어사가 되어 돌아와 옛 정인을 만나려 했으나 그 기생은 이미 세상을 떠났을 것이라 설명한다.

또한 성이성의 4대손인 성섭成涉, 1718~1788은, 자신의 고

조부인 성이성이 청렴결백한 관리였으며, 특히 호남 암행어사를 맡았을 때, 호남 12읍의 수령이 잔치를 베푸는 자리에 걸인의 행색으로 나타나 시[71]를 짓고, 관리들이 의아해할 때 역졸들이 암행어사 출두를 외치며 나타나, 그중 여섯 수령을 벌했다고 기록했다. 이 시 역시 《춘향전》에서 몽룡이 지은 시와 유사하니, 당대에 이름 높던 암행어사 성이성은 이몽룡의 직접적인 모델이 되었을 수도 있다.

조선은 태종 이래로 중앙집권체제의 양반관료 국가였다. 모든 정치, 군사, 사회의 권력은 중앙의, 국왕에게 집중되었다. 양반들은 아무리 훌륭한 문벌 출신이라고 해도 과거에 급제해야 이 계층구조로 꽉 짜인 관료제 사회에 온전히 편입될 수 있었다. 각 지역에 파견된 지방관들은 해당 지역에서 국왕을 대신해 지역민을 다스리는 사람이었다. 이와 같은 중앙집권체제에 대한 사람들의 믿음은, 억울한 일을 당하고 죽은 여성 귀신이 원님에게 호소하는 형태로 민원을 넣는 이야기들을 상상할 정도였다.

물론 아무리 훌륭하게 잘 짜인 체제가 갖추어져 있다 하더라도, 그 조직을 실제로 움직이는 것은 인간이었다. 상부의 명령을 하달하여 일사불란하게 움직이게 하기 위한 이

71 樽中美酒千人血/ 盤上佳肴萬姓膏/ 燭淚落時民淚落/ 歌聲高處怨聲高(준
    중미주천인혈/ 반상가효만성고/ 촉루락시민루락/ 가성고처원성고:
    동이의 술은 백성 1000명의 피요/ 상 위의 안주는 만백성의 기름이
    라/ 촛농 떨어질 때 백성 눈물 떨어지고/ 노랫소리 높은 곳에 원성
    소리도 드높다)

계층구조는, 경우에 따라 백성들의 고혈을 짜고 지방에서 중앙으로 뇌물을 올려보내는 경로로 악용되기도 했다. 중앙집권구조가 유지되기 위해서는 적절한 감찰이 필요했다. 그 역할을 맡은 것이 바로 암행어사였다. 암행어사들은 감찰하고 민심을 살피고 탐관오리를 벌하고 장계를 올렸고, 드물게 청백리나 효자, 열녀에게 상을 주었다. 실제로는 그렇지 않았다 해도, 백성들에게 암행어사란 일종의 정의의 화신처럼 비쳤을 것이다. 그리고 조선의 민중들은 이 《춘향전》을 통해, 국왕을 대리하여 민심을 살피고 지방관을 감찰하러 온 그 정의의 화신에게 우리도 인간이라는 명제를 설득하고 관철시켰다. 목숨을 걸고 자신의 인간됨을 외친 열여섯 살의 춘향을 통해서. 춘향의 사랑이 단순히 10대의 무모하도록 지순한 사랑의 이야기나, 신분상승 욕구로 똘똘 뭉친 여성의 이야기가 아닌, 사랑을 통해 새로운 세상을 꿈꾼 이들이 마침내 굳게 닫힌 계급의 벽에 균열을 내는 혁명의 이야기가 될 수 있는 것은 바로 이 때문이었다.

6.

당나귀 가죽을
벗는 여성들

　작은 애벌레는 고치 안에서 온몸이 재구성되는 고통을 거
쳐 나비로 변신한다. 단군신화의 곰은 어두운 동굴 속에서 쑥
과 마늘만 먹으며 삼칠일을 버텨 사람이 된다. 몸을 숨기기 위
해, 도망치기 위해, 무엇보다도 근본적으로 다른 존재로 거듭
나기 위해, 어떤 이들은 동굴 속에 몸을 숨기고, 혹은 당나귀
가죽을 쓰거나 흉한 허물을 쓰고 인내한다. 때가 무르익을 때
까지, 자신에게 본래 주어진 운명을 넘어 세상으로 다시 나아
갈 힘을 손에 넣을 때까지. 웅녀가 동굴 속에서 때가 되기를
기다렸듯이, 우리의 이야기 속 여성 중에도 그렇게 때가 무르
익기를 기다리며 견디는 이들이 있다.

앞서 우리가 살펴본 이야기들은 여성 주인공의 모험과 시련에 대한 이야기이지만, 그 이야기의 틀은 대부분 가정 안에 있었다. 여성은 여성의 모습으로 가부장제 안에서 인고하고, 모순 안에서 싸우고, 부모의 폭압을 견디어 자신의 인생을 찾고, 사랑을 통해 인간됨을 꿈꿀 수는 있었지만, 그 이상을 꿈꾸려면 어떤 형태로든 다른 모습이 되어야 했다. 여성이 사회에 진출할 수 없고, 자기 집 담장 밖으로 선뜻 나설 수 없었던 시대에, 아름다운 젊은 여성의 모습으로 홀로 세상으로 나간다면 정조와 목숨을 위협받았을 것이다. 장 승상 댁을 떠나 화덕진군의 도움을 받은 뒤, 숙향이 얼굴에 검댕 칠을 하고 거지꼴을 하고 있었던 것도 조금이나마 그와 같은 위험을 피하기 위해서였다.

정조와 목숨을 위협받지 않는다 해도, 여성의 모습으로 갈 수 있는 곳은 제한되어 있었다. 여성 영웅이 남성 영웅과 같이, 가정에서의 투쟁담을 넘어서 그 이상, 세상으로 나아가는 모험을 하려면 어떤 형태로든 자신의 모습을 숨기고 바꿔야 했다. 마치 흉하고 더러운 당나귀 가죽을 쓴 공주처럼.

당나귀 가죽

사랑하는 왕비가 세상을 떠나자, 왕은 아내를 꼭 닮은 자신의 딸에게 청혼했다. 곤경에 처한 공주는 대모인 라일락 요정의 조언에 따라 하늘과 달과 해의

빛을 담은 세 벌의 드레스를 요구하지만 공주에 대한 욕망에 사로잡힌 왕은 무리한 요구를 전부 들어준다. 마지막으로 공주는 왕국의 보물인 황금을 낳는 당나귀의 가죽을 요구하고, 왕은 당나귀마저 죽여 가죽을 가져다준다. 공주는 그 가죽을 뒤집어쓰고, 얼굴에 재를 바르고, 라일락 요정이 준 요술 지팡이만을 들고 도망친다. 공주는 아주 먼 곳까지 도망쳐, 다른 나라 왕실의 농장에서 돼지를 치고 허드렛일을 하게 되었다. 당나귀 가죽을 쓴 공주의 모습은 더럽고 불쾌하여 놀림거리가 되었지만, 공주는 열심히 일을 잘 해내는 한편, 휴일에는 자신의 작고 어두운 방에서 드레스와 장신구를 꺼내어 몸단장을 했다.

그러던 어느 휴일, 왕자가 사냥을 하고 돌아오던 길에 농장에 들렀다가, 어두운 복도 끝 방에서 드레스를 입은 공주를 발견하고 사랑에 빠졌다. 왕자는 그 방의 주인이 누구인지 사람들에게 물었고, 사람들은 당나귀 가죽이라 불리는 더럽고 불쾌한 여자라고 대답했다. 왕자는 사람들의 말이 아니라 자신이 본 것을 믿었다. 그리고 공주를 그리워하다가 병에 걸리고 말았다. 왕자는 어머니 왕비에게 당나귀 가죽이라 불리는 여자가 만든 케이크를 먹고 싶다고 말했다. 국왕의 명령을 받은 공주는 곧 어둡고 작은 자신의 방에서 화려한 드레스로 갈아입고 왕자에게 보낼 가장 훌륭한 케이크를 만들었는데, 그 과정에서 반죽에 공주의 에메랄드 반지가 섞여 들어갔다. 케이크를 먹다가 반지를 발견한 왕자는 이제 이 반지에 손가락이 맞는 아가씨와 결혼하겠다고 말했다. 온 나라의 모든 여성이 그 반지를 끼어보려 했지만 맞지 않았는데, 왕자는 당나귀 가죽을 아직 데려오지 않았음을 지적했다. 왕자가 당나귀 가죽을 데려오라 명령하자, 공주는 가장 아름답고 화려한 드레스로 치장한 뒤 그 모습을 당나귀 가죽으로 가린 채 전령을 따라갔다. 마침내 왕자 앞에 선 공주는 자신의 손가락에 에메랄드 반지가 꼭 맞는 것을 보인 뒤 당나귀 가죽을 벗는다. 놀라는 사람들 앞에 라일락 요정이 나타나 그간의 사연을 이야기했고, 왕자는 공주에게 청혼했다. 공주는 자신의 결혼식에 아버지를 초대했고, 정신을 차린 아버지의 축복 속에 왕자와 결혼하여 행복하게 살았다.

샤를 페로의 동화 《당나귀 가죽》의 주인공은 자신을 향한 아버지의 욕망, 혹은 폭력을 피해 집을 떠나며 흉측한 당나귀 가죽을 뒤집어쓴 공주다. 그는 처음에는 아버지의 명령 앞에 수동적으로 울다가, 라일락 요정의 조언을 그대로 따를 뿐이다. 라일락 요정은 불가능해 보이는 세 벌의 드레스를 만들어달라는 조건을 걸어 왕이 정신을 차릴 만한 기회를 주었지만, 왕은 마음을 고쳐먹지 않는다. 결국 왕국의 보물인 황금을 낳는 당나귀를 죽여 그 가죽을 달라는 조건까지도 왕이 수락하자, 공주는 이 운명에서 벗어날 수 없을 거라 생각하고 울음을 터뜨린다. 그러나 라일락 요정은 말한다.

> "얘야, 무얼 하고 있느냐. 지금이 너의 인생에서 가
> 장 행복한 순간이란다. 이 가죽을 뒤집어쓰고 어서
> 궁전을 떠나거라."

고귀하게 태어난, 그러나 자신의 운명에 묶여 있던 여성은 '당나귀 가죽'으로 상징되는 다른 모습, 기묘하거나 세상에서 천대받는 모습으로 변신해 자신이 태어난 세계를 떠나게 된다. 비록 모습은 초라하지만 처음으로 자신의 뜻대로 자신의 운명을 결정하게 된 순간이기에, 라일락 요정은 그 출발을 "행복한 순간"이라 말하며 공주를 축복한다. 그리고 떠나간 곳에서 그는 화려한 드레스나 타고난 지위, 아름다움이 아닌 자신의 노력과 지혜로 앞날을 개척하며 자신의 인생을 스스로 만들어간다. 당나귀 가죽을 쓰기 전에는 포크와 나이프보다 무거운 것은 들어본 적도 없었을 공주는, 돼지와 거위를 치고 농장의 허드렛일을 도맡는 험하고 고생스러운 일을 하면서도 늘 열심히, 야무지고 꼼꼼하

게 일한다.

연금술사들의 목표는 수은과 같은 다른 물질을 황금으로 변모시키는 데 있었다. 황금을 낳는 당나귀란, 평범한 건초 더미를 황금으로 바꿀 수 있는 존재, 연금술의 비의를 의미한다. 이 연금술의 비의를 뒤집어쓴 채, 공주는 수동적으로 아버지의 명령과 요정 대모의 조언을 따르던 존재에서 제 힘으로 금과 같이 빛나는 존재로 바뀌어간다. 그는 가난과 고생을 견뎌내며 자신을 스스로 갈고닦아 가치를 만들어간다. 사람들이 보지 않을 때, 그는 자신만의 공간이자 근원, 애벌레의 고치나 어머니의 자궁, 혹은 마법사의 솥단지처럼, 다른 존재를 만들어내는 공간 속에서 자신이 받았던 하늘과 해와 달의 드레스를 입고 몸단장을 한다.

프랜시스 버넷의 소설《소공녀》의 주인공 세라 크루는 아버지가 돌아가시며 '다이아몬드 광산을 가진 학교의 공주님'에서 가난하고 어린 하녀가 된다. 하지만 세라는 자신의 긍지와 진정한 모습을 잃지 않기 위해, 힘든 순간마다 '내가 공주라면 이 상황에서 어떻게 할까'라고 스스로에게 묻는다. 공주가 혼자 있을 때 당나귀 가죽을 벗고 드레스를 입는 첫 번째 이유는, 아마도 세라와 같을 것이다. 자신이 공주임을 잊지 않기 위해서다.

하지만 공주가 갖고 있는 세 벌의 드레스는, 결혼을 거절하기 위해 공주가 내걸었던 불가능한 요구였다. 즉 이 드레스는 자기 자신을 대가로 요구받으며 다른 사람에게 받은 것, 공주에게는 '몸에 맞지 않는 옷'이나 다름없다. 한때 아버지의 요구를 거절하기 위해 요정의 지혜를 빌려야 했던 공주는, 고난과 노동을 통해 자기 자신의 가치를 증명하고, 혼자 힘으로 살아갈 수 있을 만큼 성장한다. 그는 자신의 진짜 모습을 알아본 왕자에게 자신의 신분을 증명하기 위해 반죽에 에메랄드 반지를 집어넣을 수 있을 만큼 지혜로워졌다. 과거 '몸에 맞지 않는 옷'과 같았던 화려한 드레스를 입은 채로 공주가 케이크를 반죽하고 굽는 노동을 수행할 수 있게 된 것은, 이제 그 옷이 성장하고 지혜로워진 공주에게 잘 맞는 곳, 공주의 진정한 모습 그 자체가 되었음을 의미한다. 지저분한 당나귀 가죽 아래에서 해와 달과 하늘의 빛깔을 담은 드레스를 입은 공주의 모습이 드러났을 때, 그것은 마법사의 솥에서 마침내 연금술의 결과물로 만들어진 황금이 드러나는 것 같은 기적적인 일로 보였을 것이다.

우리 이야기 속에도 당나귀 가죽을 쓴 여성들이 있다. 이들은 사람들을 놀라게 하는 모습을 하고 모험을 하고, 자신의 지혜를 드러내고, 마침내 그 능력으로 인정받는다. 그들은 당나귀 가죽을 쓰는 대신, 그 시대의 평범한 여성의 모습으로는 살아갈 수 없었던 자신의 인생을 살게 된다. 그리고 고난과 모험, 혹은 액운이 다하였을 때, 그들은 연금술이 빚어낸 기적처럼 빛나고 찬란한 자신의 본래 모습으로 돌아간다.

다시 태어난 소녀의 인생 2회차 모험: 《금방울전》

수년 전부터 2023년 현재까지, 웹소설에서 가장 인기 있는 키워드는 회귀, 빙의 또는 환생이다. 이들 장르는 대개 주인공의 죽음으로 시작한다. 최선을 다해 우직하게 살았을 뿐인 주인공은 갑작스러운 죽음을 맞는다.

환생이라면, 사고나 자살 등으로 세상에 미련을 남기고 죽은 주인공이 다른 시대나 세계의 다른 존재로 태어나며 시작된다. 이들은 종종 현재의 세계에서 동경하던 재력이나 능력을 갖춘 특별한 존재가 되어 살아간다. 주인공은 새로운 시대에 대한 정보를 살아가며 배워가지만, 여기에 현 시대의 지식과 기억을 토대로 위기를 극복하기도 한다.

빙의 역시 갑작스러운 죽음을 맞은 주인공이 낯선 세계에서 마치 꿈을 꾼 것처럼 눈을 뜨는 식이다. 그런데 주인공이 깨어난 세계는 대개 그가 책에서 읽었거나 게임으로 접했던, 혹은 역사로 배웠던 익숙한 세계다. 무엇보다도 주인공은 그 세계에서 새로 태어나는 게 아니라 현실의 기억과 지식을 유지한 채로, 그 세계에 원래 존재했던 기존 인물을 대신해 그곳에서 살아가게 된다.

주인공이 빙의한 인물은 책이나 게임의 주인공, 혹은 유명한 역사적 인물일 수도 있지만, 대개는 그 주변 인물이다. 그것도 원작이나 역사 속에서 다양한 사건에 휘말려 목숨을 잃는 인물이 대부분이다. 주인공은 현실의 기억과 지식, 이 세계에서 앞으로 벌어진 일들을 알고 있는 채로, 이 세계에서 살아남기 위해 여러 행동을 취하며 위기를 극복한다. 이 모든 노력은 원작 혹은 역사를 변경하는 일이 된다.

흔히 '로맨스판타지'로 불리는 여성향 웹소설의 하위장르에서 가장 인기 있는 키워드는 역시 회귀다. 주인공은 폭력적인 사건에 휘말려 갑작스럽고 억울한 죽음을 맞는다. 그중에는 가문이 반역에 휘말리거나, 범죄의 피해자가 되거나, 남편에게 배신당한 뒤 살해당하는 일 등이 포함되어 있다. 순종하는 딸이자 아내로 살아온 주인공은 저항하지 못하고 비참한 죽음을 맞이하면서 생각한다. 다시 태어나면 이런 일을 반복하지 않겠다고. 그리고 주인공은 과거 시점으로 돌아와 눈을 뜬다. 미래를 알고 있는 주인공은 과거에 후회했던 결정들을 번복하며 자신의 인생을 다시 살아간다. 가문에 순종하며 담장 밖의 세상을 알지 못했던 여성은 더 넓은 세계로 나가고, 남편에게 배신당했던 여성은 이번에야말로 자신의 진짜 인연을 찾으려 한다. 오해가 계속되어 후회를 남겼다면, 이번에야말로 솔직하게 진심을 말하고 오해의 여지를 없앤다. 그야말로 전생의 연장이자 '인생 2회 차'다. 그리고 이 이야기들은 주인공이 죽음과 비극으로 얼룩졌던 전생의 고리를 마침내 끊어내고 새로운 인생을 자신의 인생으로 완전히 받아들이며 해피엔딩을 맞이한다.

이렇듯이 많은 여성향 웹소설들은, 이전의 생에서 후회

했던 일, 현실의 굴레에 묶여 이룰 수 없었던 일, 간절히 바랐지만 갖지 못했던 것을 두 번째 인생에서 손에 넣는 이야기를 다루곤 한다. 그중에는 원래의 삶에서 누리지 못했던 부와 명예, 원래의 삶에서 시도하지 못했던 모험, 그리고 원래의 삶에서 제대로 받지 못했던 가족과 연인의 헌신적인 사랑 등이 포함되어 있다. 성인 이후의 기억을 간직한 채 아기로 태어나 가족과 모든 사람의 넘치는 익애를 받으며 성장하는 이야기들이 인기를 모은 것도, 현실의 딸들이 부모와 가족에게 차별을 받고, 연인에게 준 만큼 사랑과 헌신을 되돌려받지 못하는 경우가 많기 때문일 것이다. 앞서 살펴본 여러 소설의 여성 영웅들이 그랬던 것처럼, 현실을 살아가는 독자들에게 이들 '인생 2회 차'의 주인공이 대리만족과 카타르시스를 안겨주기 때문이다.

그리고 여기, 혼기를 맞은 남해 용왕의 딸이 있다. 아마도 규중에서 곱게 자랐던 그는 부모가 정하는 대로 동해 용왕의 아들과 혼인했고, 이제 처음으로 집을 떠나 시가인 동해로 가려고 한다. 하지만 꿈꾸었을 행복한 결혼생활을 시작해보기도 전에, 그는 요괴에게 습격을 받아 목숨을 잃고 만다. 《금방울전》은 바로 여기에서 시작한다.

금방울전
원명 교체기, 원나라에서 벼슬을 지냈던 처사 장원
은 명이 들어서자 숨어 지내다가 난을 피해 길을 떠

났는데, 어느 날 부인이 동해 용왕의 셋째 아들을 구해준 뒤 아들을 낳았다. 동해 용왕의 셋째 아들은 남해 용왕의 막내딸과 혼인하고 돌아오던 길에 요괴에게 습격을 당해 아내를 잃었다. 하늘이 이들을 가엾게 여겨, 남해 용왕의 막내딸을 인간 세상에 다시 태어나게 하며 전생의 인연을 다시 잇도록 동해 용왕의 셋째 아들도 함께 보낸 것이 장원의 아들 해룡이었다. 장원 부부는 해룡을 무척이나 아꼈지만, 피란길에 도적에게 쫓기던 중 다친 부인을 먼저 피신시키려다 그만 해룡과 헤어지고 만다. 해룡을 찾아 헤매던 장원은 조나라의 장수 위세기의 참모가 되고 큰 공을 세워 뇌양현 현령이 되었다.

한편 뇌양현의 조계촌에는 남편이 자신을 버리고 떠났음에도, 가난한 살림에 시어머니를 지극정성으로 봉양하고 3년상까지 치른 효부 막씨가 있었다. 옥황상제는 막씨의 절개와 효를 칭찬하며, "열여섯 해 뒤에 얼굴을 볼 것"이라는 말과 함께 남해 용왕의 막내딸을 자식으로 점지해주었는데, 그렇게 태어난 딸은 사람이 아닌 커다란 금방울이었다.

금방울은 태어나면서 선관들로부터 받은 신통력으로 막씨에게 효성을 다했고, 막씨도 곧 금방울을 딸로 여겨 사랑하게 되었다. 어느 날 심성이 고약한 목손이 신통한 금방울을 탐내 훔쳐내자, 금방울은 목손의 집에 불을 질렀다. 목손의 아내는 막씨에게 사과하고 금방울을 돌려주었지만, 목손은 원한을 품고 저 금방울이 요괴라며 장원에게 고했다.

현감 장원은 요괴가 있다는 말에 막씨를 가두고 금방울을 처치하려 했지만, 어떤 방법으로도 금방울을 해칠 수 없었다. 한편 부인은 막씨는 소문이 자자한 효부 열녀로, 저 금방울은 하늘이 내려준 것이라며 장원을 말렸다. 그 사이 금방울은 몰래 빠져나가 막씨에게 먹을 것을 가져다주고, 감옥 안을 춥지 않게 해주었다. 장원이 막씨의 일을 알아보고 석방한 뒤 정려문을 세워주자, 금방울은 해룡을 잃고 나날이 쇠약해지던 부인을 위해 신비한 약초를 가져다주었다. 이후 금방울의 약초를 먹고 되살아난 부인은 막씨와 자매처럼 지냈다.

어느 날 금방울은 장원 부부가 해룡을 잃어버렸을 당시를 그린 족자를 가져온 뒤 모습을 감추었다. 장원 부부는 그 그림에서 해룡이 누군가에게 업혀 가는 것을 보고, 해룡이 아직 살아 있음을 알게 되었다.

해룡을 업고 간 사람은 본래 도적이 아니었지만 도적 무리에 끌려다니던 장삼이었다. 장삼은 기회를 보아 해룡을 데리고 도적 무리에서 도망쳐 고향으로 돌아갔지만, 장삼의 아내인 변씨는 해룡이 자신의 아들인 소룡에게서 장남 자리를 빼앗았다고 생각해 미워하고 구박했다. 10년이 지나 장삼이 병에 걸려 죽자, 변씨는 해룡에게 아침부터 밤까지 한시도 쉬지 못하게 일을 시켰다. 하지만 곤경에 처한 해룡 앞에 나타난 금방울은 신통력으로 변씨가 해룡을 죽이려 할 때마다 해룡의 목숨을 구했다.

변씨의 온갖 악행에도 불구하고 효성을 다하던 해룡은, 장삼의 친아들인 소룡을 구하기 위해 살인죄마저 뒤집어쓰고 옥에 갇혔다. 심성이 반듯한 해룡은 태수 부부의 신임을 얻어 옥에서 나오지만 변씨는 소룡의 죄가 들통날까 두려워 다시 해룡을 죽이려 한다. 해룡은 자신의 존재가 변씨에게 계속 죄를 짓게 만든다 생각하며 집을 떠났다.

황제의 외동딸 금선공주가 천 년 묵은 금빛 멧돼지 요괴에게 납치되고, 해룡은 금방울의 인도로 공주를 납치한 요괴와 마주쳤다. 해룡은 요괴에게 잡아먹힌 금방울을 구하기 위해 요괴를 뒤쫓다가 금선공주와 납치된 다른 여자들을 만났다. 해룡은 공주의 도움을 받아 요괴를 물리치고, 공주와 혼인하여 황제의 부마가 되었다.

부마 해룡은 금방울의 도움을 받아 오랑캐의 반란을 무찌르고 영웅이 된다. 그러나 돌아온 금방울은 황후에게, 장원 부부가 해룡을 잃어버렸을 당시를 그린 족자 하나를 남겨두고 사라진다.

뇌양현에 금방울이 다시 나타나고, 막씨는 금방울과 함께 부인의 방에서 잠이 들었다가 꿈을 꾸었다. 꿈 속에서 선관들은 부인에게 난리통에 잃었던 아들이 집 앞을 지나갈 것이라 이르고, 금방울을 사람으로 되돌려주었다. 눈을 떴을 때 그곳에는 금방울이었을 때의 기억을 잃은 열여섯 살 난 처녀, 금령낭자가 있었다.

온 나라에 흉년이 들자 해룡은 순무어사가 되어 전국 각지의 민심을 살피게 되었다. 그는 예전에 자신을 살려준 태수에게 인사하고, 장삼의 무덤을 돌본 뒤 변씨와 소룡을 찾아 길러준 은혜를 갚았다. 그리고 뇌양현에 도달했을 때, 해룡은 장원과 만나고 서로의 족자를 꺼내 보며 마침내 부모님과 재회한다. 해룡은 자신을 몇 번이나 구해주었던 금방울이 장원 부부의 곁에 돌아와 있었으며 지금은 아름다운 아가씨가 되었다는 소식을 듣고 이 일을 황제에게 보고하였다. 금선공주도 그 소식을 듣고 기뻐하며 금령 낭자와 해룡은 하늘이 정한 인연이며 자신도 금방울에게 은혜를 입었으니 세 사람이 함께 부부가 되기를 원했다. 이후 황후는 금령낭자를 양녀로 삼아 금령공주에 봉하고, 막씨는 대절지효부인에, 해룡은 위왕에 봉했으며, 금령공주와 위왕 해룡을 혼인시

컸다. 이후 세 사람은 부부가 되어 금선공주는 1남 2녀, 금령공주는 2남 1녀를 낳고 행복하게 살았다.

하늘은 허무하게 목숨을 잃은 남해 용왕의 딸을 가엾게 여겨, 신통력을 빌려주며 금방울의 모습으로 인간 세상에 다시 태어나게 하였다. 하늘이 금방울에게 인간의 모습을 되돌려준다는 열여섯 살은 당시 여성들의 결혼 적령기로, 결혼하자마자 목숨을 잃은 남해 용왕의 딸이 세상을 떠난 시기일 것이다. 인간 세상에 태어난 금방울은 자신이 한번 죽었던 그 나이가 될 때까지 신통한 능력을 발휘하며 다양한 모험을 수행한다.

억울하거나 허무한 죽음을 당한 젊은 여성이 다른 세계에서 남다른 능력을 갖고 태어나 '인생 2회 차를 찍는'다는 점에서, 이 이야기는 주인공이 사고 등으로 허무하게 죽었다가 책이나 게임 속 세계에 태어나는 것으로 시작되는 현대의 웹소설들을 떠올리게 한다. 즉 태어나자마자 시작되는 금방울의 모험은, 이미 한 번의 인생을 살아온 남해 용왕의 딸이 이끌어가는 '인생 2회 차의 모험'이다. 특히 금방울은 열여섯 살이 되어 인간의 모습으로 변한 뒤에는 자신이 신통력을 가진 금방울이었고 집을 떠나 모험을 했던 것에 대해서는 전혀 기억하지 못하게 된다. 즉 남해 용왕의 딸이 비극적으로 목숨을 잃은 바로 그 나이부터, 금령낭자의 인생이 이어지듯 시작되는 것이다. 그렇다면 금방울일 때는 어땠을까. 금방울은 직접 말을 하지 못하지만, 그가 열여섯 살이 되자마자 마치 전생의 기억을 잊는 것처럼 금방울이던 시절의 기억을 잊었다는 것은, 그 이전까지는 전생인 남해 용왕의 딸이었던 시절의 기억을 갖고 있었다는 의미로도 생각할 수 있다. 마치 전생의 기억을 가진 채 다른 세계에 태어나, 어린 시절부터 다른 세계의 지식으로 세상 돌아가는 것을 파악하며 살아가거나, 혹은 기억을 가진 채 회귀해 앞으로 벌어질 일들을 이미 다 알고 있는 웹소설의 주인공처럼, 그는 태어나자마자 모든 것이 궁금한 듯 막씨의 집을 기웃거리고, 요물을 낳았다 질겁하는 막씨를 도우며 이 집에 받아들여지기 위해 신통력을 사용한다.

전생에서 제대로 이루고 누리지 못한 것들을 보상받듯이, 금방울은 이번 생의 어머니인 막씨의 곁, 그리고 전생에서 갓 결혼한 새신랑이었던 동해 용왕의 셋째 아들이 인간으로 환생한 해룡의 곁에서 열여섯 해 동안 모험을 거듭한다. 인간이 아닌 금방울의 모습으로. 인간이 금방울을 낳다니 해괴한 일이라고 처음에는 막씨에게도 거부당하고, 악한에게 납치되고, 요물로 몰리기도 하지만, 금방울에게 그런 일들은 잠시의 시련일 뿐, 그를 가로막을 것은 아니었다. 그는 평범한 인간이 갖지 못한 힘으로 막씨를 지키고, 자신을 보호하고, 사람들의 오해를 푸는 것은 물론, 막씨의 훌륭함을 다른 사람들에게 널리 알리고, 자신이 사랑하는 사람들에게 사랑받는다. 금방울은 비록 인간의 형상은 아니지만, 사람들에게 인정받고 부모님께 사랑받는 딸이 되고 싶은 욕구를 마음껏 충족한다. 현대의 웹소설에서 다른 세계, 특히 책이나 게임 속 세계에서 다시 태어난 주인공이나, 죽어서 자신의 불행했던 과거로 회귀한 주인공이 마음껏 하고 싶은 일을 하며 자신의 재능을 꽃피우고, 사람들에게, 특히 가족들에게 "딸바보"라는 말로 흔히 설명되는 지극한 사랑을 받는 이야기들이 인기를 얻는 것처럼, 금방울 역시 막씨와 장원 부인, 두 명의 어머니들에게 한껏 사랑받는 한편, 규중에서 자란 공주가 누리지 못했던 모든 것을 누리려는 듯 모험을 떠난다. 그리고 금방울의 모험은 전생의 남편이었던 해룡을 성장시키는 한편, 훗날 금방울이 인간의 모습으로 되돌아왔을 때 그가 머무를 수 있는 세계를 만드는 발판이 된다.

이 이야기에서 모험 끝에 공주를 구하고 영웅이 되는 인물은 해룡이다. 동해 용왕의 아들로, 혼인하자마자 신부인 남해 용왕의 딸을 괴물에게 잃고 혼자 도망쳐 장원 부인의 입 속에 몸을 숨겼던 그는, 전생의 인연을 다시 잇기 위해 함께 인간 세상에 다시 태어난다. 하지만 해룡은 금방울과 달리 전생의 기억도 없고, 태어나자마자 신비한 힘을 사용하지도 못한다. 그는 영웅소설의 전형적인 주인공답게, 신비한 인연으로 태어나 어린 시절 전란 중에 부모님과 헤어진다. 하지만 그는 어릴 때부터 남다르게 빼어난 재주를 보이는 소년은 아니었다. 장삼의 집에서 자랄 때, 장삼의 친아들인 소룡이나 마을 아이들 사이에서 두각을 보이는 정도다. 그러나 그는 매우 덕이 높고 효성스러운 소년으로, 장삼이 세상을 떠난 뒤 자신을 구박하는 변씨에게 효성을 다하고, 자신을 길러준 장삼에게 보은하기 위해 장삼의 친아들 소룡의 죄를 뒤집어쓰기까지 한다. 그 답답할 정도로 착한 마음과 지극한 효성이 해룡을 위기에서 구한다. 해룡은 살인을 했다는 누명을 쓰고 옥에 갇혔지만, 태수 부부의 신임을 받고 옥에서 풀려난다. 그렇게 목숨을 건진 해룡을 변씨가 다시 죽이려 하자, 해룡은 시를 남겨두고 집을 떠난다.

그가 집을 떠나게 된 것은 변씨의 학대 때문이었지만, 그가 금선공주를 구하는 모험에 뛰어든 것은 금방울 덕분이었다. 금방울은 장삼이 세상을 떠나고 해룡이 변씨에게 구박을 받던 무렵 해룡의 곁에 나타나, 그를 춥지 않게 해주고, 혼자서 다 할 수 없는 일들을 도와주고, 신통력으로 그를 위기에서 구해주었다. 그리고 마침내 집을 떠난 해룡을 이끌어 금선공주를 납치한 금빛 멧돼지에게 데려간다. 그 때까지만 해도 심성이 남달리 바를 뿐 영웅적인 면모를 보이진 않았던 해룡은 금방울이 멧돼지에게 잡아먹히자 용기를 내어 요괴를 뒤쫓는다. 금방울은 영웅이 구출해야 할 납치당한 공주의 역할을 하는 듯 보이지만, 사실은 멧돼지 요괴의 배 속에서 마구 날뛰며 배앓이를 하게 만들어놓은 상태였다. 금방울을 구하기 위해 요괴를 추격한 해룡은 금선공주를 만나고, 배앓이를 하고 다 죽어가는 멧돼지를 금선공주가 건네준 칼로 해치운다. 해룡은 영웅이 되고, 금선공주와 혼인한다.

해룡은 영웅이지만, 영웅다운 모습이 드러나는 부분은 적다. 모험의 대부분은 금방울이 주도했고, 금선공주를 구하기로 결정한 것도 사실상 금방울이다. 어찌 보면 금방울이 금선공주를 구하러 가는 과정에서 해룡을 도구로 삼아 멧돼지를 해치운 것처럼 보이기도 한다. 하지만 이 일로 해룡은 금선공주의 부마가 되고, 주인공인 금방울의 남편이 되기에 적합한 사회적 지위를 갖추게 된다. 그는 전생에 남해 용왕의 딸을 구하지 못하고 혼자 살아남은 남편이었고, 끊어진 인연을 다시 잇기 위해 인간 세상으로 왔으며, 금방울의 모험에 대한 보상이 된다. 또한 금방울은 금선공주에게도 목숨을 구해준 은인이 되었다. 해룡의 가족이자 친구인 금방울은 금선공주와도 한 가족이 되었고, 궁에 들어가 금선공주의 어머니인 황후에게도 사랑을 받는다. 즉 금방울의 모험은, 이제 열여섯 살이 되어 인간의 모습으로 돌아갈 자신이 사랑받으며 안전하게 살아갈 세상을 만드는 과정이었다.

이제 금방울은 이번 생에서, 자신을 낳은 어머니 막씨와, 자신을 사랑하는 수양어머니 격인 장원 부인의 곁으로 돌아간다. 장원 부인은 해룡의 친어머니이니 실질적으로는 시어머니가 될 사람이지만, 《금방울전》에서 새로 가족이 된 젊은 여성을 아끼고 사랑하는 이상적인 시어머니의 역할은 금선공주의 어머니인 황후에게 주어진다. 금방울의 모습으로 모험을 하고 신통력을 부리며 세 어머니에게 사랑받고 그리움의 대상이 되었던 금방울은 이제 막씨와 장원 부인의 곁으로 돌아가 인간으로 화한다. 하늘의 선관들은 열여섯 해 동안 평범한 인간 여성이 할 수 없는 일들을 하고 갈 수 없는 곳들을 마음껏 누비고 세상을 깜짝 놀라게 할 모험을 했던 금방울에게 인간의 모습을 돌려주고, 그 능력을 거두어간다. 금방울은 신통력과 모험의 기억들을 잃고 금령낭자가 된다. 이 장면은 당시의 여성들에게 여성으로서의 삶과 세상에 나가 뜻을 펼칠 기회가 양립할 수 없었음을 보여주는 장면이기도 하다. 금방울이 금령낭자가 되었다고 해서 그 용기와 지혜, 사랑스러운 장난기가 사라지지는 않았겠지만, 그는 이제 세상을 누비며 모험을 떠나고 영웅이 될 수는 없을 것이다.

하지만 힘을 잃고 인간이 되는 것이, 남해 용왕의 딸이자 금령낭자인 금방울에게 비극적인 일이기만 한 것은 아니다. 그는 전생에서의 삶만큼 고난과 모험을 겪었고, 이제 그 액운이 끝나 모험을 마친 것이다. 금방울은 이 모험을 통해 전생에서의 한을 풀고, 요괴에게 목숨을 잃었던 과거에서 벗어나 요괴를 물리쳤다. 그리고 자신의 힘으로 해룡을 출세시키고, 금선공주의 은인이자 친구가 되고, 황후의 사랑마저 받아, 스스로의 힘으로 자신의 지위를 확보했다. 그런 금방울이 금령공주로 돌아오는 것은 마치 연금술이 빚어낸 황금과 같은 찬란한 기적이 된다. 이제 금방울은 자신이 목숨을 잃은 그 나이로 돌아와 다시 공주가 되고, 전생에 다하지 못했던 사랑과 행복한 결혼생활을 손에 넣게 될 것이다. 당시의 여성들이 꿈꾸었을 만한 이상적인 삶을, 그는 인생 2회 차의 모험을 통해 스스로 손에 넣고야 말았다.

명예남성이길 거부한 여성 영웅: 《박씨전》

임진왜란과 정유재란이 조선 땅을 휩쓸었던 16세기 말, 조선은 전쟁에서는 승리했으나, 그 상처는 깊었다. 수많은 사람이 참혹하게 목숨을 잃었고, 땅은 척박해졌다. 여기에 한 세대 간격을 두고 벌어진 병자호란과 전쟁의 피해가 복구되기도 전에 닥쳐온 경신대기근, 전쟁과 기근으로 유리걸식하며 대규모로 사람들이 이동하는 가운데 번진 천연두와 같은 전염병까지, 이 시기는 재난과 죽음의 시기였다.

하지만 전쟁과 재해로 인한 고통은 결코 평등하지 않았다. 임진왜란 때 선조는 의주로, 병자호란 때 인조는 남한산성으로 피난했다. 이름 있는 신하들은 그 뒤를 따라 도성을 버리고 달아났다. 전쟁이 끝난 후 왕을 모시고 몽진한 신하들은 호종공신이 되었다. 하지만 백성을 지켜야 했던 그들이 떠나간 자리에 남겨진 자들, 여성이나 어린이, 노약자, 소수자, 하층민은 더욱 쉽게 학살과 폭력의 대상이 되었다.

당시의 고통과 나라의 녹을 먹으면서도 백성들을 지키지 못한 이들, 사회 지도층이라 할 만한 사대부임에도 절개를 꺾은 이들에 대한 원망과 비난이 소설 《강도몽유록》에 고스란히 담겨 있다.

강도몽유록

병자호란 때, 강화도에서는 수많은 이들이 죽어 장례조차 치르지 못했다. 적멸사의 승려 청허는 음산한 밤하늘 아래 전쟁 중에 세상을 떠난 참혹한 모습의 여자들이 앉아 이야기를 나누는 것을 들었다. 영의정 김류 대감의 부인은 자신의 남편이 사사로운 정에 이끌려 강화 수비대장 자리에 제 아들을 앉혔다가 나라를 지키지 못한 것을, 그 며느리이자 수비대장 김경징의 부인은 적이 오는데도 제대로 방비하지 못하다가 크게 패하고 만 김경징은 물론, 병권을 쥐고도 제대로 싸우지도 않고 항복한 김자점이나 도망친 이민구, 심기원 같은 간신배들을 비난한다. 인열왕후의 언니 되는 정부인 한씨는 적군이 몰려오자 자신에게 자살을 강권하고는 어미의 정절을 기린 아들의 행각에 기막혀한다. 강화유수 장신의 며느리도 술에 취하고 나태하며 군사를 정비하지 못했던 시아버지의 잘못을 비판한다. 부인들은 절개를 지키려고 목숨을 끊었는데 신하로서 제 할 일을 다하지 못하

거나 오랑캐의 종이 되어버린 남편을 두고 염라대왕
도 용서치 않고 지옥에 던질 것이라고 비난하는 이
야기들이 이어지는 가운데, 열다섯 번째로 기생이었
던 이가 일어나 말하니 모두가 통곡했다.

"숭렬하고 절의가 높으신 분들의 말씀에, 하늘도 감
동하고 사람도 탄복할 것입니다. 하지만 부녀자들의
정절만이 늠렬하였을 뿐, 강도가 함락되고 남한산
성이 위태로워 상감마마가 치욕을 당하는데도, 절의
있는 충신은 하나도 없다니 기막힌 일이 아닙니까."

한편으로는 《임진록》이나 《임경업전》 《박씨전》과 같은
역사군담소설이 유행하기도 했다. 이들 소설은 각각 임진
왜란과 병자호란을 배경으로 하고 있지만, 실제 역사와는
다르다. 《임진록》은 임진왜란 중 활약한 역사적 인물들이
부적을 쓰거나 신장을 불러내고 도술로 일본군을 물리치
며, 사명대사가 일본에 건너가 도술로 일본인들을 두려움
에 떨게 하거나, 실제 역사에서는 패했던 전투에서 조선이
승리하기도 한다. 《임경업전》도 병자호란 당시의 실존인물
인 임경업 장군의 이야기를 바탕으로, 임경업을 하늘이 낸
영웅이자 비운의 명장으로 묘사한 소설이다. 이와 같은 소
설들은 전쟁에서는 우리가 졌지만 우리에게는 더 위대한
인물들이 있었다는 자부심, 전쟁은 국가의 운수로서 우리
의 힘이 부족했던 것은 아니라는 믿음, 졌지만 정말로 진 것

은 아니라는 생각들과, 김자점과 같은 간신배가 없었더라면 우리가 전쟁에서 이겼으리라는 당시의 관념을 반영하고 있다. 즉 당시 사람들은 현실의 패배와 전쟁의 상처가 남긴 고통을 이들 대체역사를 통해 위로하고 극복하려 했던 것이다.

그런 점에서 《박씨전》은 병자호란을 배경으로 한 역사군담소설이면서도 다소 특이한 위치에 자리하고 있다. 이 이야기는 실존인물이자 병자호란 당시 병조참판 겸 남한산성 수어사였던 이시백의 집안을 모델로 하고 있지만, 그 주인공은 실존인물이 아니라 신선 박 처사의 딸이자 조선의 신인神人인 박명월, 이시백의 아내 박씨이며, 이시백의 한자 이름이나 가족 구성원들도 실제 역사와는 다르다.

박씨전

명나라 의종 시절, 조선의 재상 이득춘에게는 이시백이라는 총명한 아들이 있었다. 금강산 신선 박 처사와 바둑과 퉁소로 친구가 된 상공은 아들을 박 처사의 딸과 혼인시키기로 약속했다. 하지만 우여곡절 끝에 혼례를 치르고 보니, 새 신부 박씨의 외모는 시백이 비명을 지를 만큼 추했다. 상공은 이 혼인에는 필시 이유가 있을 것이라 생각하여 박씨의 청대로 후원에 작은 초당을 지어주었다.

이후 박씨는 초당에 피화당이라는 현판을 써 붙이고, 여러 신비한 재주를 보였다. 하룻밤 사이에 조복을 짓고, 닷냥에 팔던 비루먹은 망아지를 300냥에 사 와 끼니마다 참깨 석 되씩을 먹여 길러 3만 냥의 명마로 길러내기도 했다. 초당 주변에 갖가지 나무를 심어 제갈량의 팔진도를 이루게 하여, 훗날 불행한 일이 생기면 이 초당에서 난리를 피하리라 하였다. 상공은 영웅호걸의 기상을 지닌 며느리 박씨의 신묘한 지혜와 비상한 재주를 아끼는 한편, 시백이 박씨를 미워하는 것을 보고, 부족한 자식이 덕 있는 사람을 박대하는 것을 안타까워했다.

이 무렵 열린 별시를 앞두고 박씨는 집 후원의 연못에서 용 한 마리가 연적을 물고 나와 방으로 들어오는 꿈을 꾼 뒤 연못가에서 놓인 연적을 가져왔다. 박씨는 시백에게 연적을 전하려 했지만 아무리 청해도 시백은 피화당에 오지 않았고, 박씨는 탄식하며 여종 계화를 통해 연적을 전했다. 시백은 잠시 뉘우쳤지만, 막상 장원급제를 한 뒤에는 박씨에게 고맙다는 인사조차 하지 않았다.

시백이 급제하고 얼마 지나지 않아, 혼인하고 3년이 된 박씨는 사흘의 말미를 얻어 친정인 금강산에 다녀온다. 얼마 뒤 박 처사는 백학을 타고 공중에서 내려와 상공과 닷새 동안 바둑과 퉁소로 정을 나눈 뒤, 딸인 박씨를 불러 "이제 네 액운이 다하였으니 허물을 벗으라"고 말하고 허공으로 솟구쳐 사라졌다. 그날 밤 박씨는 흉측하던 허물을 벗고 아름다워졌다. 시백이 월궁의 선녀처럼 아름다워진 박씨를 보고 그간의 일을 사죄하자, 박씨는 정색을 하고 꾸짖었다. 시백이 다시 머리를 조아리며 사죄하자, 그제야 박씨는 시백을 용서하였다.

한편 이 무렵, 명은 몰락하고 여진족이 세운 후금이 강성해지고 있었다. 명의 조정에서는 사신으로 온 이시백과 임경업에게 가달의 난을 진압하는 일을 맡겼다. 두 사람은 명의 군사를 이끌고 난을 진압하여 명성을 떨치고, 이 일로 시백은 우의정이 되었다.

한편 후금의 호왕은 이름을 청으로 고치고 조선을 침략하려 했지만, 임경업 때문에 뜻을 이루지 못했다. 여자이지만 천문과 지리에 능해 당할 사람이 없는 영웅 호귀비는 조선에 신인神人이 있어 호왕의 계획을 그르칠 것임을 알고 시녀들 중 검술과 재색이 제일인 기홍대를 조선에 자객으로 보낸다. 천문을 살피던 박씨는 기홍대가 오고 있음을 알고, 이시백에게 낯선 미인이 찾아오면 피화당으로 보내라 당부한다. 설중매라는 기생으로 위장하여 시백을 찾아온 기홍대는 호귀비가 말한 영웅이 박씨임을 알고 죽이려 했지만, 박씨는 기홍대를 도술로 제압하여 돌려보냈다.

하지만 호귀비는 조선에 간신이 많으니 신인과 명

장이 있다 한들 제대로 쓸 수 없을 것이라며, 청의 30만 대군을 이끄는 용골대와 용율대에게 임경업이 있는 북쪽을 피해 동쪽으로 공격하고, 이시백의 후원에는 절대 들어가지 말라 당부했다. 한편 박씨는 천문을 보고 청의 군사들이 쳐들어온다는 사실을 조정에 알렸지만, 간신 김자점은 어찌 한낱 요망한 계집의 말을 듣고 나라의 큰일을 결정하겠느냐며 그 말을 일축했다. 박씨는 탄식하면서도, 시백에게 위급할 때일수록 나라에 충성을 다할 것을 당부한다.

박씨가 일가친척을 피화당으로 불러들여 보호하는 사이, 시백은 몽진하는 왕을 모시고 남한산성으로 향했다. 용율대는 피화당을 넘보다가 박씨가 나무로 쳐놓은 팔진도에 걸려 헤매고, 마침내 박씨를 대신해 나온 계화의 칼에 목이 베였다. 피화당은 이름 그대로 난을 피했으나, 나라는 전란으로 쑥대밭이 되었고, 왕은 남한산성에서 치욕스러운 항복을 해야 했다. 조선 왕의 항복 문서를 받아 들고 한양으로 돌아온 용골대는 동생이 죽은 것을 알고 피화당을 불태우려 하지만, 오히려 박씨의 도술에 걸려 수많은 군사를 잃고 만다. 박씨는 왕대비와 세자, 대군이 포로로 잡혀가는 것을 알고, 왕대비는 데려갈 수 없으며 세자와 대군은 극진히 모실 것을 당부한다. 몽진했던 왕은 한양으로 돌아오고, 박씨의 말을 듣지 않은 것을 후회했다. 왕은 박씨를 절충부인에 봉하고, 그 충성과 덕행을 대대로 기리게 했다. 박씨는 이시 백과 90세까지 의좋게 살았으며, 슬하에 열한 명의 자녀를 두었는데 모두 귀하게 되었다.

당나귀 가죽을 쓴 공주는 아버지에게서 도망치기 위해 흉한 당나귀 가죽을 썼다. 인간세상에 다시 태어난 남해 용 왕의 딸은 전생의 자신이 세상을 떠났던 나이, 성인이 되고 혼인을 할 수 있는 나이, 한번 끊어졌던 삶을 다시 이을 나 이가 될 때까지 금방울의 모습이 되어야 했다.

박씨의 허물 역시 이들과 비슷하다. 그는 신선의 세계에 서 인간의 세계로 내려와 3년이 넘는 기간 동안 추한 얼굴 로 살아야 했다. 하지만 박씨는 지금까지 우리가 만났던 여 성 영웅들과는 다소 다른 면이 있다. 그것은 다른 여성 영 웅들이 모험과 고난을 통해 성장하고 지혜로워지며 천생 의 연분을 만나거나 고귀한 존재가 되거나 신적인 존재로 거듭나는 것과 달리, 박씨는 처음부터 완성형이었다는 것 이다.

그렇다면 왜 박씨는 추한 얼굴을 하고 있었을까. 아테나 여신의 방패 아이기스에는 메두사의 머리가 붙어 있다. 메 두사의 이름은 '지배하는 자'라는 뜻이며, 그 눈과 마주치면 돌이 되어버린다고 하여 두려움의 대상이었다. 그와 같이 박씨의 얼굴은 시백이나 시어머니에게 두려움과 혐오의 대상이었다. 머리카락이 뱀으로 변해버린 괴물 메두사는 두려움의 대상이었지만, 그 본질은 매우 아름다운 여성이었으며, 뱀은 여러 문화권에서 지혜와 마법, 불사와 영생을 의미했다. 박씨도, 작중에서 박씨의 못난 외모를 비유할 때 언급된 제갈량의 부인 황씨도, 그리스 신화의 예언자 시빌라도, 후대에 와서 서구의 마녀를 이야기할 때 사람들이 떠올리는 노파의 모습도 마찬가지다. 지혜로운 여성, 그리고 기존의 질서에 어긋나거나 권위에 맞서는 여성에게, 사람들은 흔히 추한 얼굴을 부여한다.

박씨의 외모가 추하다는 사실이 밝혀진 것은 결혼을 한 직후의 일이었다. 처음 시가에 도착했을 때는 외모가 흉측하고 밥만 축내는 존재로 여겨지며 구박받던 박씨는 곧 시아버지의 관복을 하룻밤 사이에 지어낸 바느질 솜씨와 흉배를 수놓은 자수 솜씨로 왕에게 인정받고 하루 서 말의 쌀을 하사받는다. 또 비루먹은 망아지에게서 천리마가 될 자질을 발견하고 소중히 길러내어, 명예는 높지만 살림은 넉넉하지 않던 시가의 재산을 늘린다. 그런 박씨의 얼굴에서 흉한 허물이 벗겨진 것은 혼인하고 3년이 넘은 시점의 일이다. 박 처사는 "액운이 다했다"고만 언급했지만, 그 3년은 선계의 신선이 인간이 되는 과정이자, 혼인한 여성이 시가에 적응해 그 가족의 일원이 되는 기간이다. 하지만 연금술의 비의가 담긴 당나귀 가죽을 쓴 공주가 자신의 노동으로 자기 자신을 황금과 같이 빛나는 존재로 다듬어갔다면,

박씨는 처음부터 완성형인 상태로 인간세상으로 하강했다. 그는 모험과 고난을 거쳐 완전해진 것이 아니라, 이미 완전한 상태로 지상에 내려와 층층시하 시가에서 '며느리'로서 적응한다. 그리고 그가 인간으로서 이 가부장제 체제에 적응했을 때, 그는 아름다운 모습을 되찾고 한 집안의 곳간 열쇠를 물려받게 되는 '맏며느리'이자 '주부'로 거듭난다.

우리가 '주부'라는 단어에서 떠올리는 이미지는 흔히 앞치마를 입고 고무장갑을 낀 여성으로 대표되는, 한 집안의 가사노동을 주로 맡는 가족 구성원에 가깝지만, 이는 현대에 가족의 형태가 바뀌고, 부부와 미성년 자녀로 구성된 핵가족 사회가 되며 형성된 이미지다. 주부는 집안 살림의 관리자이자 집안일을 돌보는 책임자로서 가정의 안녕과 행복을 비는 고사와 축원 같은 가정의례의 주관자였다. 주부는 직접, 또는 만신을 부르거나 가문의 연만한 여성 어른들이 주관하는 의례를 도우며 가정의 신들이 가족들을 지켜줄 것을 기원한다. 그리고 성리학적인 관점에서, 《주자가례朱子家禮》에 따르면 주부는 주인의 처凡主婦謂主人之妻라는 뜻이요, 주인이란 종통법에 의해 사당의 제사를 물려받아 주관하는 사람主人謂宗子主此堂之祭者, 즉 주제지인主祭之人을 뜻한다. 다시 말해 주부는 제사를 주관하는 사대부 남성의 아내였고, 우리에게 익숙한 식으로 말하면 종손宗孫과 종부宗婦다. 성리학에서는 음양의 논리에 입각해 남성과 여성의 활동의 장을 구별해왔고, 그에 따라 역할이 정해졌으며, 주부는 이른바 '안주인'이라는 말답게 집안의 일에 대해서는 가장에 버금가는 권위를 갖고 있었다. 주부는 제사 음식을 준비하는 일을 지휘 감독했고, 제사 의례에서도 주인은 동쪽에, 주부는 서쪽에 서서 의례를 함께 진행했다. 2003년 개봉한 이재용 감독의 영화 〈스캔들-조선남녀상열지사〉의 초반부에는 조씨 부인이 사당에 제사를 올리는 장면이 나온다. 가장인 대감의 정실이자 집안의 주부인 조씨 부인이 사당에 절을 올리는 내내, 가장을 제외한 가문의 남자들은 심의 차림으로 마당에 시립해 있는 장면이야말로, 조선시대 사대부 가문의 주부의 위상을 보여주는 장면이라 할 수 있다. 시백이 과거에 급제하고, 박씨가 허물을 벗어 아름다운 모습을 되찾아 부부가 화합한 뒤, 상공과 부인은 세상을 떠난다. 그리고 박씨는 자연스럽게 주부가 된다. 즉 박씨가 흉한 허물을 쓰고 고독하게 지낸 3년은, 그가 인간이 되기 위한 과정이자, 가문의 주부가 되는 과정이기도 했다.

그러나 한 여성이 혼인하여 3년 동안 고초를 겪은 끝에 주부가 되고, '곳간 열쇠'로 대유되는 가문 내의 권력을 가졌다고 해서, 그 자체로 여성의 지위가 높아졌다고 말할 수는 없다. 주부는 가부장제를 교란하고 전복하는 존재가 아니라 오히려 지지하는 존재다. 주부는 예법에 따라 혼인한 남성의 지위에 종속되는 지위이자 특권적인 지위로, 한 가문 내에서 여러 여성이 그와 동등한 지위를 누릴 수도 없고, 다른 여성과 그 지위를 나누지도 않는다. 그렇기 때문에 가부장제의 종부 혹은 주부는 가부장제의 열렬한 지지자이자 명예남성名譽男性, honorary male이 되기 쉽다.

혼인으로 얻게 되는 지위가 아니라 생득적으로 부여되는 지위라 해도 마찬가지다. 엘리자베스 1세나 빅토리아 여왕 시대에 영국에서 여성들의 지위가 특별히 향상된 것은 아니었다. 그들은 여왕이었지만 여성을 관료로 발탁하지 않았고, 남성 정치인과 지식인, 고위층을 통솔하며 나라를 다스렸다. 엘리자베스 2세의 경우도 마찬가지다. 매스미디어의 시대가 열리며 그는 영국 역사상 처음으로 왕실 가족들의 일상을 방송을 통해 공개하고, 때로는 자애로운 어머니나 할머니로서의 모습을 보이려고 노력하기도 했지만, 기본적으로 그는 영국 왕실이라는 가족기업의 수장이자, 영국 왕실, 나아가 영연방 전체의 가장 역할을 수행하려 한 군주로서, 더없이 보수적인 인물이었다. 엘리자베스 2세 시대에 영국은 여성의 인권 문제 등에서 세계적인 추세보다 더 진보적인 역할을 수행하지 않았다.

좀 더 나아가서 이야기하자면, 엘리자베스 2세 시대에는 윈스턴 처칠부터 리즈 트러스까지 총 16대, 15명의 총리가 있었는데, 이 중 세 명의 여성 총리에게는 공통점이 있다. 먼저 보수당 출신이라는 점, 부모나 남편의 강력한 정치적 후광 없이 총리가 되었다는 점, 마지막으로 수습하기 어려운 정치적 어려움을 겪을 때 내놓은 총리라는 점이다. 마거릿 대처는 1970년대 국제통화기금의 지원을 받을 만큼 영국 경제가 붕괴된 직후 총리가 되어 신자유주의의 기수가 되었고, 테리사 메이는 브렉시트, 즉 영국의 유럽 연합 탈퇴 문제를 해결해야 했다. 리즈 트러스는 2차 세계대전 이후 영국의 최대 위기로 꼽히는 인플레이션 문제를 해결해야 했지만, 오히려 상황을 악화시키는 실책을 저지르고 취임 45일 만에 사임하고 말았다. 이들은 물론 정치가로서 능력과 지명도를 갖추고 있었지만, 이들이 총리가 될 수 있었던 이유 중 큰 부분은 바로 그 시점에서 누가 총리가 되더라도 실패할 가능성이 높았다는 점이었다. 실패가 예견된 상황에서는 남성이 고위직에 나서지 않고, 그 자리에는 여성이나 소수자가 불안정한 신분으로 올라가게 된다. 이것은 유리천장을 뚫고 올라가는 성공이 아니라, 이른바 '유리절벽glass cliff'에 해당한다. 이들은 종종 '명예남성'으로서 체제를 수호하거나, 실패한 '여성'으로서 그 자리를 떠나게 된다. 세 여성 총리의 운명 또한 그랬다.

그렇다면 신선 박 처사의 딸이자 그를 대리해 세상으로 내려와 나라를 위기에서 구하기 위해 이 상공 댁 며느리가 되고, 시백이 과거에 장원급제한 뒤에는 이 집안의 주부가 되는 박씨는 어떨까. 그는 지금까지 우리가 살펴본 다른 여성 영웅들과는 조금 다른 면모를 보인다. 가장 돋보이는 것은 실존인물이자 훌륭한 신하로 널리 알려진 시백이 아닌, 그의 가상의 아내 박씨가 비범한 능력을 지닌 영웅으로 설정되어 있다는 점이다. 시백은 능력이 뛰어나지만 박씨의 외모만을 보고 경솔하게 행동하다가 반성하고, 가장이 된 이후에는 박씨의 대리자로서 박씨의 조언에 따라 나라를 구하고 국왕을 구한다. 박씨는 앉아 천 리를 내다보고 하늘의 천문을 읽으며 남편과 임경업에게 닥칠 위기와 조선에 다시 몰아닥칠 전운을 알아챈다. 병자호란 중에 이시백이 남한산성에서 인조를 모시는 동안 박씨는 일가친척을 모두 자신의 별당인 피화당에 모아놓고 실질적인 가장 노릇을 하며 보호한다. 그는 당대의 명신인 이시백이 국왕 인조를 지키고 보호하듯 자신의 비범한 능력으로 시가의 가족들을 지키고 보호한다. 표면적인 가장은 이시백이지만, 실질적으로 이 집안을 이끌고 지키는 사람은 바로 박씨다. 그는 주부인 동시에 여성 가장이다.

그런데 박씨에게는 '어머니'가 보이지 않는다. 박씨의 아버지인 박 처사는 딸의 능력을 인정하고 자랑스러워하며, 외모는 흉하지만 출중한 재주를 지닌 딸을 훌륭한 가문의 자제이자 총명한 시백과 혼인시키기 위해 이 상서에게 접근한다. 하지만 보통은 딸의 혼례를 주관하는 것은 그 어머니인데도, 박씨의 혼례에는 어머니에 대한 언급이 없다. 어머니를 그리워하는 대목도 없고, 친정에 다녀와서도 아버지, 박 처사의 소식만을 전할 뿐이다. 마치 처음부터 어머니 없이, 박 처사 혼자 낳은 딸인가 싶다.

그런데 그리스 신화에는 바로 그와 같은 신이 있었다. 지혜의 신인 아테나 여신이다. 제우스가 아버지인 크로노스를 몰아내고 신들의 왕이 되었을 때, 그는 자신의 첫 아내이자 지혜의 여신 메티스가 낳을 아들이 장차 신들의 옥좌를 차지할 것이라는 신탁을 받았다. 제우스는 메티스를 통째로 삼켜버렸고, 메티스가 임신 중이던 태아는 완전무장한 모습으로, 제우스의 머리에서 태어났다. 제우스는 지혜롭고 강하며 아버지를 존경하는, 자신의 왕좌를 찬탈할 리 없는 딸인 아테나를 사랑하고 아꼈으며, 아테나는 아버지인 제우스로 상징되는 기존의 가치 체계, 가부장제를 옹호하는 한편, 어떤 경우에도 제우스의 편에 섰다. 진 시노다 볼린의 《우리 속에 있는 여신들》의 표현을 빌리자면 '아버지의 딸'이다. 물론 박씨는 아버지 박 처사의 슬하인 금강산의 선계를 떠나 혼인을 하고 속세에서 살아갔지만, 이곳에서도 박씨를 인정해주는 이들은 시아버지와 국왕이라는, 또 다른 아버지들이다.

픽션에서 시어머니는 여성 인물이 시가에 적응할 때 갈등을 빚는 존재이자, 시가의 여성 가족을 대표하는 존재다. 이들은 낯선 새로운 가족인 주인공과 갈등하면서도, 특별히 악역으로 설정된 게 아니라면 주인공의 사정을 제 나름대로 이해해보려 애쓰기도 하고, 사랑하고 감싸게 되기도 한다. 시어머니가 이 역할을 수행하지 못할 때는 시고모나 다른 여성 가족이 이 역할을 맡기도 한다. 현실에서도 결혼을 했을 때, 여성은 남편, 시어머니, 시가의 여성 가족들과 주로 관계를 맺고 의지하기 때문이며, 특히 픽션에서는 시가에서 환영받고 받아들여지는 것이 여성 주인공의 능력이나 성공을 보여주기도 한다. 하지만 《박씨전》의 초반에서, 번듯한 가문의 딸이 아닌 이름도 못 들어본 박 처사의 딸이자, 외모가 아름다운 것도 아닌 박씨는 시어머니와 남편이라는 개인적인 관계에서는 인정받지 못하고 멸시당한다. 그는 못난 얼굴 때문에 시백에게 구박받고, 시어머니이자 시백의 모친인 상공 부인도 박씨의 능력을 알아보지 못한 채 문안조차 받지 않으려 한다. 누가 보아도 이 결혼 생활은 험난할 것으로 보인다.

하지만 박씨에게는 시아버지인 이 상공이 있다. 그는 박씨의 외모에 편견을 갖지 않고 처음부터 끝까지 일관되게 감싸는 유일한 시가 쪽 인물이다. 이 상공은 며느리의 능력을 알아보고 자랑스러워하며, 못난 얼굴을 미워하느라 그를 알아보지 못하는 아들을 한심하게 생각한다. 더 나아가 '만백성의 아버지'인 임금도 박씨가 지은 관복을 보고 그의 출중함을 알아보고, 박씨가 자객 기홍대가 오는 것을 간파한 뒤, 천문을 보고 임경업이 지키는 의주를 우회해 후금의 군사들이 공격해올 것을 예상했을 때에도 박씨의 주장에 손을 들어주려 한다. 박씨는 비록 남편과 시어머니에게는 거부당했지만, 친정아버지가 신임하는 총명한 딸이며, 시아버지의 총애를 받는 유능한 며느리, 그리고 국왕에게 그 비범함을 인정받고 매일 쌀 서 말을 하사받는 대단한 인물이다. 박씨는 남성의 세계에 받아들여진 여성으로, '아버지'

로 상징되는 가문과 국가와는 원만한 관계를 맺는다. 그는 남성의 세계에 받아들여진 여성, 명예남성이자 아테나 여신과 같은 '아버지의 딸'이다. 권위와 책임감, 권력을 갖춘 이들이 그의 지혜에 의지한다. 그는 한 나라, 한 집안의 대표가 되지는 못하지만, 그 대표에 버금가는 유능한 책사는 될 수 있다. 《삼국지연의》에서 촉의 군주는 아니었지만, 촉을 대표하는 책사였던 제갈량처럼.

실제로 작중에서 박씨의 외모는 제갈량의 부인 황씨에 비유되고, 박씨는 상공에게 자신의 거처로 받은 작은 별당, 피화당의 주변에 나무를 심어 제갈량의 팔진도를 구현한다. 피화당 주변의 팔진도에 용율대가 걸려 헤매는 대목은, 마치 《삼국지연의》의 이릉전투 대목에서, 전쟁에 패한 촉군을 뒤쫓던 오나라의 육손이 제갈량이 돌을 쌓아 만든 팔진도에서 길을 잃고 헤매는 장면을 떠올리게 한다. 말하자면 박씨는 여자 제갈량인 셈이다. 밭을 갈고 때로는 앞날을 생각하며 신선처럼 살아가던 제갈량이 유비를 따라 세상으로 나와, 홍진[72]에 옷자락을 더럽히며 백성들의 살림살이를 근심하고 외적을 물리치며 현명하게 나라를 이끌었던 것처럼, 신선의 세계에서 살아가던 박씨는 혼인을 하며 인간 세상으로 나와, 자신의 지혜로 천리마를 길러 상공 댁의 곳간을 채우고, 앞날을 방비해 피화당에 진을 친다. 마침내 유비가 세상을 떠나며 제갈량에게 어리석은 태자 유선 대신 그

72   紅塵, 번거롭고 속된 세상. 속세.

대가 군주가 되어도 좋다고 말했지만 제갈량은 마지막까지 유선에게 충성을 다했듯이, 박씨도 자신의 지혜로 그 모든 일을 하면서도 상을 받으려 하거나 가장 자리를 차지하려 들지 않는다. 그는 관직을 얻는 것이 아니라 절충부인의 작호로 만족한다. 말하자면 박씨는 어리석은 남자들을 대신해 집안을 이끌고 나라를 지키지만 그 대가는 요구하지 않는 여자 제갈량인 셈이다. 그리고 유비가 삼고초려 끝에 제갈량을 책사로 모신 뒤에야 제대로 된 군주가 될 수 있었듯이, 이시백은 아름다워진 박씨의 초당에 거푸 찾아가 사죄한 끝에야 그와 제대로 부부가 되고, 가문을 물려받고 '가장'이 될 수 있었다.

《박씨전》은 《강도몽유록》과 같이 병자호란의 치욕적인 패배와 항복 이후 더는 숨길 수도 없게 드러나버린 남성 사대부들의 어리석음과 간신배들의 전횡을 드러내고, 이들의 대안으로 초월적인 능력을 지닌 여성 주인공인 박씨를 전면에 내세운다. 신선의 딸로서 남다른 능력을 지닌 신인神人인 그는 이 체제의 수호자이자 지지자이다. 그는 국왕의 항복을 무를 수는 없지만, 여성들을 유린하려 하는 용율대를 죽여 그 목을 내걸고, 용골대와 후금의 군사들을 제압하며, 우리가 비록 졌지만 정말로 진 것은 아니라는 민족적 자존심을 주장한다.

하지만 《박씨전》과 명월부인 박씨를 사대부 남성을 대신해 내놓은 체제의 수호자, 사대부 가문의 여성 가장이자 주부, 명예남성이라는 관점으로만 보아서는 안 된다. 박씨는 자신이 아름다워진 뒤에야 손바닥 뒤집듯 태도를 바꾸는 남편 이시백에게 거침없이 성토한다.

> "사람이 오륜을 모르는데 어찌 예의와 덕을 알며, 제 아내의 속 깊음도 모르면서 어찌 입신양명하고 보국안민할 재주가 있습니까. 아는 것이 저리 없는데 효와 충심이며 백성을 편안히 할 방법인들 알겠습니까. 첩은 비록 아녀자나 낭군 같은 사내는 조금도 부럽지 않습니다."

물론 이 성토의 대상은 여성의 내면은 보지 않고 얼굴만을 보는 이시백의 편협함과 용렬함이지만, 오륜을 모르고, 예의와 덕도 모르고, 입신양명하고 보국안민할 재주도 없으며, 효와 충심이며 백성을 편안히 할 방법도 모른다고 욕을 먹는 인물은 바로 당대의 명신으로 꼽히던 이시백이었다. 그 이시백조차도 저렇게 욕을 먹고서야 반성을 하고 잘못을 바로잡는데, 전쟁에 제대로 대비하지 않고 외교에 힘쓰지 않아 백성을 도탄에 빠뜨린 이들, 간신으로 이름난 김자점 같은 이들은 어떻겠느냐고, 독자들은 간접적으로 그들을 비난하고 있었던 것은 아닐까.

독자들을 대신해 그들을 꾸짖는 이가 바로, 뛰어난 능력을 갖고 있음에도 친정이 명문가가 아니고 아름답지 못하다는 이유로 소외되고 구박받았던 불우한 인물, 민중이 이 입할 수 있는 인물인 박씨다. 그가 집안의 안주인인 '주부'로서, 이시백이 국왕을 모시고 남한산성으로 피란한 사이 '가장'으로서 가문을 통솔하고 가족들을 지키며, 조선의 자존심을 지키고 용율대와 용골대 형제를 물리친 것은, 능력은 있지만 소외된 이들에게 마침내 합당한 자리와 권한이 주어졌을 때 이들이 어떤 일을 할 수 있는지를 말하는 것이다.

또한 《박씨전》에서 박씨의 대척점에 선 인물은 후금의 지배자 호왕이 아닌 그 아내, 호귀비다. 호귀비 역시 박씨와 마찬가지로 천문과 지리에 능한 영웅이고, 후금의 승리는 호귀비의 전략 때문이었다. 또한 이들은 평범한 계집종이었으나 박씨의 시녀가 되어 그 가르침을 받고 용율대와 맞서 싸우는 계화나, 호귀비의 측근으로 검술 솜씨가 뛰어나 조선에 자객으로 오게 되는 기홍대와 같이 자신의 뒤를 이을 유능한 여성 인물을 길러낸다. 그들의 후계자는 아들이나 소년이 아닌, 자신보다 어린 여성이다. 그들은 비록 2인자, 책사, 남성에게 인정받는 여성, 공을 세웠으나 관직이 아닌 누군가의 부인으로 불리지만, 조선과 후금의 국왕보다도, 남성 관료들과 장군들보다도 뛰어난 능력을 품고, 앉아 천 리 밖을 내다보며, 제자이자 무예에 능한 보조 인물들을 길러낸다. 《박씨전》은 한 사람의 뛰어나고 완벽한, 그래서 남성 영웅과 어깨를 나란히 할 수 있는 여성 인물을 유일

한 주인공으로 삼는 데 그치지 않고, 적대 관계에 놓인 여성
영웅, 여성 스승과 여성 제자의 관계 등을 다양하게 보여주
며 여성 영웅들에 대한 다양한 가능성을 보여주고 있다. 또
한 전쟁 후 소설에서나마 후금의 장수 용율대의 목을 베어
무너졌던 민족적 자존심을 드높이는 장면에서, 용율대와
싸워 이기는 영웅이 남성 사대부 출신의 대장군이 아닌 성
별과 신분 양쪽으로 차별받았던 소외된 인물인 계화인 점
에도 주목해야 할 것이다. 《박씨전》은 전쟁이라는 시대의
비극 속에서 무너진 자존심을 되찾고 싶은 욕망이 담긴 대
체역사소설이지만, 그게 전부는 아니다. 남성보다 더 뛰어
난 여성을 통해, 억압되고 소외되며 종속적인 삶을 강요당
했던 여성이 사대부 남성과 마찬가지로 자신의 지혜로 나
라와 가정을 이끌고, 그 뜻을 이어갈 제자를 길러내며 자신
의 뜻과 능력을 펼칠 날을, 시대의 한계 속에서도 꿈꾸었던
이야기일 것이다.

7.

'유리 천장'을 뚫기 위해 남자가 된 여성들

여성이 높은 담 안에 갇혀 바깥세상으로 감히 나아갈 수 없었던 시대, 여자는 사회로 나가기 위해 이야기 속에서조차도 이전과 다른 존재가 되어야 했다. 신화나 민담 속에서야 당나귀 가죽 속에서 그 내면이 영글고 다시 이전과 다른 새로운 존재로 변신하는 듯한 연금술이 일어날 수 있다지만, 곰이 쑥과 마늘을 먹고 인간이 되는 것 같은 변신은 현실에서는 불가능하다. 대신 여성들은 꿈꾸게 되었다. 남자 옷을 입고 남자의 모습이 되어 남자가 하는 일을 남자보다 더 잘 해내는, 남자의 모습을 한 여성 영웅을.

《박씨전》에서 현실세계에 직접 간섭하고 영향을 끼치기 어려운 신선, 혹은 이인異人인 박 처사는 딸인 박씨를 명문가의 자제이자 장차 장원급제를 할 이시백과 혼인시켜 세상에 내려보냈다. 그리고 사대부가의 여성으로서 현실적으로 직접 나라의 위기를 해결하기는커녕 집 밖으로 나가는 일도 쉽지 않은 박씨는 피화당에 앉아 천 리를 내다보며 시아버지인 이 상공이나 남편인 이시백, 혹은 그들을 통해 집안 하인들을 움직여 뜻하는 바를 이룬다. 호귀비도 마찬가지다. 그는 궁궐 밖으로 나올 수 없지만, 호왕과 장수들, 그리고 자신의 시녀인 기홍대를 움직여 자신의 계획을 이루려 한다.

직접 세상으로 나갈 수 없는 이들에게 현실세계에 영향을 끼칠 수 있는 남성이란, SF 장르에서의 슈퍼로봇과 같다. 로봇 만화의 주인공들은 대개 뛰어난 능력과 용기, 혹은 다른 조건을 갖춘 10대 소년이지만, 아직 미성년자인 이들이 직접 적을 상대해 목숨을 걸고 싸우는 것은 현실적으로도, 윤리적으로도 무리가 있다. 하지만 이들은 자신을 대신해 적과 상대하는 슈퍼로봇에 탑승해 조종한다. 이들이 본래 갖고 있던 능력은 거대한 로봇을 조종하는 능력으로 표현된다. 《박씨전》에서 박씨와 호귀비는 각각 여성의 옷을 입고 내당과 구중궁궐에 앉아, 이시백과 호왕이라는 남성을 조종해 서로 맞서는 것이나 다름없다. 이는 조선시대에 현실적으로 여성이 사회에 참여할 수 없었기 때문에, 이 당시 소설을 짓고 전파하며 향유하던 사람들은 이들 비범한 여성 영웅들에게 유능한 남성 대리인을 내세우게 했던 것이다.

하지만 남장을 한 여성들은 남성 대리인을 슈퍼로봇처럼 '조종해' 현실에 영향을 끼친 주인공들에서 한 걸음 더 나아간다. 이들은 영웅이 될 자질을 갖추고 있지만 여자로 태어나, 시대의 한계로 남자의 옷을 SF 장르의 강화복처럼 '입고' 사회에 참여할 수 있는 형태로 자신을 '위장'한 뒤 세상에 나온다. 이들에게 남성의 옷은 단순한 옷이 아니라, 마법소녀나 슈퍼 히어로의 수트와 같다. 이들이 남성의 옷을 입은 동안에는, 사람들은 이 영웅이 실은 여자라는 것을 눈치채지 못한다. 본인이 직접 죄를 고하거나, 혹은 중병에 걸려 취약해진 상태에서 의원이 맥을 짚는 경우가 아닌 이상에는 남성으로 위장한 여성 영웅의 가면은 쉽게 벗겨지지 않는다.

이들 여성 영웅들은 남장을 한 채로 학문을 닦거나 벼슬길에 오른다. 홍계월은 전란 중에 잃어버린 부모와 재회하기 위해 남장을 하고 장원급제해 나라를 구한다. 이현경은 학문을 익히고 입신양명하기 위해 남장을 한다. 농경의 여신 자청비는 사랑하는 문도령에게 접근하기 위해 남장을 하고 집을 떠난다. 여성으로서의 삶을 거부한 방관주와 남성과의 혼인을 거부한 영혜빙처럼 현대적인 관점에서는 성소수자로 볼 수 있는 경우도 있다. 이들 남장을 한 여성 영웅들은 이들은 가장 뛰어난 남자도 손에 넣기 어려운 관직과 명예를 손에 넣으며 승승장구한다. 그러나 이들이 여성임이 드러나고 다시 여자의 옷을 입게 되었을 때, 이들은 아내나 며느리로서 머리를 숙일 것을 요구받는다. 이와 같은 이야기들은 여성의 능력이 부족한 게 아니라, 여성을 제약하고 굴종시키는 이 사회 때문에 능력이 있어도 인정받을 수 없었으며, 만약 남자와 동등하게 대접받을 수 있다면 여성이 얼마든지 영웅이 될 수 있음을 주장한다. 그리고 여성으로서의 결혼생활에 대해서도 또 다른 해답을 찾아간다.

가부장제의 혼란이 낳은 여성 영웅: 《홍계월전》

과거 여성이 사회에 진출할 길이 막혀 있던 시대, 여성으로서 학문을 닦고 시문이나 그림 등 예술로 경지에 오르는 이들이 있었다. 하지만 바깥 출입조차 금지된 시대에 여성이 장수가 되어 전쟁터에 나서는 일은 드물었다. 고구려의 연개소문에게 무예가 뛰어난 누이가 있었다는 전설이나 중국의 화목란 전설, 일본의 《헤이케모노가타리》에 등장하는 도모에 고젠과 같은 여성 장군의 이야기가 일부 전할 뿐이다.

하지만 그 시대에는 불가능했기에 더, 남장을 한 여성이 장수가 되어 전쟁터에서 자신의 무예와 지략으로 적을 제압하는 이야기야말로 사람들에게 매력적으로 다가왔을 것이다. 게다가 그 여성이 기구한 운명으로 남장을 하게 되는 이야기라면 더욱 그렇다. 1970년대에 연재되어 지금까지 많은 사랑을 받고 있는 일본 만화 《베르사유의 장미》의 주인공 오스칼은 딸만 내리 일곱을 둔 아버지의 뜻으로 어릴 때부터 남장을 하고, 성장한 뒤에는 아버지의 뒤를 이어 군인이 된다. 오스칼이 남장을 하게 된 기구한 운명과, 프랑스 혁명기라는 격동기를 군인 귀족으로서 헤쳐 나가며 '왕궁의 장식 인형'과 같은 근위대장이 아니라 진정한 군인으로서, 나아가 해방된 인간으로서 살아가기 위한 선택들은 1970년대 여성 독자들의 고민과 맞물리며 고전적이지만 새롭게 받아들여졌다.

그리고 여기, 사랑하는 딸이 어린 나이에 부모와 이별할 운수라는 말을 들은 부모가 있다. 기구하게 헤어지지만 언젠가 다시 만나리라는 도사의 말을 듣고 그에 대비한다는 점에서는 《숙향전》과 비슷하지만, 숙향의 부모인 김전 부부가 숙향에게 이름과 사주가 적힌 주머니를 매달아주었다면, 명나라의 선비 홍무의 선택은 조금 다르다. 그는 도사의 말에 의하면 천하의 영웅이 되리라는 딸 계월에게 남자 옷을 입히고, 학문을 가르치며 사내아이처럼 키웠다.

《홍계월전》은 바로 그 예언대로, 환란 중에 부모와 이별한 여자아이가 남자로 성장하는 이야기다.

홍계월전

명나라 때, 간신들의 모함을 받고 관직에서 물러나 고향인 구계촌으로 낙향한 선비 홍무는 부인 양씨와 농사를 지으며 살았다. 어느 날 양씨는 선녀가 품에 안기는 꿈을 꾸고 딸인 계월을 낳았는데, 태어날 때 선녀가 출산을 도왔다. 계월의 비범한 관상을 본 도사는 다섯 살에 부모와 이별한 뒤 열여덟 살에 부모와 재회하고 천하 영웅이 될 것이라 예언하였고, 홍무는 그 말에 놀라 계월에게 사내아이의 옷을 입히고 학문을 가르쳤다.

계월이 다섯 살 때, 북방 절도사 장사랑의 반란이 일어났다. 홍무가 집을 비운 사이 장사랑의 난을 피해 도망치던 양씨와 계월, 그리고 시비 양윤은 선녀의 도움을 받아 강을 건넜지만 도적 장맹길에게 붙잡히고, 맹길은 계월을 강물에 던져버렸다. 도적들에게 끌려간 양씨와 양윤은 이전에 맹길에게 붙잡혀 온 춘랑과 함께 도망치고 일봉암의 여승에게 구원받아 목숨을 건진다. 한편 집에 돌아오던 길에 난에 휩쓸린 홍무는 혼자 도망치던 중 장사랑의 포로가 되고, 살아남기 위해 그에게 협력하는 척하지만 장사랑의 반란이 실패하자 반역자가 된다. 황제는 홍무가 반역자가 된 것에 놀라지만 옛정을 생각하여 목숨만은 살려 벽파도로 귀양보냈다. 절에서 불공을 드리던

양씨는 홍무의 꿈을 꾸고 양윤, 춘랑과 함께 벽파도
로 간다. 그들은 짐승처럼 초라한 모습으로 목숨만
부지하고 있던 홍무와 재회한다.

한편 물에 빠진 계월은 여공의 양자가 되어 평국이
라는 이름으로 불리게 되었다. 동갑내기인 평국(계
월)과 여공의 아들 보국은 일곱 살이 되자 곽 도사
의 문하에서 학문과 무예, 용병술과 기문둔갑 등을
배웠는데, 보국도 뛰어났지만 평국은 모든 면에서
보국보다 뛰어났다. 평국과 보국은 열다섯 살에 과
거에 응시하여 나란히 장원과 부장원으로 급제한다.
황제는 문무를 겸비한 두 사람을 보고 기뻐하며 평
국을 한림학사로, 보국을 부제후로 임명했다.

평국과 보국은 고향으로 돌아가 여공 부부와 곽 도
사에게 기쁜 소식을 전했다. 곽 도사는 황제가 위험
하니 당장 황성으로 돌아가라 하고, 평국에게 위험
할 때 뜯어보라며 편지 한 통을 건네준다. 곽 도사의
말대로 북방의 서달이 반란을 일으켰고, 황제는 평
국을 대원수로, 보국을 중군장으로 임명하고 80만
군사를 주어 반란을 평정하게 했다. 보국은 공을 세
우기 위해 평국의 명을 무시하고 싸우다가 패하고,
평국은 보국을 군법으로 다스리려 하나 여러 장수들
이 만류했다. 서달의 무리는 평국을 유인하여 화공
으로 공격하는데, 평국은 곽 도사가 준 편지에서 비

구름을 부르는 부적을 꺼내 불길을 제압하고 서달의 군사를 무찔렀다. 서달의 잔당을 쫓아 벽파도로 간 평국은 홍무와 양씨와 재회한다.

황제는 난을 평정한 평국을 좌의정으로 삼고, 친아버지인 홍무와 그를 강물에서 건져 양자로 삼은 여공 모두에게 벼슬을 내린 뒤, 종남산 아래에 넓은 별궁을 지어 하사했다. 평국이 병을 앓자 황제는 어의를 보냈는데, 어의는 맥을 짚어보고 평국(계월)이 여자임을 알았다. 계월은 황제 앞에 나아가, 여자의 몸으로는 부모님을 찾을 수 없기에 남자로 살았으며, 황제를 기망한 죄를 벌해달라 상소를 올렸다. 하지만 황제는 세상이 넓어 수많은 사내가 있으나 계월만 한 영웅이 없다며, 앞으로도 나라에 충성을 다하라 당부한다. 다만 황제는 계월에게 보국과 혼인하도록 중매하고 비단 수백 필을 혼인 선물로 보냈는데, 이때 보국에게는 이미 애첩인 영춘이 있었다.

계월은 자신의 중군장이었던 보국과 혼인하기 전, 마지막으로 대원수로서 보국을 부릴 수 있게 해달라 황제에게 청하였다. 보국이 군령을 따르지 않고 뒤늦게 나타나자, 계월은 군법으로 다스리겠다며 보국을 묶었다. 보국이 병이 들어 늦은 것이라며 변명하자, 계월은 병이 든 게 아니라 애첩 영춘과 함께 있었음을 따져 물으며, 황제께서 하사하신 별궁 정자에 애첩의 이름을 붙이는 것이 신하의 도리냐고 물은 뒤 풀어주었다.

혼인 후 계월은 애첩인 영춘이 영춘각에 머무르며 자신에게 인사조차 하지 않는 것을 보고 내쫓는다. 이전의 수모에 영춘이 쫓겨난 일을 더해 보국은 분노한다. 여공은 이번 일은 영춘의 잘못이며, 계월은 너의 상사이나 지금은 부인으로서 너를 예로써 대하고 있다고 말하지만, 보국은 대장부로 태어나 계집의 괄시를 받고 살 수는 없다며 계월을 찾지 않는다. 계월은 규중에서 쓸쓸히 지내며, 사내대장부의 속이 좁다고 한탄한다.

오나라와 초나라가 도적 장맹길을 장수로 내세워 반란을 일으켰다. 황제는 계월을 대원수로 삼고, 계월은 보국을 중군장으로 삼아 전쟁에 임한다. 보국은 계월이 또 자신을 수족처럼 부리려 든다고 한탄하지만, 두 사람은 합을 맞추어 적을 물리친다. 맹길은 아무리 평국이 뛰어난 영웅이라도 황제만 사로잡으면 속수무책이라며, 군사 1000명을 이끌고 황성으로 향한다. 그날 밤 황제는 평국의 승전보를 받고 기뻐하다가 습격을 받았다. 황궁은 불타고, 황후와 태자는 물론 홍무와 양씨, 여공의 부인을 비롯해 많은 사람이 실종되었으며, 수많은 백성이 목숨을 잃었다. 천태령으로 도망치던 황제는 맹길에게 붙잡히고 항복의 글을 쓰라는 협박을 받는데, 이때 평국이 나타나 맹길을 붙잡고 황제를 구출했다. 평국은 맹길이 과거 자신을 물에 빠뜨려 죽이려 한 그 도적임을 알아보고 제 손으로 처형한다.

한편 보국은 혼자서 전장에서 군사들을 이끌어 오나라와 초나라 양국의 항복을 받아냈다. 황제는 승전한 보국을 맞이하러 나가다가, 평국에게 적장인 체하고 보국의 재주를 시험해보라 이르고, 평국은 갑옷 위에 검은 옷을 두른 뒤 창을 들고 돌진해 보국을 공격한다. 30합을 겨뤄도 승부가 나지 않는데 평국이 도술을 써서 안개를 부르고, 보국의 창을 빼앗았다. 보국은 이제 죽게 되었다고 생각하며 평국을 목 놓아 불렀다. 황제는 그 모습을 보고 웃으며 다가와 보국을 위로하고, 부부의 의를 상하지 말라고 당부하였다.

한편 홍무와 양씨, 여공의 부인, 춘랑, 양윤 등은 피란길에 황후와 태자를 만나 모시고 파주성 인근 산속으로 도망치던 중 곽 도사를 만났다. 곽 도사는 황후와 홍무 일행을 구하기 위해 산에 들어왔으며 다시 세상에 나올 일이 없을 것이라며, 평국 앞으로 편지를 써 준다. 황제는 황후와 태자가 무사한 것을 크게 기뻐하며 홍무를 초왕으로, 여공을 오왕으로 봉했다. 한편 곽 도사는 계월에게는 호방한 마음을 억

누르고 보국도 계월을 진심으로 아껴 두 사람의 부
부의 정을 두텁게 하라 당부했다. 계월과 보국은 아
들 셋과 딸 하나를 낳았으며, 첫째는 오왕, 둘째는
초왕, 셋째는 좌의정이 되어 황제를 섬겼다.

홍계월은 뛰어난 능력을 지닌 인물이다. 그는 지상에 태
어난 하늘의 선녀이며, 어릴 때부터 공부에 남다른 소질을
보였다. 홍무 부부는 딸이 부모와 이별했다가 벼슬에 오르
고 천하의 영웅이 된다는 말에 남자 옷을 입혀 길렀지만, 만
약 계월이 또래의 사내아이들보다 뛰어나지 않았다면 쉽게
결정할 수 없는 선택이다. 홍무 부부의 선택은 혼란기에 딸
을 보호하고자 하는 행동일 수도 있지만, 내 딸이 비록 여
자로 태어났을 뿐, 남자와 경쟁해도 두각을 나타낼 것이라
는 자신감의 표현일 수도 있다. 그들은 딸이 도사의 말처럼
천하 영웅이 되지는 않더라도, 적어도 살아남아 다시 부모
를 찾으리라는 기대 정도는 했을 것이다. 그리고 그 예언대
로 계월은 성장해 장원급제를 하고, 나라를 구하고 그 이름
을 떨친 뒤 부모와 재회한다. 계월이 여자아이로서 누군가
의 도움을 받아 살아났더라도, 규중 소저로 자라났다면 결
코 기대할 수 없었을 재회였다.

《홍계월전》은 모든 면에서, 특히 여성이 범접할 수 없는
영역이었을 무예까지도 남자보다 뛰어난 여성 영웅을 설정
하며, 뛰어난 자질을 갖춘 여성이 남자의 옷을 입어 여성이

라는 핸디캡을 지우고 세상에 나왔을 때 남자 못지않게, 그 이상의 성과를 낼 수 있음을 이야기한다. 하지만 이 이야기는 여성이 자신의 능력으로 성과를 이룬다 하더라도 그것만으로는 사회에서 동등하게 존중받지 못한다는 사실 역시 짚어내고 있다. 이 점을 명쾌하게 보여주는 인물이 바로 보국이다.

계월은 형제처럼 자란 보국보다 모든 면에서 뛰어났다. 곽 도사의 문하에서도 보국보다 모든 것을 빨리 배웠고, 과거 시험에서는 장원으로 급제했으며, 장수로서도 부족함이 없다. 병법과 도술로 적을 제압하고, 천문을 보아 황제를 위기에서 구하고, 보국과 1 대 1로 싸웠을 때 거뜬히 승리를 거둔다. 계월이 남성인 평국이라 불렸을 때, 보국은 평국을 따르고 때로는 존경했다. 자신이 평국보다 아래에 놓이는 것도 당연하게 받아들였다. 계월 역시 은인의 아들이자 동갑내기 친구이고 자신에게는 형제와 같은 보국을 무척 아꼈다. 서달의 반란 때, 악대와 싸우다가 죽을 뻔한 보국을 보고 계월은 바로 달려 나간다.

"이놈들, 나의 중군장을 해하지 마라!"

우애가 깊고, 그림자처럼 함께 있었던 두 사람이었다. 하지만 계월이 자신이 여자임을 밝히고 난 뒤, 평국은 계월이 대원수로서 자신을 부르는데도 그 명을 제때 듣지 않고 게

으름을 피우고, 계월에게 "여자면 여자답게 굴라"는 식으로 대한다. 보국이 손바닥 뒤집듯 태도를 바꾸는 가운데, 계월은 남자일 때에나 여자일 때에나 한결같이 자기 자신으로 살아가지만, 보국은 대장부인 자신이 계집의 괄시를 받아야 하겠느냐며 울화를 터뜨린다. 나라가 위기에 처하고 계월이 다시 대원수로서 전장에 설 때조차도, 그는 자신이 계월의 부하로 전쟁터에 가야 하는 것을 한탄한다. 친구로서의 우정도, 형제로서의 우애도, 같은 전쟁터에 나란히 섰던 상사이자 전우에 대한 정도 남아 있지 않은 듯 보인다.

자신보다 뛰어난 남자는 형님처럼 모시고 따를 수 있지만, 자신보다 뛰어난 여자는 용납하지 못하고 무슨 핑계라도 대어 깎아내리려 한다. 열 가지 점 중에 자신보다 아홉 가지가 뛰어난 여성이 있어도 자신이 더 뛰어난 한 가지를 들어 자신이 더 낫다고 주장하고, 열 가지가 모두 뛰어난 여성이 있다면 여자라는 점 자체를 깎아내린다. 현대에도 남성들에게서 흔히 발견할 수 있는 모습이다. 이런 성 편견과, 실제 능력과 상관없이 남자로 타고난 자신에게 더 큰 권위가 부여되었다고 생각하는 오만한 착각 속에서, 여성이 능력만으로 성차별을 극복한다는 것은 불가능하다. 이 이야기에서 가장 뛰어난 인물인 홍계월은 보국과 정식으로 혼례를 치른 부인이 되었음에도, 보국이 사랑하는 애첩을 벌했다는 이유로 남편에게 외면당한다. 그는 자신보다 뛰어나다고 인정한 사람이 여성이라는 사실에 배신감을 느끼고, 그 여성과 결혼한 것을 굴욕이라 생각하며, 계월에게 부인으로서 응당 가져야 할 권위조차 순순히 내어주지 않는다. 계월에 비하면야 부족함이 있다고 해도 뛰어난 남성 영웅으로 보였던 보국은, 이 결혼생활을 통해 자신의 옹졸함과 못남을 적나라하게 드러낸다.

황제는 계월의 능력을 인정하고, 여성으로서 혼인을 한 뒤에도 그 지위를 인정한다. 그동안 여자의 아랫자리에 서 있었다는 것에 꼬일 대로 꼬여버린 보국의 심사에는 그런 황제의 인정조차도 못마땅하게 여겨졌으나, 계월은 황제의 인정과 지지가 있었기에 남장을 벗고 여자라는 사실을 밝힌 뒤에도 영웅으로서의 능력을 유지할 수 있었다. 마침내 계월은 자신을 믿고 인정해준 황제와 나라를 구하고 그 신뢰에 보답한다. 그런 계월에게 황제는, 정체를 숨기고 보국과 겨뤄볼 것을 제안한다. 그리고 마침내 정체를 감춘 계월에게 패배한 보국은 평국, 즉 계월을 목놓아 부른다.

"평국은 어디 가서 보국이 죽는 것을 모르느냐!"

그러자 계월은 웃으며, "지금 평국에게 붙잡히지 않았느냐" 하고 대답한다. 이 장면은 홍계월의 압도적인 능력 앞에 보국이 자신의 권위를 포기하는 모습이다. 비단 이 한 번의 싸움에서 졌기 때문이 아니다. 죽음을 목전에 둔 보국이 평국을 찾았다는 것은, 형제이자 전우였던 보국과 평국이 남자와 여자가 되며 보국의 질투로 의가 상한 듯 보였지만, 사실은 보국이 평국을 늘 마음으로 의지하고 있었음을 의미한다. 황제가 계월에게 정체를 감추고 보국과 겨루라 권한 것은, 계월이 승리할 것을 믿었고, 보국이 평국을 늘 마음속으로 의지하고 있었음을 다시 한번 깨닫게 하기 위함이었다. 이 싸움을 통해 보국은 자신이 형님처럼 존경하던 평국이 바로 눈앞의 계월임을, 홍계월은 자신이 알량한 자존심을 세우며 무시하고 깎아내릴 사람이 아님을 깨닫는다. 그렇게 남성적인 권위를 포기한 다음에야 두 사람의 갈등은 해소되고 두 사람은 부부가 된다. 《홍계월전》은 그런 점에서, 뛰어난 여성 영웅에게는 모든 면에서 남성을 압도해 상대 남성을 철저히 굴복시킬 수 있을 만큼의 능력과 그 능력을 믿고 지지하며 포기하지 않도록 지탱해줄, 이 이야기 속 황제와 같은 권위 있는 인물의 신뢰와 지지가 필요하다는 점을 말하고 있다. 이 점은 《홍계월전》의 한계처럼 보이기도 한다. 여성의 지위가 낮고 여성이 남성 배우자에게 굴종해야 했던 시대에 여성은 남성보다 더 뛰어나고 완벽하며 자신의 능력으로 남성 배우자를 압도할 정도가 되어야만 평등한 결혼생활을 꿈꿔볼 수라도 있는 것이냐는 의문을 품을 수도 있다.

이야기 속에서야 선녀나 용왕의 딸 등 신비롭고 고귀한 여성이 인간 세상에 태어나 여성 영웅이 되고 신이한 능력을 발휘하지만, 여성은 기본적으로 신선이나 이인이 아닌,

현실을 살아가는 존재다. 그런데도 이들 여성 주인공들은 사회로 나아가려면 남장을 해야 하고, 과거 시험을 보면 장원급제를 해야 하고, 《박씨전》의 박씨가 도술을 쓰는 것 이상으로 비범한 행적을 보여야만 한다. 이야기 속 다른 남성 인물, 특히 여성 영웅의 배우자가 되는 남성들은 그런 이적을 보이지 않아도 남성이라는 이유로 존중받지만, 우리의 주인공들은 천문을 보고 앞일을 내다보고, 단기필마로 적을 쓰러뜨리고, 집안에 팔진도를 구축하는 정도의 신이한 행적을 보여야만 태생부터 비천한 여성이 아니라, 남성과 비슷한 정도의 인간 대접이라도 받을 수 있다. 홍계월처럼 압도적으로 뛰어난 인물조차도 남장을 하고서야 학문을 계속하고, 과거 시험을 치를 수 있다. 장원급제를 하고 대원수가 되어 나라를 구했음에도 여자 옷을 입고 혼인을 하자 남편에게 굴종을 강요당한다. 그와 형제처럼 자랐고 훗날 혼인을 하는 '뛰어난' 남성은, 계월을 남자로 알았을 때는 그를 존경하다가도, 그가 여자라는 사실이 밝혀지자마자 억울해하고 무시하고 싶어 하며 스스로 가부장 대접을 받으려 한다. 《홍계월전》은 남성보다 우월하고 인간을 초월한 능력을 지닌 홍계월 같은 영웅도 남편과 사회에게 멸시당하는데, 하물며 평범한 보통 여자들이 겪는 현실의 차별이란 어떤 것이었는지를 돌아보게 만든다.

　《홍계월전》에 등장하는 못난 남성 가부장은 보국뿐만이 아니다. 계월의 아버지인 홍무나 보국의 아버지인 여공은 기본적으로 선량한 인물이자, 자식을 사랑하는 아버지들이지만, 위기 상황에서 이들은 제 한 몸의 안위만을 생각하다가 추태를 보이고 만다. 장사랑의 난이 일어나자 홍무는 고초를 겪을 아내와 계월을 걱정하면서도 우선 살아남기 위해 도망친다. 앞서 살펴보았던, 전란 속에서 딸을 버리고 도망치는 아버지들과 같이, 그 역시도 아내와 귀하게 얻은 딸보다는 제사를 지내고 조상을 모실 수 있는 자신의 목숨이 더 소중했다. 그는 한때 촉망받던 신하요 훌륭한 선비였으나, 살아남기 위해 처자를 버리고, 황제에 대한 지조도 꺾었으며, 그런 상황에서 자신을 돌봐줄 아내나 시비가 없이 홀로 무인도에서 귀양살이를 하게 되자 제 한 몸도 제대로 돌보지 못한 채 초라한 모습이 되어버렸다.

여공 역시 도성이 불타고 황제가 맹길에게 쫓겨 도망칠 때, 신하로서 황제를 보호하지도, 아내와 함께 도망치지도 못한다. 계월이 천문을 읽고 황제를 구하러 돌아왔을 때, 그는 거지꼴로 수챗구멍에서 기어 나온다. 사돈인 홍무 부부와 자신의 아내가 실종되고, 황궁이 불타고, 황후와 태자도 어디로 갔는지 알 수 없어진 상황에서, 그는 황제가 북쪽으로 도망치는 것을 뻔히 보면서도 혼자 그곳에 숨어 있었다. 그렇게 낳아준 아버지 홍무와 길러준 아버지이자 시아버지인 여공의 못난 모습은 가부장의 위엄과는 거리가 멀다. 홍계월전은 평화로울 때에는 점잔을 빼며 도리를 말하고, 여자는 남자에게 예와 도리를 다해 대해야 하며, 대장부로 태어나 여자의 괄시를 받아서는 안 된다고 생각하는 이들 남편과 아버지들의 못난 모습과 함께, 언제나 바른 길을 걷고, 자기 자신으로 최선을 다해 살아가며, 자신의 능력으로 나라를 평안케 하는 진정한 영웅 홍계월의 모습을 보여줌으로써 남성 가부장 중심의 사회 구조가 당연한 것이 아님을, 다른 가능성이 있음을 이야기한다. 그리고 그 이야기의 시작에는, 가부장제의 균열이 있다.

가부장제란 한 가정 안에서만 적용되는 형태가 아니다. '군사부일체'라는 말처럼, 군주는 곧 아버지이고, 거대한 가부장이다. 그 군주가 지배하는 커다란 가정인 나라가 혼란스러울 때, 영웅 홍계월은 태어났다. 애초에 계월이 남장을 한 이유는, 나라의 혼란 때문이었다. 훌륭하게 성장한 '남장여자' 계월은 자신의 손으로 나라의 혼란을 가라앉히고, 남자일 때의 이름인 '평국'이 뜻하는 바대로 나라를 평안하게 하고, 마침내 굴복시킨 남편 보국과 더불어 서로를 존중하는 부부가 된다. 《유충렬전》이나 《장국진전》과 같은 남성 영웅이 주인공인 군담소설의 전형적인 포맷을 바탕으로, 《홍계월전》은 현실 참여의 길이 막힌 여성이 세상을 속이고 현실에 참여했을 때, 남성 영웅 못지않은 능력으로 나라를 평화롭게 하고, 가문의 이름을 드높이며, 마침내 한 인간으로서 인정받아 가부장제의 견고한 틀에 균열을 내는 모습을 보여준다.

나라를 구했지만 가정은 벗어나지 못한
불완전한 혁명: 《이학사전》

여기 대학을 졸업하고 갓 회사에 들어간 젊은 여성이 있다. 여성들이 대학을 졸업하고 사회로 진출하기 시작했으나, 회사에는 여전히 수많은 차별이 남아 있던 시기, 여성들은 똑같이 4년제 대학을 졸업해도 같은 조건의 남성보다 더 낮은 직위나 직급으로 배치되었고, 더 낮은 임금을 받았고, 공공연히 '직장의 꽃' 취급을 받았다. 이 여성도 마찬가지다. 누구보다도 유능하지만 타이핑, 커피 타기, 복사하기 등 온갖 잔심부름만 하는 '여직원'의 업무에 한계를 느낀 그는 차라리 남자가 되는 게 낫겠다고 생각하고, 머리카락을 자르고 주민등록을 위조해 혜석이라는 이름의 남자로 위장한 뒤 대기업에 당당히 입사한다. 그리고 능력을 발휘해 큰 프로젝트를 따내며 활약한다. 1993년에 나온 영화 〈가슴 달린 남자〉의 이야기다.

1990년대 초반은 본격적인 교육열의 영향을 받고 자라난 1970년대 여성들이 대학을 졸업하고 사회로 진출하던 시기였다. 이들은 집에서는 남자 형제에게 밀릴지언정, 학교에 가고, 고등학교, 나아가 형편이 닿으면 대학에 진학하기 시작한다. 민주화 운동의 시대를 거치고 난 1990년대 대학가에서는 점점 숫자가 늘어가는 여학생들을 중심으로 페미니즘에 대한 이야기들이 본격적으로 오가기 시작했다.

TV 드라마 속에는 여성 전문직 캐릭터들이 등장하기 시작했다. 승무원이 되어 세계를 누비거나(〈파일럿〉〈짝〉), 의상이나 구두는 물론 자동차 디자이너가 되어 맹활약(〈아스팔트 사나이〉〈미스터 Q〉〈토마토〉)한다. 1987년 방영된 드라마 〈사랑이 꽃피는 나무〉에는 의대에 다니는 주인공의 친구 중 한 사람으로, 의대에 다니는 여성 캐릭터가 등장했다. 1994년에 방영된 드라마 〈종합병원〉은 보이시한 짧은 머리를 한 여성 주인공이 외과의가 되기 위해 레지던트 구술시험을 치르며 시작되고, 다른 여성 의사나 간호사의 에피소드도 많이 등장한다. 이들은 전문적인 직업에 도정하며 일과 사랑 모두에서 성공하는 인물들로, 남자들과 동등하게 대학을 졸업하고 사회에 막 발을 딛던 당대 여성들의 소망을 반영한 캐릭터들이었다. 하지만 현실은 여전히 냉혹했다. 1990년대 초반 당시 여성에게는, 직장에서 계속 일할 권리조차 제대로 보장되지 않았고, 결혼 후에는 으레 퇴직을 종용받았다. 1985년, 법원은 결혼한 여성은 어차피 회사를 그만두고, 한국 여성의 평균 결혼 연령은 26세이니 손해배상액 산정에서도 여성은 25세까지 근무하는 것을 전제로 한다는 판결을 내렸다. 그때 조영래 변호사가 '결혼퇴직제는 엄연한 위법'이라는 의견서를 제출해 다음 해 원심이 뒤집히고 여성의 손해배상액 산정도 정년을 기준으로 하도록 바뀌었지만, 현실은 법원의 판결보다도 느리게 바뀌어갔다. 영화 〈가슴 달린 남자〉는 바로 이런 시대를 배경으로 한 이야기였다.

그저 여자라는 이유만으로, 남자보다 뛰어난 재능을 갖고도 세상으로 나갈 수 없었던 시대, 사람들은 이야기 속에서나마 남장을 하고 세상으로 나가는 여성들을 꿈꾸었다. 우리의 옛 소설에도 바로 그런 이유로 남장을 하는 여성 주인공이 있다. 바로《이학사전》의 주인공 이현경이다.

이학사전

명나라 가정제 무렵, 이부시랑을 지낸 이형도에게는 현경이라는 딸과 연경이라는 아들이 있었는데, 현경은 여자이지만 세 살부터 글을 읽어 학문이 뛰어났으며, "임금에 충성하고 부모에 효도하며 공명을 누리는 것이 사람의 할 일이니, 원컨대 여복을 벗고 남복을 입은 채 부모를 모셔 아들의 도를 행하고자 합니다"라고 부모에게 말했다. 이형도 부부는 현경의 말을 한때의 치기라 여겨 허락하였다.

이형도 부부가 나란히 세상을 떠나자, 현경은 예법에 어긋남이 없이 상주 노릇을 하여, 사람들은 이형도의 여덟 살 난 어린 아들이 장성한 열 아들보다 낫다고 감탄했다. 현경은 이후에도 남복을 한 채 학문을 닦았고, 시문으로도 소동파 못지않다는 칭송을 받았다. 유모는 현경이 혼인하지 않는 것을 걱정하지만, 현경은 "내 평생에 남복으로 늙고자 하거늘 어찌 혼인을 생각할까" 하고 대답했다.

현경이 열다섯 살이 되던 해, 예부시랑의 아들인 장연이 알성시가 있다고 알려왔다. 현경은 장원, 장연은 부장원으로 소년 등과하고, 국왕은 현경에게 한림학사, 연에게도 당하관 학사를 제수했다.[73] 연은 평소에도 현경의 학문과 덕을 흠모하여, 혼담이 들어옴에도 "여자로는 서시와 같고 남자로는 이현경과 같은 사람을 아내로 얻고 싶다"고 말하곤 했다.

한편 감찰원 도어사가 된 현경은 국구이자 권력자인 왕세충이 선비 유한의 아내 정씨를 겁탈한 것을 알고 그 죄를 황제에게 상소한다. 왕세충은 처벌받고, 이 일로 현경은 강직한 신하로 알려져 존경받는다. 현경에게는 혼담이 들어오고, 절세가인인 기생 운영도 현경의 첩이 되기를 바랐지만, 현경은 모두 거절했다. 유모는 현경이 여자임을 속이고 혼인도 하지 않는 것을 걱정하고, 운영은 연의 첩이 되었다.

한편 황제는 남경왕 주환이 승상 대경과 함께 모반을 꾸미려 하는 것을 알고 밤에 궁을 나와 현경과 연과 의논한다. 현경은 우선 대경을 국문한 뒤, 남경왕

---

73 한림원 소속의 학사로는 고려 기준 정2~3품이었던 학사승지, 정3~4품 한림학사, 종4품의 시독학사, 시강학사 등이 있었는데, 현경이 한림학사, 연이 당하관 학사가 되었다는 말은, 현경이 서연관으로서 국왕에게 학문을 가르칠 수 있는 한림학사가, 연은 그보다 한 단계 아래인 시독·시강학사가 되었다는 뜻으로 볼 수 있다.

이 반역을 꾸민 증거가 나오면 그때 처벌하시며, 궁으로 돌아갈 때 호위를 갖추시라 간언한다. 그 말대로 자객들이 나타나자, 황제는 현경의 선견지명에 감탄하였다. 남경왕이 반역을 일으키자 황제는 현경을 순무어사로 삼았다. 남만의 선우도 모반을 꾀하니, 황제는 현경을 도원수로, 장연을 부원수로 삼아 적을 물리치게 했다. 현경은 남다른 지혜와 용기로 큰 공을 세워 대사마 병부상서 겸 청주후에 봉해지고, 연도 예부상서 겸 기주후에 봉해진다.

한편 현경의 아버지 이형도는 연의 꿈에 나타나 현경이 여자임을 밝히고 "내 딸과 혼인하여 현명한 아내를 얻고, 내 딸도 그 고집을 버리게 하라"고 권하고, 현경의 꿈에도 나타나 "네가 이렇게 고집을 부리니 우리가 지하에 있어도 눈을 감지 못한다. 제발 여자의 도를 행하여 효도하라"고 한 뒤, 현경을 병들게 했다. 연은 문병을 갔다가 유모로부터 현경이 여자라는 말을 듣고, 황제가 보낸 어의도 현경의 맥을 짚고 여자임을 알고 놀란다. 열세 살이 된 현경의 동생 연경은 본인의 의지와 무관하게 비밀이 밝혀진 현경에게 남자의 몸으로서도 오르기 어려운 높은 벼슬에 올랐고, 명공대신이 벼슬을 버리고 처사가 되어 은거하는 일은 예로부터 많았다며 위로하지만, 현경은 여자로 돌아가면 10년 동안 노력한 모든 것이 속절없이 되는 것에 괴로워한다.

마침내 현경은 자신이 남자로서 생을 마칠 수 없다는 것을 납득하고 황제에게 사실을 고한 뒤 벼슬에서 물러나려 한다. 황제는 군사를 다스리는 대사마와 병부상서 직위는 여자의 일이 아니라며 거두었으나 청주후와 문연각 태학사 인수는 돌려주며, 출사는 아니 하더라도 모든 일을 열후 백관에 준하게 하도록 명했다. 이후 연은 현경에게 청혼하나, 현경은 홀로 늙다가 "대명 청주후 태학사 이현경지묘"라 새긴 묘비 아래 눕고 싶다며 거절한다. 황제가 그 일을 알고 두 사람의 혼사를 주관하는 한편, 현경에게 당당한 대신으로서 장씨 집안의 며느리가 되라며 관면과 인수[74]를 돌려주고 삭망[75]으로 조회

74 관면冠冕은 조복과 함께 착용하는 관과 면류관, 인수印綬는 벼슬자리에 오를 때 임금에게서 하사받는 관인의 꼭지에 달아 몸에 차기 위한 끈, 또는 관인 그 자체를 뜻하며, 이들은 벼슬자리 자체를 의미한다. 현경에게 관면과 인수를 돌려주었다는 것은 결혼을 하더라도 여전히 대신으로 대하겠다는 뜻이다.

75 朔望, 초하루와 보름. 조회는 아침에 신사들이 모여 국왕을 알현하는 의식으로, 국왕의 권위를 세우는 의식이자 국가의 주요 정사를 보고하는 정치적인 의례였다. 조선시대의 경우 국왕은 매일 약식조회인 상참常參을 통해 신하들을 접견했고, 닷새마다 조참朝參 또는 아일조회衙日朝會라 불리는 의식을 치렀으며, 정월 초하루와 동지, 매월 초하루와 보름에는 조하朝賀라는 대규모 조회를 열었다. 삭망으로 조회에 나오라는 것은 결혼을 하여 매일 출사할 수 없더라도 정식 조회인 조하에는 대신으로서 참석하라는 뜻이다.

에 나오라 이른다. 연은 기뻐했으나 현경은 원치 않는 혼인을 하게 되어 괴로워한다. 한편 현경의 동생 연경도 연의 누이동생과 혼인하였다.

그런데 연의 어머니 여씨는 현경이 조정 대신이라 방자하고 교만하다며 미워하고, 연의 첩인 운영과 손을 잡고 현경을 모해한다. 현경이 운영의 무례를 벌하려 하자, 여씨는 자신에게 정성을 다하는 며느리인 운영에게 벌을 주었다며 현경을 내쫓는다. 연이 여씨를 말리지 못하자, 현경은 죽마고우며 지기라 한 말이 부끄럽지 않느냐며 연을 꾸짖고 친정으로 돌아갔다. 연경은 전후 사정을 듣고 누님을 구박하는 장씨 집안의 딸과 살 수 없다며 새로 박씨와 혼인하려 한다. 장씨는 박씨와의 혼사를 막으며 박씨의 일생을 그르친다며, 연경이 박씨를 둘째 부인으로 맞는 것을 허락한다. 이 일로 연경은 장씨의 인품이 훌륭하다 여겨 내쫓지 않았다.

한편 운영은 자객을 보내 현경을 죽이려 하나, 현경은 자객의 목을 자르고, 황제의 연회에서 그간의 일을 고했다. 현경이 연과 혼인하여 행복하게 살고 있는 줄 알았던 황제는 깜짝 놀라 운영을 벌하고, 연과 그 아버지인 장 시랑을 불러, 충효겸전한 태학사 이현경을 모해하고 괄시하는 일은 황제와 조정을 능멸한 일이라며 크게 꾸짖었다. 황제와 아버지의 명령에 연은 현경을 찾아가지만, 그가 예를 갖추지 않자 노복과 시녀가 비웃었다.

"현경은 불과 기주후의 부인이지만, 나는 청주후의 남편인데 어찌 이리도 무례한가!"

"상공께서 비록 청주후의 남편이시나, 우리 청주후께서는 대원수이시고 상공은 부원수이신데 어찌 이리 무례하십니까."

연이 잔뜩 분노하여 칼을 빼어 들고 내당으로 들어가자, 현경은 태연히 칠현금을 뜯으며 어찌하여 제후의 내실에서 행패를 부리느냐며 조롱한다. 연이 황제와 아버지의 명을 언급하며 함께 돌아갈 것을 청하자, 현경은 연을 꾸짖었다.

"그대와 여덟 살 때부터 죽마고우가 되어 동년에 청운에 올라 임금을 섬겼고, 10년 만에 부부가 되어 시부모와 지아비를 섬김에 그릇된 바가 없었거늘, 여부인이 운영의 참소를 믿어 나를 구박하셨기에 내가 집에 돌아왔거늘, 무슨 할 말이 있단 말인가."

이때 연경이 달려 나와 연을 도적 취급하며 내쫓자, 연은 누이도 만나지 않고 집으로 돌아갔다.

반성한 연이 다시 찾아와 예의를 갖추어 사과하고, 장 시랑 또한 현경과 연경에게 백배 사죄하자, 마침내 현경은 장씨 집안으로 돌아갔다. 하지만 다시 연과 부부가 된 뒤에도 잠자리를 함께 하지는 않았다.

또한 연경도 부인 장씨에게 둘째 부인을 맞은 일을 사과하였다.

한편 한림 공전에게는 아름다운 딸이 있었는데, 어느 날 연이 공전과 술을 마실 때 그 딸이 연을 엿보고 사모하게 되었다. 공전은 연에게 딸을 둘째 부인으로 맞을 것을 간곡히 청하고, 현경도 공씨의 사정이 딱하니 육례를 갖추어 맞아들이라고 권한다. 현경은 공씨가 아름답고 총명하며 시문도 뛰어난 것을 알고 아끼게 되었고, 자신이 벗어놓은 조복과 옥대를 몰래 걸쳐보는 것을 보고 연이 둘째부인을 맞아들인 것을 널리 알려 외명부[76] 직첩을 받게 하였다.

한편 연은 공씨와 혼인은 했지만 가까이하지 않고, 현경에게 계속 용서를 구하고 있었다. 현경은 자신이 연과 잠자리를 하지 않는 이유를 설명했다.

"내가 낭군을 용서하지 않은 것이 아니라, 진실로 마음이 헌헌한 남자로 친구가 된 것이 10년이었는데, 지금 부부가 되니 부끄러워 동락치 못하는 것입니다. 견권지정이라면 공씨가 있지 않습니까."

"장연이 이현경과 벗이 되었을 때에는 정이 깊었는데, 부부가 되니 오히려 붕우일 때만 못합니다. 부디

---

76   外命婦, 공주, 옹주, 군주, 현주 등 왕족이나 종친의 딸과 부부인, 군부인 등 왕족이나 종친의 아내, 또는 정경부인, 정부인, 숙부인 등 문무관의 아내로서 봉작을 받은 사람.

부인께서는 노한 마음을 풀고 나를 용서하십시오."

이후 연은 현경과 부부의 연을 깊이 맺었고, 현경의 권유로 한 달에 보름은 현경과, 나머지 보름은 공씨와 함께 지내게 되었다. 이후 공씨는 1남 3녀를 낳았고, 현경도 나이 마흔이 되었을 때 훌륭한 아들을 낳았는데, 그 아들 또한 부모를 닮아 열다섯 살에 급제하여 그 이름을 널리 떨쳤다. 이들의 아들들과 제자들은 모두 벼슬이 공후에 이르렀다.

현경과 연은 나이 80이 되었을 때 목욕재계하고 이별시를 남겼는데, 하늘에서 선관이 내려와 그들을 학에 태워 천상으로 데려갔다 황제는 두 사람이 승천하였다는 이야기를 듣고 화공을 불러 두 사람의 초상을 그려 기린각에 두니, 그들의 이름은 더욱 빛났다.

이현경은 어린 나이부터 임금에 충성하고 부모에 효도하며 공명을 누려 가문의 이름을 드높이는, 남성 사대부에게 권장되는 일들이야말로 사람이 마땅히 해야 할 일, 자신에게 당연하게 주어진 의무이자 권리라고 여겼으며, 평생 남복을 한 채 혼인하지 않고 홀로 살아가고자 한다. 혼란스러운 시대에 부모와 헤어질 운수를 타고난 홍계월이 자기 자신을 지키기 위해, 그리고 부모를 다시 만나기 위해 남장을 하고 살아갔다면, 이현경은 여자로서 남자에게 주어진 '마땅한 삶'을 살기 위해 스스로 선택해 남장을 한다.

그의 선택을 한때의 치기로 여기며, 나이가 들면 그런 행동을 괴이하고 부끄러운 일이라 여기고 순순히 여자의 모습을 돌아올 것이라 여겼던 부모는 현경이 여덟 살 때 세상을 떠났다. 현경은 부모의 장례를 모시고, 학문을 갈고닦고, 어린 남동생과 함께 부모님의 집에서 살며 집안을 이끌었다. 그는 자신의, 아들로서의 도리를 다하고, 과거에 응시해 장원급제하고 한림학사가 된다. 조정에서도 현경은 권력자이자 황후의 아버지인 국구의 잘못을 황제에게 두려움 없이 직언하는 지조 있는 신하로 알려지고, 남경왕의 반란을 제압하고 남만을 평정하며, 대사마 병부상서 겸 청주후가 된다. 현경은 임금에 충성하고 공명을 누리고 가문의 이름을 빛낸다는, 남성 사대부로서의 자신의 의무를 다했다.

하지만 그렇다고 해도, '너는 여자니 혼인하고 남편에게 순종하라'는 가부장제의 압력은 계속된다. 현경은 "내 평생에 남복으로 늙고자 하거늘 어찌 혼인을 생각할까"라고 말하며 혼인에 뜻을 두지 않지만, 유모는 현경에게 "규중의 귀하신 아씨가 완연한 남자가 되어 여자의 도리를 행하지 않고 혼인도 아니 하신다"며 근심한다. 현경이 지조 있는 관리로서 세상에 이름을 떨치자 "상공께 영화가 가득하여 일세의 명관이 되셨으나 훗날은 어찌하시렵니까"라며 현경이 계속 남자 모습으로 살아가는 것을 걱정하고, 성별을 속이는 것은 부모의 뜻을 거스르는 것이 아니냐고 묻는다. 현경은 부모가 살아계실 때부터 남장을 한 것이니 부모의 뜻을 거스른 것도 아니라고 대답한다.

하지만 유모의 입을 통해 부드럽게 가해지던 가부장제의 압력은, 죽은 아버지, 이형도의 형태로 다시 나타나 현경을 죄어온다. 그는 딸의 오랜 친구이자, 현경과 같은 나이에 예부상서 겸 기주후의 자리에 오른 장연의 꿈에 나타나 "내 여식이 어려서부터 남아의 뜻을 품었으니, 그대는 내 딸과 혼인하여 현명한 아내를 얻고, 내 딸도 그 고집을 버리게 하라"며 현경과의 혼인을 권한다. 딸에게 결혼하라는 이야기를 할 때조차도, 딸이 아니라 자신이 점찍은 사윗감에게 먼저 나타나서 이야기를 하는 식이다. 다음으로 이형도는 현경의 꿈에 나타나 "네가 이렇게 고집을 부리니 우리가 지하에 있어도 눈을 감지 못한다. 제발 여자의 도를 행하여 효도하라"고 하고, 현경을 병들게 한 뒤 진실이 폭로되게 만들었다. 현경이 10년 이상 공들여 쌓아 올린 남자로서의 세계는, 현경을 걱정한다고 말하며 결국은 자기 뜻을 관철시키기 위해 현경을 곤경에 빠뜨리는 가부장제의 현신들에 의해 무너졌다. 죽어서도 딸의 앞길을 가로막는 이 아버지는 딸에게 '여자 옷을 입고 결혼하여 남의 아내가 된다'는 정상성을 되찾게 하기 위해, 성별을 속이고 과거에 급제했다는, 그야말로 황제를 기망한 죄를 고하게 만들고 말았다. 다행히도 황제는 현경의 재주를 아껴 청주후와 문연각 태학사로서의 지위를 유지시키지만, '남자의 일'인 군대와 관련된 직책, 즉 대사마와 병부상서의 직위는 거두어들였다.

한편 인중호걸人中豪傑이자, 현경에 버금가는 인재인 연은 평소에도 현경을 흠모해, "여자로는 서시와 같고 남자로는 이현경과 같은 사람을 아내로 얻고 싶다"고 말해왔다. 등과 이전부터 친구였던 연은 현경이 여자임이 밝혀지자마자 청혼하는데, 관점에 따라 그는 주인공을 한결같이 사모해온 로맨틱한 남성 주인공으로 보일 수도 있다. 그러나 그는 현경의, 혼인하지 않고 홀로 살다가 "대명 청주후 태학사 이현경지묘"라 새긴 묘비 아래 눕고 싶다는 소망을 결코 이해하지 못한다.

황제가 두 사람의 혼사를 주관하자, 현경은 자신의 뜻과 상관없이 이루어지는 혼사를 괴로워하면서도 연과 부부가 된다. 연은 현경과 혼인하는 것을 기뻐하지만, 현경의 결혼 생활은 순탄하지 않다. 연에게는 이미 기생 출신의 첩인 운영이 있었고, 시어머니인 여씨는 조정에서 자신의 아들보다 높은 지위에 올랐던 현경을 미워하고 괴롭힌다. 현실에서도 혼기가 가까워진 자녀를 둔 이들은 종종 "사위는 높은 곳에서, 며느리는 낮은 곳에서 구하라"는 말을 마치 옛사람들의 지혜라도 되는 듯 속삭이곤 한다. 아들보다 학벌이 좋거나, 좋은 직장에 다니거나, 친정이 부유한 여성이 며느리가 되면 내 아들이 기가 죽는다거나, 우리 집안을 무시한다고 하고, 아들보다 뛰어난 여성이 며느리가 되면 일단 기를 죽이려 드는 집들도 심심치 않게 찾아볼 수 있다. 하물며 과거에는 더욱 심했을 것이다. 한 집안에서 갓 시집온 며느리는 적어도 3년, 혹은 석삼년이라 하여 9년 동안은 혼인으로 맺어진 새로운 가족의 일원으로 적응하는 기간이라 여겼으며, 층층시하의 맨 아래에 자리 잡고 있었다. 그런 며느리는 자식들을 낳으며 집안 내에서 영향력을 키웠고, 남편이 가정 내에서, 그리고 사회적으로 지위가 올라감에 따라 대접받았다. 이때 며느리의 친정이 어떤 가문인지, 얼마나 부유한지, 혹은 며느리가 얼마나 똑똑하고 많은 공부를 했으며, 사회적 지위가 어떠했는지는 중요하지 않다. 21세기가 되어서도, 유명 연예인이나 기업의 간부, 혹은 사회적으로 높은 성취를 거둔 여성이 명절에 시가에서 전을 부치고 있는 이야기를 듣는 것은 드물지 않다. 가부장적 결혼제도에서 혼인한 여성이 새로운 가족의 일원으로 적응하는 기간이란, 사실은 굴종에 익숙해지는 기간일지도 모른다.

현경 역시 그런 굴종을 요구받는다. 비록 첩이라 하나 먼저 이 집안에 들어온 운영은 여씨와 손을 잡고 현경을 모해하고, 현경은 정실로서 첩인 운영의 방자함을 다스리려 하나 그조차도 마음대로 할 수 없다. 연의 집에서 현경은 조정 대신이 아닌, 시어머니가 쫓아내겠다고 하면 쫓겨날 수밖에 없는 일개 며느리일 뿐이다. 무엇보다도 이제 남편이 된 연이, 여씨의 횡포를 막지 못하자 현경은 웃으며 집을 나간다. 남자로서, 태학사 이현경으로 살고자 했던 현경에게는 처음부터 원치 않은 결혼이었고, 시어머니와 첩의 횡포에 머리를 숙이고 싶지도 않았으며, 죽마고우이자 지기였던 연에 대한 신뢰도 깨졌다. 그는 주저없이 자신의 집으로 돌아간다. 한번 혼인을 했으면 출가외인이요, 죽어도 시가의 귀신이 되어야 한다고 가르침을 받았던 당대의 여성 독자들에게 현경이 시가에서 갈등을 빚자 태연히 웃으며 친정으로 돌아가는 장면은 남장을 하고 과거에 급제하는 것 이상으로 전복적인 서사였다. 하지만 분명히 현경에 버금가는 인재로 묘사되던 연은, 결혼생활에서는 죽어서도 현경의 발목을 잡던 현경의 아버지 이형도 못지않은 가부장 노릇을 하려 든다. 이형도가 딸을 제 뜻대로 하기 위해 딸을 병에 걸려 자리에 눕게 하고, 황제를 기망한 죄를 고해야 하는 난처한 상황으로 밀어 넣었다면, 연은 현경을 데리러 처가에 갔다가 칼을 뽑아 휘두르기까지 한다. 그야말로 가족 구성원, 특히 딸이나 아내의 생사여탈권이 자기 손에 달렸다고 믿고, 때때로 그를 확인하며 효용감을 느끼는 가부장의 폭압 그 자체다. 하지만 현경의 노복들은 현경이 연보다 관직이 더 높음을 들어 연을 조롱하고, 동생 연경도 현경을 소박맞아 돌아온 부끄러운 누이로 생각하지 않고 연에게 맞선다.

물론 연경도 정도의 차이는 있지만 제 아내를 도구로 취급하는 가부장이라는 점에서는 연과 크게 다르지 않다. 현경이 집으로 돌아오자 연경은 연과 장씨 집안에 분노를 표하며 연의 누이이기도 한 자신의 아내를 냉대하고, 다른 사람을 부인으로 맞으려 한다. 그러나 현경은 "너는 장 태부의 어질지 못함을 보고 더욱 정도를 닦아야지, 어찌 무도한 장 태부와 같은 행동을 하려 드느냐. 하물며 네 아내는 어진 사람이니 더욱 공경하여 대하라"며 동생을 꾸짖고, 연경의 아내 장씨에게 사죄한다. 현경은 남장을 하고 성공했고, 남성 사대부의 삶이야말로 사람이 마땅히 해야 할 일이자 자신의 길이라고 생각했지만, 권력자에게 겁탈당한 여성의 사연을 듣고 이 일을 황제에게 직언했던 것처럼 다른 여성들의 고난을 내버려두지 않았다.

결국 황제가 나서 운영을 벌하고, 시아버지와 남편 연이 찾아와 애원한 뒤에야 현경은 장씨 집안으로 돌아간다. 그리고 현경은 마침내 연이 자신을 존중하고, 평등한 부부관계를 모색해볼 수 있게 되었을 때에야 연과 솔직한 대화를 나눈 뒤 동침한다. 이것은 혼인을 원하지 않고 자신이 남성으로 인정받았을 때 성취했던 것들을 자신의 묘비명으로 삼아 살아가고 싶었던 현경이 현실과 타협한 것이다. 사실 현경의 의사와 상관없이, 현경이 남복을 했던 시절부터 현경과 같은 이와 혼인하고 싶다고 말하던 연은 정작 혼인도 하기 전에 운영을 첩으로 들이고, 현경과 재결합한 뒤에는 자신을 연모하다 상사병에 걸린 공 한림의 딸을 둘째 부인으로 맞기까지 한다. 현경과 연이 평등한 부부관계를 모색한다고 하나, 현경이 조정 대신으로서 연보다 우월한 입장이라 해도 이 관계는 여전히 기울어져 있다. 현경이 집안의 주도권을 쥔다 하더라도, 이는 온정적인 가부장의 동의 아래 이루어지는 시혜적이고 종속적인 관계에 지나지 않는다.

하지만 그럼에도 《이현경전》은, 소설 속에서나마 당시 여성들이 감히 꿈도 꾸지 못했을 일들을 거침없이 행하며 가부장제와 맞서 인간이 되고자 했던 여성의 모습을 보여주었다.

> "세상의 여자가 그 지아비를 두려워하고 시부모를 공경하여 음식과 의복을 시중들고, 깊은 규중에 갇혀 문밖을 나서지 못하는 것은 차마 못 할 짓이라. 내 비록 여자이나 평생 혼인하지 않고, 벼슬길에 나아가 국가를 도와 천하를 평정하여, 그 지위가 공후에 이르고, 그 이름이 역사에 기록되는 것이 옳으니 혼인 같은 말은 다시 이르지 말라."

남자와 똑같은 옷을 입고, 남자와 겨루어 과거 시험을 보아 장원급제하고, 평생 혼인하지 않고, 남편과 시가에 굴종하지 않고 제 뜻을 펼치며 살아가려 했던 이현경은, 당시 여성들에게는 불가능한 꿈을 그려낸 존재였다. 이야기의 종반부, 연을 흠모해 연의 둘째 부인이 된 공씨는, 현경을 동경하는 당대 여성들의 모습을 반영한 인물이다. 공씨는 아름답고 시문이 뛰어나 현경조차도 "상공보다 뛰어나다"고 칭찬할 정도였지만, 세상으로 나가지 못하고 평범하게 혼인을 했다. 그런 공씨가 현경의 조복과 옥대를 걸쳐보는 모습은, 뛰어난 재주가 있지만 세상이 정해놓은 대로 살아온 사람이 처음으로, 이 집의 담장 밖에 다른 세계가 있음을, 자신의 안에도 그동안 알지 못했지만 세상에 인정받고 공명을 떨치고자 하는 소망이 있었음을 깨닫는 순간이다. 현경은 공씨에게 남복을 하고 과거를 보라, 너도 할 수 있다 권하지 못하고, 공씨 역시 자신의 세계를 감히 뛰어넘지 못하지만, 이 이야기를 읽는 사람들은 그 순간 그들과 함께 담장 밖의 세계를 바라보며, 그 전에는 있는 줄도 몰랐던 소망을 품게 될 것이다.

물론 이현경 역시, 그 담장을 아주 뛰어넘지는 못했다. 그의 시도는 불완전한 혁명이었고, 그는 결국 남복을 벗고 여자의 모습으로 돌아가 가정으로 돌아가야 했다. 하지만 설령 그가 가부장으로서 가족 구성원들을 굴복시키려 하는 죽은 아버지, 이형도에 의해 여성임을 밝히게 되고, 자애로운 가부장인 황제에 의해 친구라 여겼던 연과 혼인하고, 다시 그 연이 다른 남자와 다를 것 없이, 부인을 제 소유물로 여기는 가부장일 뿐이라는 사실에 절망했다 하더라도, 이현경의 뜻은 결코 꺾이지 않았다. 아마도 당대의 여성들은 친정으로 돌아가고, 남편을 조롱하고, 자신을 존중하지 않는 남편과 동침하기를 거부하는 이현경의 모습에서, 여성이 시가 가족 중 가장 미천한 존재가 되어 굴종을 강요당하지 않고 인간으로 존중받는 세상을, 불가능해 보이지만 언젠가 반드시 올 평등한 세상을 꿈꾸었을지도 모른다.

혈연을 뛰어넘은 대안가족을 상상하다: 《방한림전》

인간으로, 사대부로 살아가기 위해 남자가 되고자 했던 이현경은 남성으로서 찬란한 업적을 세웠지만, 그의 혁명은 불완전했다. 남장을 해 성공을 거둔 여성 영웅은 종종 여성으로 살아가라, 혼인을 해라, 혼인을 했으면 아내이자 며느리로서 순종하라는 압력을 받는다. 그 배우자가 있는 그대로 질투심 없이 여성 영웅의 성공을 인정하고 받아들이며 평등한 결혼생활을 한다면 좋았겠지만, 현실은 물론 이야기 속에서도 남성들은 가부장제의 현신처럼 굴며 여성을 억압했다. 《홍계월전》의 보국이나 《이학사전》의 장연은 계월이나 현경이 여성임을 알기 전까지는 두 사람을 벗이자 상사로서 경애하고 따른다. 하지만 이들이 여성임을 알고, 또 혼인해 부부가 된 뒤에는 여자라고 무시하고 그 뜻을 꺾으려 든다.

당대 어떤 남성보다도 뛰어나고 비범하며, 나라와 황제를 위기에서 구하고 그 이름을 천하에 떨치는 여성 영웅은, 남자 옷을 벗고 여자 옷으로 갈아입으며 가정의 담장 안에 갇힌다. 그것이 처음에는 소꿉친구였던 남성과의 밀고 당기는 사랑을 다룬 애정소설, 혹은 여성들이 현실에서 겪는 시가와의 갈등이 드러난 가정소설로 받아들여지며, 능력 있는 여성이 투쟁 끝에 남편과 시가에서도 그 성취를 인정받고 평등한 결혼생활의 길을 모색하는 것으로 받아들여졌겠으나, 독자들은 이와 같은 전개가 반복되는 것에서 어쩌면 좌절과 피로를 느꼈을지도 모른다.

《방한림전》은 바로 그런 틀을 깨고 그다음 단계로 한 걸음 더 나아간 소설이다. 《방한림전》의 두 주인공, 방관주와 영혜빙은 남성과의 불평등한 결혼생활에서 투쟁하는 대신, 여성들끼리 맺어진 가족공동체라는 대안상을 제시하며 가부장제를 정면으로 돌파한다. 이 독특한 소설은, 다른 영웅소설들이 주인공의 아버지가 누구인지에 대해 먼저 이야기를 하고 시작하는 것과 달리, 주인공인 방관주 본인에 대해 먼저 언급하고 시작된다.

방한림전

명나라 때 북경 유하촌에 방관주라는 서생이 있었다. 그의 아버지는 충렬공의 후손이자 한림원 태학사를 지낸 인물로 뒤늦게 무남독녀 외동딸인 관주를 얻었는데, 관주는 세 살 무렵부터 학문을 즐기고 남자 옷을 입으려 했다. 관주의 부모는 어린 딸의 재주를 보고 여자로 태어난 것을 아까워하며, 여자가 배

워야 할 일들을 가르치지 않고 글공부를 시켰으며 친척들에게도 딸이라고 이야기하지 않았다.

관주가 여덟 살 되던 해에 부모가 세상을 떠났다. 어린 관주는 예법에 맞게 장사를 치르고 3년상을 받들며 집안을 다스렸지만, 유모인 주유랑은 여자는 아홉 살이면 규방에 머무르고, 열 살이면 문밖에 나서지 않는다며 관주가 남자 행세를 하는 것을 걱정했다. 하지만 관주는 입신양명하여 부모님의 이름을 빛낼 것이라며 더욱 학문을 갈고닦고, 병법과 무예를 익혔다. 3년상을 마친 뒤에는 1년간 유람을 다니기도 했다. 마침내 관주가 열두 살이 되던 해, 관주는 장원급제했다. 황제는 관주의 재주를 아껴 한림학사에 제수했다. 소년등과하여 황제의 총애를 받는 수재 관주를 사위 삼고 싶어 하는 이들이 많았는데, 그중에 병부상서 겸 태학사 영 공이 있었다. 영 공의 막내딸 혜빙은 아름답고 재주가 뛰어났지만, "여자는 죄인이라, 모든 일을 제 뜻대로 하지 못하고 남편의 뜻을 따라야 하니, 남자가 되지 못한다면 차라리 혼인을 하지 않는 게 낫습니다"라고 말하며 혼인하지 않으려 했다.

관주는 남자로 행세하며 평생을 살면서 아내를 두지 않는다면 세상 사람들이 의심할 테니, 차라리 혼인을 하여 그와 평생 친구로 지낼 수 있다면 얼마나 좋을까 생각했지만, 그런 관계로 사는 것을 용납할 사람이 없을 것이라 생각했다. 영 공의 청혼을 받고 혜빙을 만나본 관주는 저런 훌륭한 여성은 만고를 기울여도 다시 만나지 못할 것이라 생각했으나, 혜빙은 관주가 남장을 한 여자임을 바로 알아보고 기뻐하며 혼인을 승낙했다.

"이런 여성으로서 영웅이 된 사람을 만나 평생의 친구가 되어, 부부의 의와 형제의 정을 맺어 일생을 마침이 나의 소원이라. 내 본디 남자의 아내가 되어 그의 뜻을 따르며 화장을 하고 잘 보이려 애쓰며 사는 것을 괴롭게 여겨 혼인하지 않으려 했는데, 이런 사람과 혼인하게 되었다니 하늘이 도우심이라."

유모가 근심하는 가운데, 관주는 혜빙과 혼인했다. 혼인한 첫날밤에 관주가 자신이 음양을 속인 사실을 털어놓자, 혜빙은 부부로 행세하며 서로 지기가 되어 함께 살아가기를 청했다.

"제가 처음 낭군을 볼 때에 여자임을 알아보았는데, 이제 당신과 평생을 살아도 부부의 도를 잃지 않을 것입니다."

몇 년이 지나 관주는 황제에게 현명선생이라는 별호를 받고, 혜빙도 외명부의 작위를 받으며 두 사람의 영광은 더욱 높아졌다. 한편 형주의 민심이 사나워지고 난신적자들이 일어나, 관주는 형주안찰사로 파견되었다. 형주 사람들의 민심을 바로잡은 관주는 어느 가을 밤에, "살아서 원을 이루었으나 죽은 뒤에 이름을 남길 것을 걱정한다"는 시를 썼다. 그러자 하늘에서 벼락이 치고 큰 별이 떨어졌는데, 관주가 그 자리에 가보니 별 대신 가슴에 "낙성"이라고 적힌 사내아이가 놓여 있었다. 관주와 혜빙은 낙성을 아들로 삼아 정성껏 길렀다. 낙성은 총명하고 효성스러우며 하나를 들으면 열을 아는 소년으로 자랐고, 추밀사 김희는 낙성을 보고 같은 나이의 딸과 혼인 맺기를 청했다.

한편 간신들이 조정을 농락하며 올곧은 신하들은 벼슬을 그만두게 되었다. 이 틈을 타 북방 오랑캐가 쳐들어오자 황제는 문무중신을 모아 의논하려 했으나 아무도 감히 입을 열지 못했는데, 병부상서 방관주가 나서서 자신이 몸소 오랑캐에 맞서 싸우리라고 말했다. 황제는 관주를 대원수 정북장군으로 삼고 10만 대군을 내어주었다. 관주는 혜빙과 이별시를 나누고 전장으로 떠났다. 호왕이 관주의 용병술을 당하지 못해 패하자 호왕의 승상 야율달이 직접 관주를 죽이러 갔는데, 관주는 천문을 보고 위험을 깨달아 야율달을 물리쳤다. 야율달의 아내 달여는 복수를 맹세하고 갑옷을 입고 숨어들어 관주를 죽이려 하나 역시 실패했다. 관주는 호왕과 여덟 달 동안 지략과 진법으로 맞서 싸운 끝에 항복을 받아내었다.

전쟁이 끝나자 황제는 관주를 강릉후에 봉하고, 혜빙은 진국부인으로, 관주의 부모는 좌승상 평양후와 한국부인으로 봉했다. 혜빙의 아버지인 서평후는 관주와 혜빙이 제후가 된 것을 기뻐하면서도 슬하에 친자식이 없는 것을 걱정했는데, 혜빙은 "사람이 살며 오복을 다 갖추기 어려운 일이며, 집안을 이을 아이가 있으니 흠 될 일이 없습니다"라고 대답했다.

낙성은 열두 살이 되던 해에 김추밀의 딸과 혼인하고, 열세 살에 장원급제하였다. 황제는 기뻐하며 낙성을 도어사로 삼고 부인 김씨에게도 봉관화리[77]를 내려 외명부의 작위를 주었다. 두어 해가 지나 낙성과 김씨는 아들을 낳았다. 관주의 영화는 끝이 없을 것 같았으나, 한 도사가 나타나 관주의 수명이 마흔 살을 넘기지 못할 것이라 말하며 사라졌고, 그 자리에는 "음양을 변하며 임금과 사해를 속이매 그 벌이 없지 않으리로다. 하늘에서 방자히 호색을 하여 이번 생에서는 금슬지락을 끊었으니 그 죄를 아는가. 못이 차면 넘치고 영화가 도를 넘치면 슬픔이 오나니, 옥황상제께서 옛 신하를 보시고자 하시는도다"라는 글이 남겨져 있었다. 관주는 자신은 벌을 받아

---

77 鳳冠花履, 봉황관과 꽃신. 여성의 잘 차려입은 예장, 특히 황후나 내외명부의 부인과 같은 신분 높은 여성의 복식을 뜻한다.

도 마땅하나, 다만 혜빙을 걱정하였다.

낙성 부부가 둘째 아들을 낳고 다시 봄이 오자, 관주는 큰 잔치를 열었다. 혜빙은 관주와 함께할 날이 얼마 남지 않았음을 알고, 그와 삶과 죽음을 함께하겠다고 말했다. 관주는 곧 병이 들었고, 마지막으로 황제를 배알하여 자신이 여자임을 밝히며 죄를 청했다. 황제는 스물일곱 해 동안 이런 일을 짐작하지 못한 자신의 어리석음을 탓고, 서평후 부부는 사위인 관주가 여자였고, 딸인 혜빙의 절개가 굳어 그 손목에 찍힌 앵혈이 남아 있음을 보고 깊이 탄식했다.

관주는 향년 서른아홉 살로 세상을 떠나고, 혜빙도 곧 뒤를 따르듯 세상을 떠났다. 낙성 부부는 3년상을 극진히 치렀고, 이후 벼슬이 위국공에 올랐으며, 많은 자손을 낳았다. 관주와 혜빙이 세상을 떠났을 때, 낙성은 꿈을 꾸었다. 두 사람은 본디 하늘의 문곡성과 상하성으로 서로 깊이 사랑하다 못해 다른 일을 게을리하여 그 벌을 받아 지상에 내려왔으며, 천상에서의 방자함을 벌하기 위해 관주를 여자의 몸으로 태어나게 하였다며, 이제 나란히 하늘로 돌아갔으니 너희는 슬퍼하지 말고 집안의 이름을 빛내고 만수무강하라는 꿈이었다.

대부분의 여성 영웅 이야기는 집을 떠나 모험을 하는 것

으로 끝나지만은 않는다. 여성 영웅들의 모험의 끝은 대부분 혼인으로 귀결된다. 몇몇 여성 영웅은 고난을 극복하고 신으로 좌정하지만, 대부분은 남성과 혼인해 내당에 들어앉는다. 많은 경우 이 남성은 전생부터의 연인처럼, 필연적으로 만나야 하는 사람이고, 사랑하게 되는 사람이다. 물론 《홍계월전》이나 《이학사전》처럼 사회적으로 성공했다가 여성임이 밝혀진 뒤 혼인하는 이야기에서는 전생의 연인이 아닌 어린 시절부터 함께 공부한 사람이고, 하늘이 점지하는 것이 아니라 황제가 혼인을 주관해 부부가 되지만, 모든 면에서 뛰어난 여성이 자신의 소명을 마치고 돌아온 자리에는 대개 혼례의 초례상이 기다리고 있다. 마치 아무리 뛰어난 자질을 갖추고 나라를 구한 여성이라 해도, 혼인하여 가정을 이루지 않으면 아무짝에도 쓸모없다는 듯이.

그리고 그런 관점에 정면으로 도전하는 이 이야기에는 아예 남성 주인공이 등장하지 않는다. 방관주는 어린 나이부터 여자의 도리를 거부하고 자신의 의지로 남장을 하고 공부에 정진하며, 그의 부모는 재주 많고 총명한 딸이 여자로 태어난 것을 아까워하며 그의 선택을 지지한다. 물론 아직 관주가 어렸기 때문에 가능한 일이었을 수도 있지만, 기본적으로 방관주의 부모는 출중한 딸의 능력을 알아보고, 딸의 의지를 존중하는 깨인 사람들이었다. 물론 유모는 관주가 남장을 하고 살아가는 것은 불가능하다고, 여자의 모습으로 돌아가야 한다고 걱정스레 말하지만, 관주는 부모를 여읜 뒤에도 남장을 하고 학문에 정진해 열두 살에 과거에 급제한다. 그에게 남자로서 살아가는 것은 자신이 바라는 바이자 부모님이 허락하신 일이었고, 친척들조차도 관주가 딸이라는 것을 알지 못했기에 관주에게는 거리낄 것이 없었다. 여기까지는 아버지의 입장만 제외하면《이학사전》의 이현경과 크게 다르지 않다.

다만 승승장구하던 관주에게도 혼사에 대한 고민은 있었다. 장성해 벼슬길에 나아간 남자가 평생 아내를 두지 않는다면 남의 의심을 살 수밖에 없는 상황에서, 관주는 마음이 맞는 여성과 혼인하여 평생 벗으로 살 수 있다면 얼마나 좋을까 생각한다. 그리고 이때, 영 공이 자신의 막내딸과 혼인할 것을 권하고, 관주는 영 공의 딸인 혜빙을 '만고를 기울여도 다시 만나지 못할' 훌륭한 여성이라고 생각한다.

한편 영혜빙은, 여자로 태어난 것이 죄도 아닌데 모든 일에 남편의 뜻을 따라야 하고, 남편에게 잘 보이기 위해 화장을 하며 살아야 하는, 자유롭지도 평등하지도 못한 결혼한 여성의 역할을 괴롭게 여겨, 남자와 동등한 관계가 아닌 혼인은 하지 않겠다고 생각하는 사람이었다. 남장을 하지 않고 여성인 채로 주체성과 평등을 추구하던 혜빙은 관주가 남장을 한 여자임을 바로 알아보고, 이 혼인으로 혜빙의 인생을 망칠까 걱정하는 관주에게 자신도 "여성으로서 영웅이 된 사람을 만나 평생의 친구가 되어 부부의 의와 형제의 정을 맺어 일생을 마침이 나의 소원"이라고 말한다. 이후 두 사람은 부부로 행세하며 서로 지기가 되어 함께 살게 된다.

현대인의 관점에서 두 사람의 관계는 여러 방향으로 해석할 여지가 있다. 우선 관주와 혜빙은 두 사람 모두 처음부터 남성과의 결혼을 고려하지 않았던 여성이다. 이들은 서로 깊이 사모하고, 헤어져 있을 때는 그리워하며 서로에게 절개를 지킨다. 자신이 전생에 호색한 벌을 받아 금생에서는 여자로 태어났음을 알게 된 관주는 자신이 아닌 혜빙의 기구함을 슬퍼한다. 마침내 관주가 마흔 살의 나이로 세상을 떠나자, 혜빙은 통곡하다 그 뒤를 따른다. 이들은 자신들이 부부로 행세하는 지기라고 하나 사실은 레즈비언 부부로 볼 수 있으며, 이들은 작품 전반에서 서로 깊이 사랑하고 의지하며 당대 여성들이 이상적으로 생각했을 비익연리와 같은 부부의 모습을 보여준다.

이들은 부부로서 함께 살아갈 뿐 아니라, 하늘의 별이 떨어지며 얻은 아이인 낙성을 자신들의 아이로 키운다. 혈연으로 이어지지 않은 이들이 '부부와 자녀'로 이루어진 가족이 되고, 다시 그 아이는 양육자의 사랑과 가르침을 이어받는다. 관주와 혜빙이 낙성을 양자로 삼는 것은 당대 사람들에게 재생산을 통해 집안의 대를 잇고 제사를 모신다는 것이 무엇보다도 중요했기 때문이었을 것이다. 딸이 자식을 낳지 못한 것을 걱정하는 서평후에게 혜빙이 "사람이 살며 오복을 다 갖추기 어려운 일이며, 집안을 이을 아이가 있으니 흠 될 일이 없습니다"라고 말하는 것은, 세상이 말하는 정상성의 기준을 다 충족할 필요도 없고, 후사가 필요하다면 양자를 들여 가족을 이루면 된다는 이야기다. 낙성이 관주에 버금가는 성취를 이루고, 혼인하고 자녀들을 낳으며 '정상성'을 갖춘 삶을 살아가는 모습은 양육자인 관주와 혜빙이 둘 다 여성이라 하더라도 낙성의 성장에는 전혀 문제가 없었음을 보여준다.

한편 관주는 전생에 하늘의 문곡성이었는데, 상하성(혜빙)을 깊이 사랑하다 못해 방자할 정도로 호색을 하느라 다른 일을 게을리해 벌을 받게 되었고, 여자의 몸으로 지상에 태어났으며, 죽은 뒤에는 부부가 나란히 하늘로 돌아갔다. 전생의 성별이 현생과 반드시 동일한 것은 아니겠으나, 관점에 따라 관주는 본래 남성이었는데 여성의 몸으로 태어나, 어릴 때부터 남성으로 정체화하고 살아온 트랜스남성으로 볼 수도 있다.

한편으로 관주와 혜빙은 죽을 때까지 서로 사모하고 의지하며 살아가는 동반자였지만, 이들의 관계는 열정적인 로맨스와 다르며, 육체적 관계가 없었다는 점도 생각해볼 필요가 있다. 두 사람이 성관계를 하지 않았음은, 관주가 죽어갈 때 혜빙의 아버지인 서평후가 혜빙의 손목에 찍힌 앵혈을 보고 탄식하는 장면으로 묘사된다. 앵혈이란 흔히 앵무새나 꾀꼬리 피를 묻혀 여성의 정조를 감별하는 방법으로 알려져 있지만, 그 기원은 중국의 진나라 장화의《박물지》에 기록된 수궁사守宮沙라고 한다. 도마뱀의 일종인 수궁을 붉은 주사를 먹여 그 무게가 일곱 근이 되도록 몸이 빨갛게 변하는데, 이것을 절구에 넣어 빻은 것이 수궁사다. 옛사람들은 아직 성관계를 한 적 없는 여자의 팔에 수궁사로 붉은 점을 찍어두면 성관계를 하기 전까지 그 점이 그대로 남아 있다고 믿었다. 이와 같은 수궁사, 혹은 앵혈은 문학작품에서 종종 여성의 순결함을 증명하기 위한 장치로 사용되었다. 이를테면《옥루몽》의 주인공 양창곡의 첩인 벽성선은 기녀이지만 지조를 지켜, 양창곡과 혼인해 동침할 때까지 손목의 붉은 점이 그대로 남아 있었다는 식이다. 현대인의 관점에서 저런 비과학적이기 이루 말할 수 없는 도구를 통해 여성을 순결 이데올로기에 묶어놓으려 했던 것도 한심하고, 사위가 죽어가는 마당에 딸이 순결한지 여부를 확인하고 있는 아버지 서평후의 행동도 기괴하기 이루 말할 수 없지만, 이 장면에서 우리는 두 사람이 성애적 관계 없이도 이상적인 부부로서 살아왔음을 생각하게 된다. 마치 19세기 말 미국의, 경제적으로 독립했고 서로에게 헌신적인 비혼 여성 두 사람이 남성의 개입 없이, 성애 없는 헌신과 우정으로 가족이 되어 동거하는 '보스턴 결혼Boston Marriage'과도 같은 관계다.

사람들은 자기 자신의 욕망의 주체가 되어야 하지만, 이 과정에서 세상은 꾸준한 이성애 관계이자 성애를 동반한 관계를 이른바 '정상적인 관계'로서 강요한다. 성소수자에 대해 이야기할 때에도 무성애자는 종종 진지하게 받아들여지지 않으며, 무성애자가 타인에게 성적 끌림을 느끼지 않거나 성생활에 관심이 없는 것에 대해 아직 괜찮은 사람을 만나지 못했거나, 혹은 성적 트라우마가 있기 때문이라고 일축하기도 한다. 하지만 열정적인 로맨스 없이도, 친밀하고 헌신적인 관계를 통해 가족을 이루어갈 수 있다. 방관주와 영혜빙의 관계가 그렇다. 당대의 여성 독자들이 《방한림전》을 통해 여성과 여성이 함께 만들어가는 이상적인 부부의 모습을 보았다면, 현대의 독자들은 이 이야기에서 성적인 열정 없이도 서로에게 애정과 그리움을 품고 상냥함과 헌신, 존중과 예의로 서로를 대하며, 입양한 아이를 함께 돌보는, 혈연으로 맺어지지 않은 가족공동체의 모습을 찾아볼 수 있다. 국가의 인구를 늘리고 가문의 대를 이을 자식을 생산하는 재생산이 아니라, 남성을 가부장으로 만들어주기 위한 혼인이 아니라, 가부장제를 정면으로 돌파하며 우정으로 맺어지고 행복과 책임감을 기반으로 하는 평등한 공동체를 꾸린다는, 당연한 권리로서 선택할 수 있어야 하지만 아직 생활동반자법도 통과되지 못한 우리 사회에서는 아직도 취약한 그 관계를, 조선시대의 소설 《방한림전》은 이미 앞질러 꿈꾸고 있었다.

　이 소설의 거의 끝부분에는 이런 대목이 나온다.

　"위국공(낙성)의 복록과 방승상의 기이한 이야기와

영부인의 의로움에 탄복하여, 그 집안 이야기를 아
는 승상의 재종 민한림 부인 방씨가 세상에 전하니,
규중 여자의 문견이 고루하고, 그 당시 나눈 이야기
가 모호하여 세세한 이야기는 빠지고 대강만을 기록
하였다."

이 이야기는 가공의 인물인 방관주의 일대기를 다루고
있지만, 이 대목으로 인해 독자들은 세상 어디엔가는 정말
로 방관주와 영혜빙 같은 인물이 있을지도 모른다고, 평등
한 결혼과 신뢰로 이어진 새로운 가족의 모습이 불가능한
꿈만은 아닐지도 모른다고 희망을 품었을지도 모른다. 그
렇게 한계를 극복하며 가부장제에 맞서 자신의 삶을 살아
간 여성들의 이야기를, 여성의 목소리로 기록했다고 마무
리한 것이야말로, 이 소설을 향유하던 이들이 누구였는지
를 단적으로 보여주는 부분일 것이다.

참고문헌

가. 단행본

고혜경, 《태초에 할망이 있었다》, 한겨레출판, 2010.

김기동·전규태 엮음, 《금오신화, 이학사전, 허생전》, 서문당, 1984.

김성호, 《씨성으로 본 한일민족의 기원》, 푸른숲, 2000.

김영희, 《한국 구전서사의 부친살해》, 월인, 2013.

김화경, 《한국의 여신들》, 성균관대학교 출판부, 2021.

대한성서공회 성경 편집팀, 《공동번역성서》 가톨릭용 개정판, 대한성서공회, 2015.

모린 머독, 고연수 옮김, 《여성 영웅의 탄생》, 교양인, 2014.

박혜숙, 《한국 고전문학의 여성적 시각》, 소명출판, 2017.

샤를 페로, 김설아 옮김, 《당나귀 가죽 이야기》, 단한권의책, 2015.

수신지, 《며느라기》, 귤프레스, 2018.

신동흔, 《살아있는 한국 신화》, 한겨레출판, 2014.

에스더 D. 로스블룸·캐슬린 A. 브레호니, 알·알 옮김, 《보스턴 결혼》, 봄알람, 2021.

이능화, 《조선무속고》, 창비, 2008.

이상구, 《숙향전 숙영낭자전》, 문학동네 한국고전문학전집 5, 문학동네, 2010.

이정아, 《시집살이 노래와 말하기의 욕망》, 혜안, 2010.

정병헌·이유경, 《한국의 여성 영웅 소설》, 태학사, 2012.

정출헌·조현설·이형대·박영민, 《고전문학과 여성주의적 시각》, 소명출판, 2003.

조지프 캠벨, 이윤기 옮김, 《천의 얼굴을 가진 영웅》, 민음사, 2018.

진 시노다 볼린, 조주현 옮김, 《우리 속에 있는 여신들》, 또하나의문화, 2003.

크리스토퍼 보글러, 함춘성 옮김, 《신화, 영웅, 그리고 시나리오 쓰기》, 비즈
앤비즈, 2013.

한국고전여성문학회, 《한국 고전문학 속의 가족과 여성》, 도서출판 월인,
2007.

신원문화사 우리고전 다시읽기 시리즈, 구인환 엮음, 신원문화사, 2003.

《춘향전》, 우리 고전 다시 읽기 2.

《사씨남정기》, 우리 고전 다시 읽기 5.

《심청전 흥부전》, 우리 고전 다시 읽기 7.

《장화홍련전》, 우리 고전 다시 읽기 16.

《숙향전》, 우리 고전 다시 읽기 17.

《운영전》, 우리 고전 다시 읽기 21.

웅진 푸른담쟁이 우리문학 시리즈, 웅진, 2000.

조현설, 《심청전》(노을진 그림), 푸른담쟁이 우리문학 3.

장철문, 《춘향전》(이영경 그림), 푸른담쟁이 우리문학 4.

이혜숙, 《금방울전》(최민오 그림), 푸른담쟁이 우리문학 7.

정찬, 《홍계월전》(한태희 그림), 푸른담쟁이 우리문학 10.

정지아, 《박씨전》(권문희 그림), 푸른담쟁이 우리문학 11.

전성태, 《장화홍련전》(윤정주 그림), 푸른담쟁이 우리문학 14.

정지아, 《운영전》(이현미 그림), 푸른담쟁이 우리문학 15.

이혜경, 《숙향전》(김진영 그림), 푸른담쟁이 우리문학 16.

윤영수, 《사씨남정기》(김만중 원작, 홍선주 그림), 푸른담쟁이 우리문학 17.

이강엽, 《구운몽》(김만중 원작, 유승배 그림), 푸른담쟁이 우리문학 18.

웅진북클럽 호롱불 옛이야기 시리즈, 웅진, 2003.

이영경, 《새끼 한 가닥》(이영경 그림), 호롱불 옛이야기 2.

유승하, 《힘센 전강동이와 누나》(조호상 그림), 호롱불 옛이야기 3.

나. 논문

강민경, 〈麻姑 신화의 수용과 전승 양상-한문 문헌 자료를 중심으로〉, 《동방한문학》 86, 2021, 69~96쪽.

김종군, 〈《진주 낭군》의 전승양상과 서사의 의미〉, 《온지논총》 29, 온지학회, 2012, 67~94쪽.

류다영, 〈동화에서 계모의 역할과 필요성-《콩쥐팥쥐》와 《신데렐라》를 중심으로〉, 《한국산학기술학회논문지》 22(6), 2021, 258~266쪽.

설성경, 〈《춘향전》 연구사로 본 신국문학적 연구의 한 방향-원작가와 도령 모델의 문화콘텐츠화를 중심으로〉, 《국학연구론총》 12, 2013, 1~27쪽.

이기영·김성희·이현아, 〈조선시대 양반가의 남녀간 가내노동 분담: 보완적 역할 수행에 관한 연구〉, 《가족자원경영과 정책》 11(4), 2007, 115~135쪽.

이승수·김용선, 〈《심청전》의 부녀관계와 서사구조〉, 《동아시아문화연구》 79, 2019, 199~225쪽.

조재현, 〈古典小說에 나타나는 저승계 研究- 閻羅大王의 地獄과 后土夫人의 冥司界를 중심으로〉, 《어문연구》 35(2), 2007, 167~194쪽.

최기숙, 〈'여성 원귀'의 환상적 서사화 방식을 통해 본 사위 주체의 타자화 과정과 문화적 위치-고전 소설에 나타난 '자살'과 '원귀' 서사의 통계 분석을 바탕으로〉, 《고소설연구》 22, 한국고소설학회, 2006, 325~355쪽.

최길용, 〈고소설에 나오는 앵혈화소의 서사실상과 의미〉, 《고소설연구》 29, 한국고소설학회, 2010, 41~84쪽.

최율리, 〈페로의 《당나귀 가죽》 다시 읽기: 고전의 진정한 다시 쓰기를 위하여〉, 《스토리앤이미지텔링》 18, 2019, 275~305쪽.

하경숙, 〈여성 신화에 나타난 인물의 형상과 의미-아황·여영을 중심으로〉, 《온지논총》 64, 온지학회, 2020, 9~34쪽.

한새해, 〈제주 기생 김만덕에 대한 심노숭의 또 다른 시선〉, 《韓國古典研究》 47, 2019, 259~288쪽.

다. 웹사이트

1) 한국민족문화대백과사전

군담소설(서대석, 1998) http://encykorea.aks.ac.kr/Contents/Item/E0006595

박씨전(김미란, 1995) http://encykorea.aks.ac.kr/Contents/Item/E0020897

보쌈(이영진, 1995) http://encykorea.aks.ac.kr/Contents/Item/E0023453

삼종지도(최신덕, 1995(개정: 이숙인, 2017)) http://encykorea.aks.ac.kr/
　Contents/Item/E0026813

서얼금고법(이태진, 1995) http://encykorea.aks.ac.kr/Contents/Item/
　E0027919

숙영낭자전(김일렬, 1995) http://encykorea.aks.ac.kr/Contents/Item/
　E0031819

숙향전(조동일, 1995) http://encykorea.aks.ac.kr/Contents/Item/E0031853

시집살이노래(임동권) http://encykorea.aks.ac.kr/Contents/Item/E0032499

심청전(신동일, 1995) http://encykorea.aks.ac.kr/Contents/Item/E0033945

아기장수설화(최내옥, 1995) http://encykorea.aks.ac.kr/Contents/Item/
　E0034222

열녀(이문웅, 1995(개정: 박주, 2017)) http://encykorea.aks.ac.kr/Contents/
　Item/E0037036

영웅소설(김현룡) http://encykorea.aks.ac.kr/Contents/Item/E0037575

오누이힘내기설화(최내옥, 1997) http://encykorea.aks.ac.kr/Contents/Item/
　E0038140

우투리설화(최내옥, 1997) http://encykorea.aks.ac.kr/Contents/Item/
　E0040153

임경업전(서대석, 1995) http://encykorea.aks.ac.kr/Contents/Item/E0047369

지리산성모(최길성, 1996) http://encykorea.aks.ac.kr/Contents/Item/
　E0054160

2) 한국민속대백과사전

반보기(김시덕) https://folkency.nfm.go.kr/kr/topic/detail/3903

벙어리 삼 년 지내려 한 며느리(오정미) https://folkency.nfm.go.kr/kr/topic/detail/5828

삼토신령(김은희) https://folkency.nfm.go.kr/kr/topic/detail/2313

주부(안혜경) https://folkency.nfm.go.kr/kr/topic/detail/2826

3) 우리역사넷

한국문화사 〉 09권 옷차림과 치장의 변천 〉 제3장 궁궐 안 특별한 사람들의 옷차림 〉 1. 궁궐 안의 일상 옷차림 〉 고귀한 왕실의 여인 〉 왕실에 봉사하는 궁녀(임재영) http://contents.history.go.kr/front/km/view.do?levelId =km_009_0050_0010_0030_0010

라. 신문기사

강응천, 〈출가외인도 친정에 갈 수 있었을까?〉, 《민속소식》 2017년 10월호.

권경률, 〈'춘향전'과 어사 박문수 '진주 야담'의 공통점〉, 《월간중앙》 202108호(2021년 7월 17일.).

〈그해 6월의 노래들을 기억하십니까〉, 《노컷뉴스》, 2017년 6월 10일.

송의호, 〈절용·애민·청렴의 청백리 계서 성이성〉, 《월간중앙》 201612호 (2016년 11월 17일.).

임형석, 〈지킬 수守), 집 궁宮〉, 《국제신문》, 2009년 11월 17일.

정유정, 〈우린 이성애자도 동성애자도 아니다! '무성애자들'도 차별 반대 운동〉, 《문화일보》, 2021년 3월 30일.

정재서, 〈지옥 혹은 죽은 자들의 세계〉, 《한국일보》, 2003년 1월 22일.

차근호, 〈명절이 힘든 며느리 이야기… 조선시대 반보기 현장 '섧은 고개'〉, 《한국경제》, 2020년 1월 24일.

마. 기타

국립공주박물관 무령왕릉 지석 소개문 인용. https://www.emuseum.go.kr/
m/detail?relicId=PS0100100400100062000000

전혜진

만화와 웹툰, 추리와 스릴러, 사극, SF와 사회파 호러, 논픽션 등 매체와 장르를 넘나들며 여성의 삶에 대한 글을 쓰고 있다. 특히 논픽션 분야에서 가려진 여성의 서사에 주목하는 《여성, 귀신이 되다》《순정만화에서 SF의 계보를 찾다》, 여성 수학자 29명의 삶을 다룬 《우리가 수학을 사랑한 이유》 등을 썼다. 이 밖에 소설집 《바늘 끝에 사람이》, 장편소설 《280일》과 《아틀란티스 소녀》, 앤솔러지 《우리가 다른 귀신을 불러오나니》《이토록 아름다운 세상에서》, 논픽션 《책숲 작은 집 창가에》 등 다양한 작품을 발표했다.

규방의 미친 여자들

ⓒ 전혜진, 2023

초판 1쇄 인쇄 2023년 7월 21일
초판 1쇄 발행 2023년 7월 28일

지은이 전혜진
펴낸이 이상훈
인문사회팀 김경훈 최진우
마케팅 김한성 조재성 박신영 김효진 김애린 오민정

펴낸곳 ㈜한겨레엔 www.hanibook.co.kr
등록 2006년 1월 4일 제313-2006-00003호
주소 서울시 마포구 창전로 70(신수동) 화수목빌딩 5층
전화 02) 6383-1602~3
팩스 02) 6383-1610
대표메일 book@hanien.co.kr

ISBN 979-11-6040-547-7 03300